KB235687

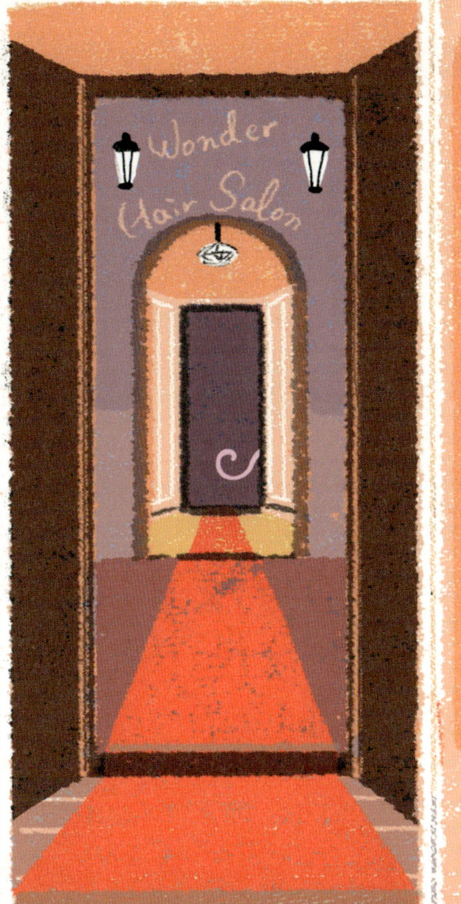
Alice's
Wonder
Hair Salon
문을 여니 또 문이 있네!
문 속에 또 문……
어디로 가는 길이지?
어? 거기 누구야?

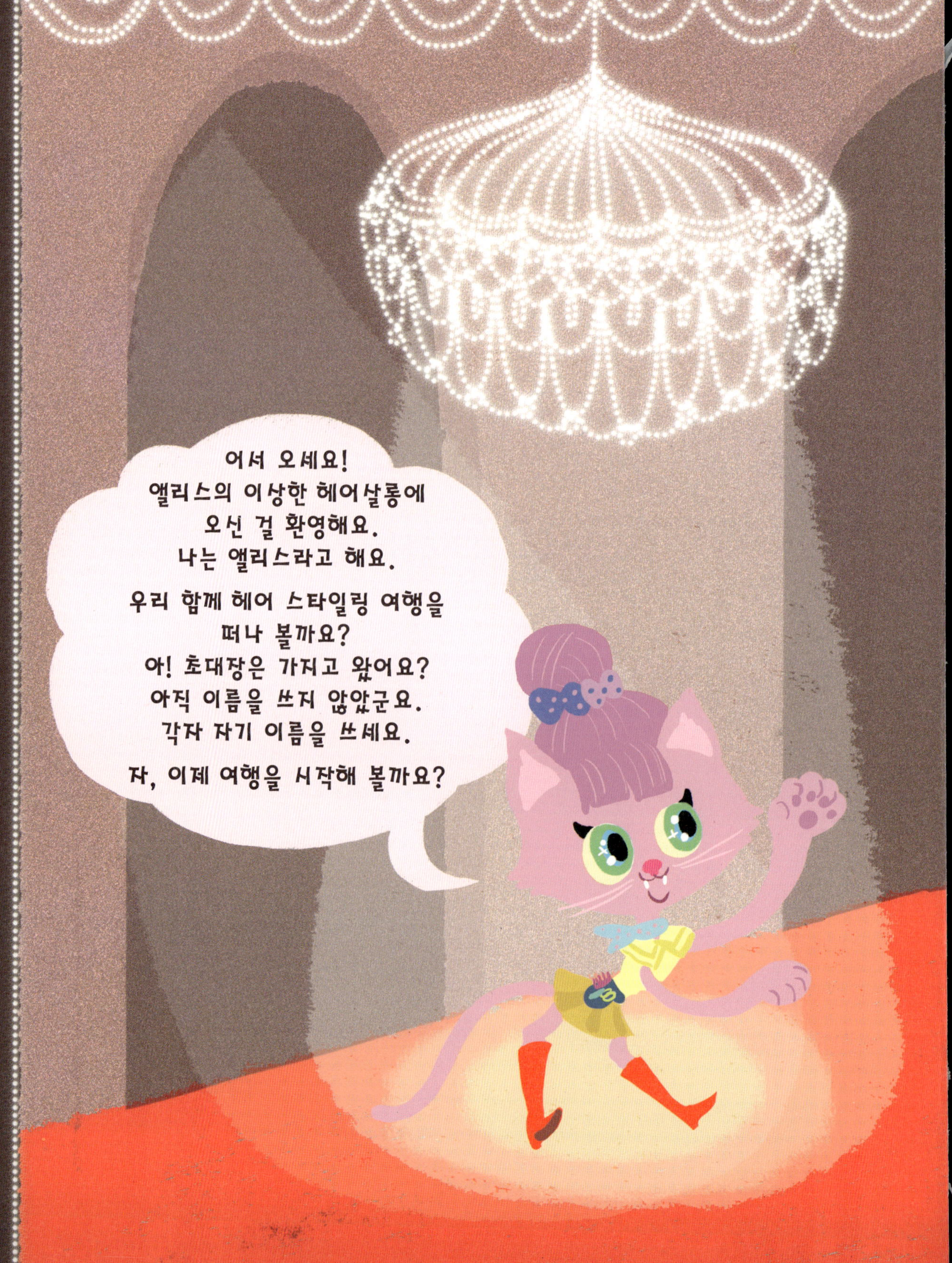

어서 오세요!
앨리스의 이상한 헤어살롱에
오신 걸 환영해요.
나는 앨리스라고 해요.

우리 함께 헤어 스타일링 여행을
떠나 볼까요?
아! 초대장은 가지고 왔어요?
아직 이름을 쓰지 않았군요.
각자 자기 이름을 쓰세요.

자, 이제 여행을 시작해 볼까요?

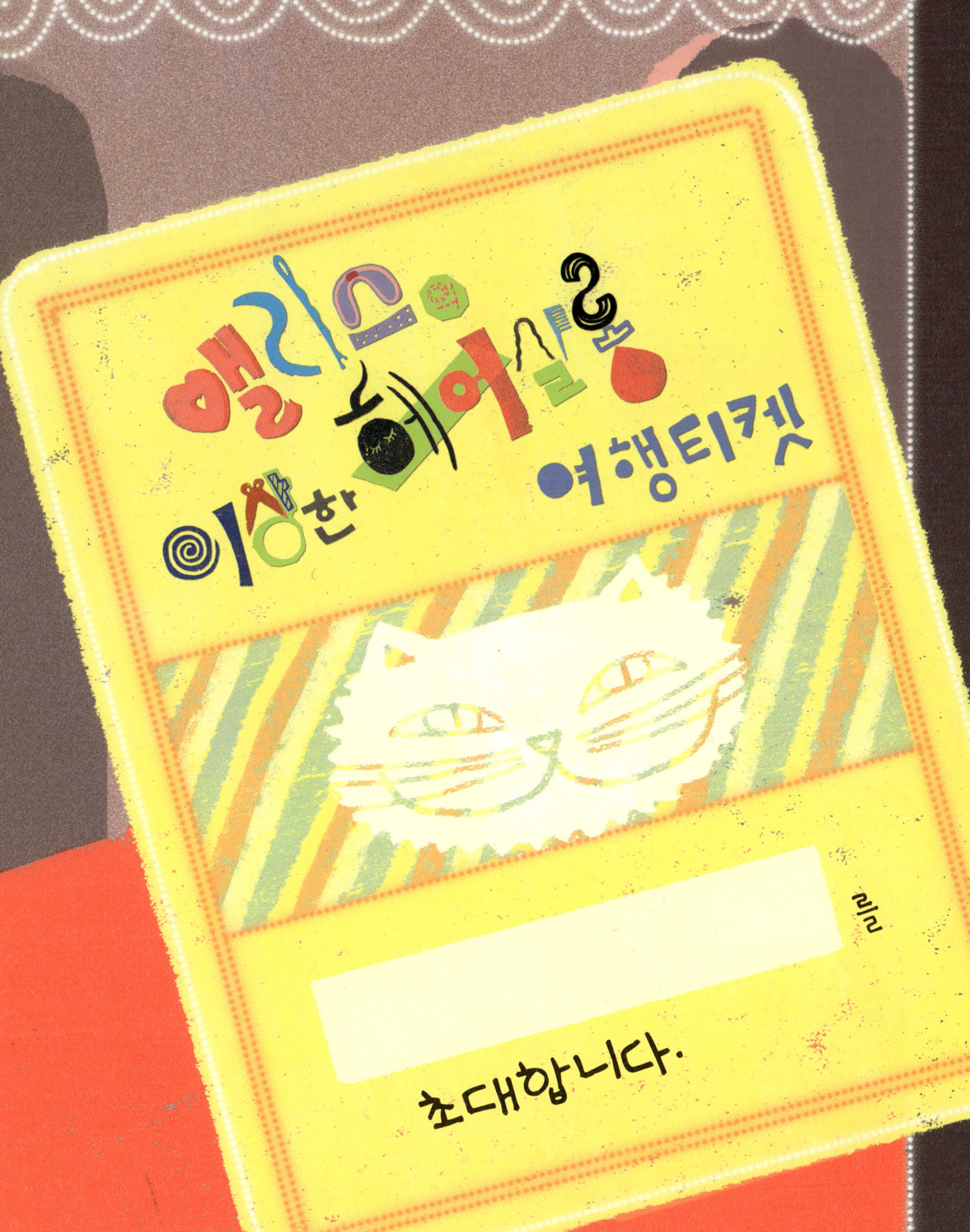
앨리스
이상한 에어샬
여행티켓
초대합니다.

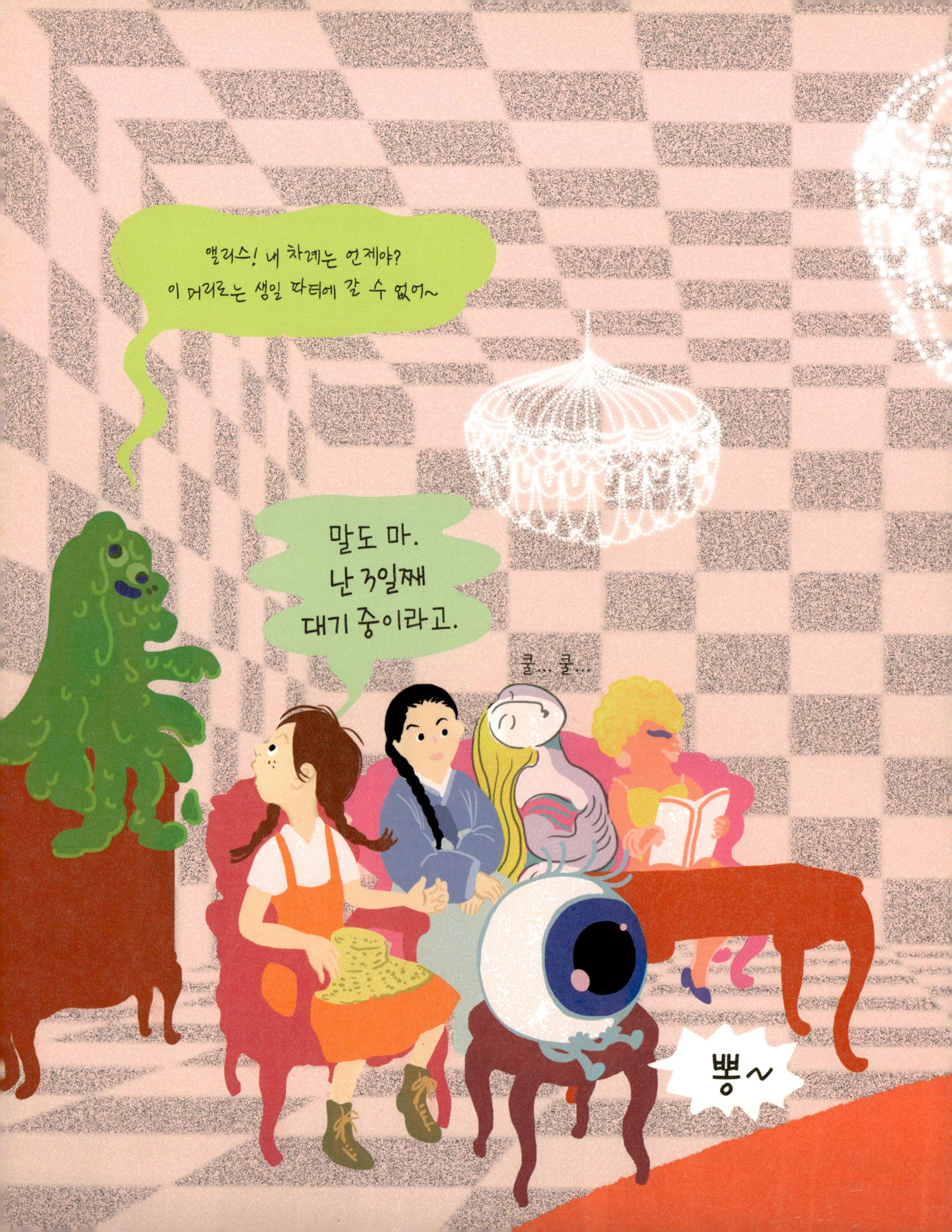
앨리스! 내 차례는 언제야?
이 머리로는 생일 파티에 갈 수 없어~
말도 마.
난 3일째
대기 중이라고.
쿨… 쿨…
뿅~

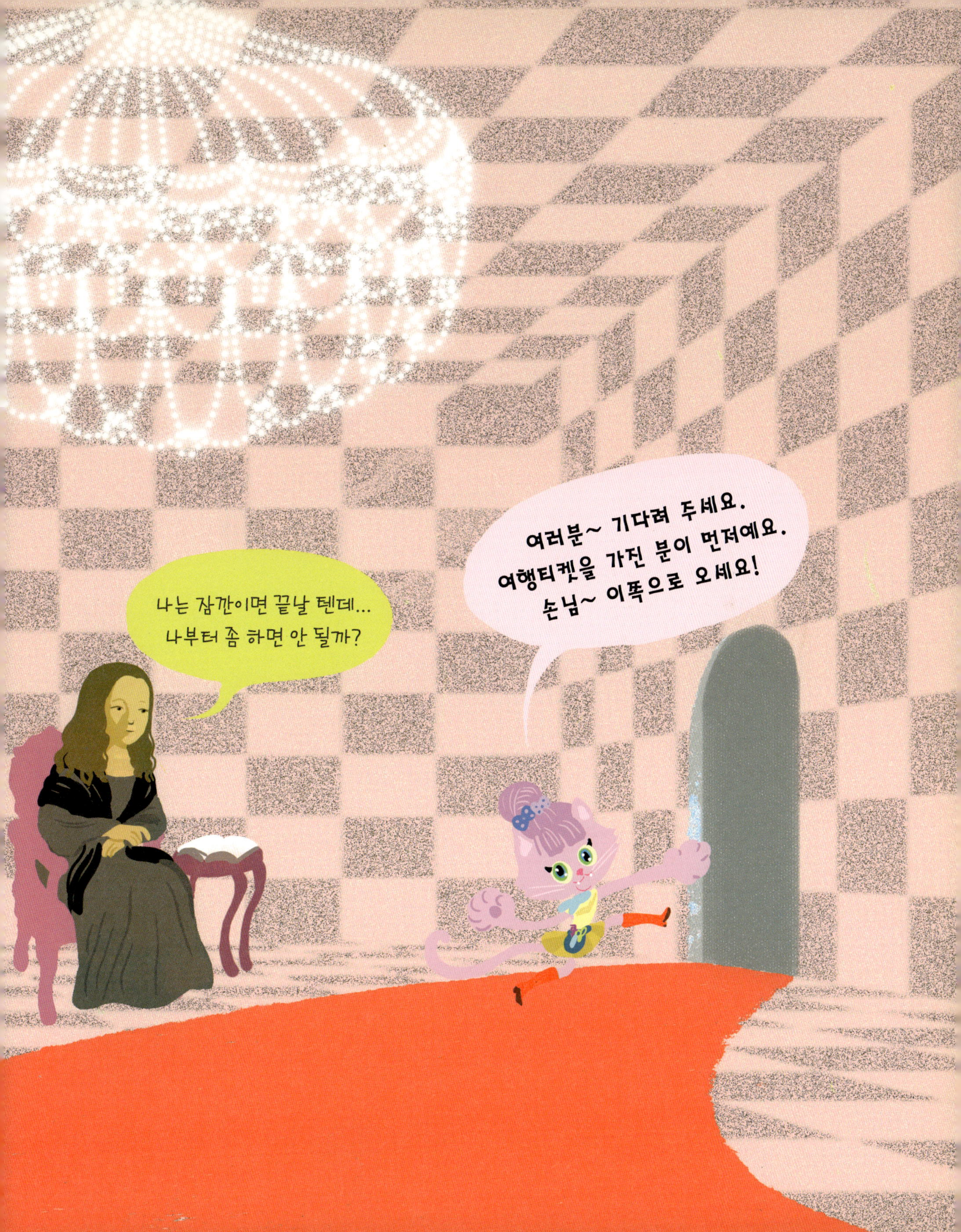
나는 잠깐이면 끝날 텐데...
나부터 좀 하면 안 될까?
여러분~ 기다려 주세요.
여행티켓을 가진 분이 먼저예요.
손님~ 이쪽으로 오세요!

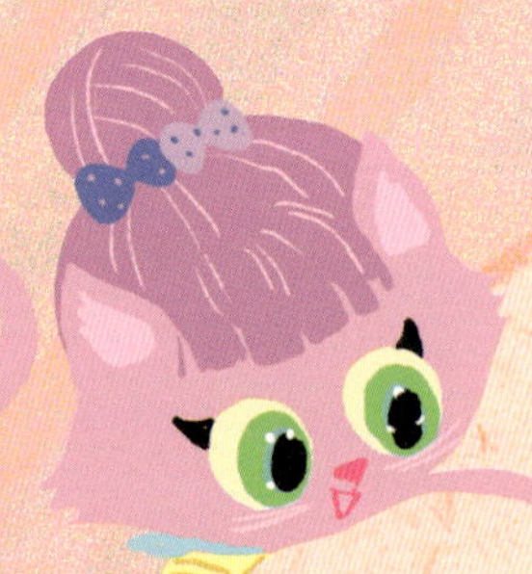

거울 보고 혼자서!
내 손으로 꾸미기

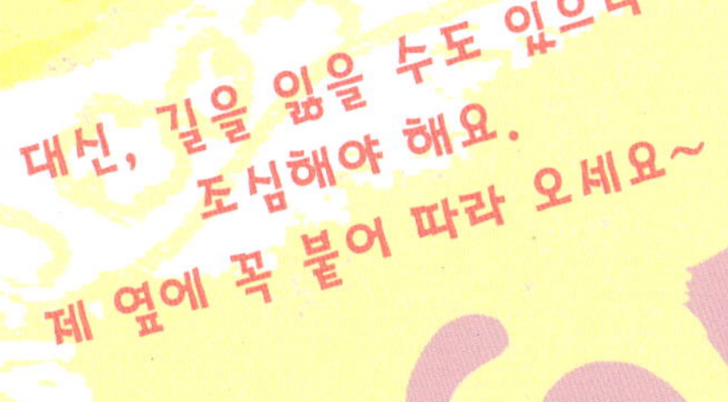

대신, 길을 잃을 수도 있으니
조심해야 해요.
제 옆에 꼭 붙어 따라 오세요~

거울 보고 혼자서!
내 손으로 꾸미기

지금 내 모습은 어때요?
내 얼굴을 한번 그려 볼까요?

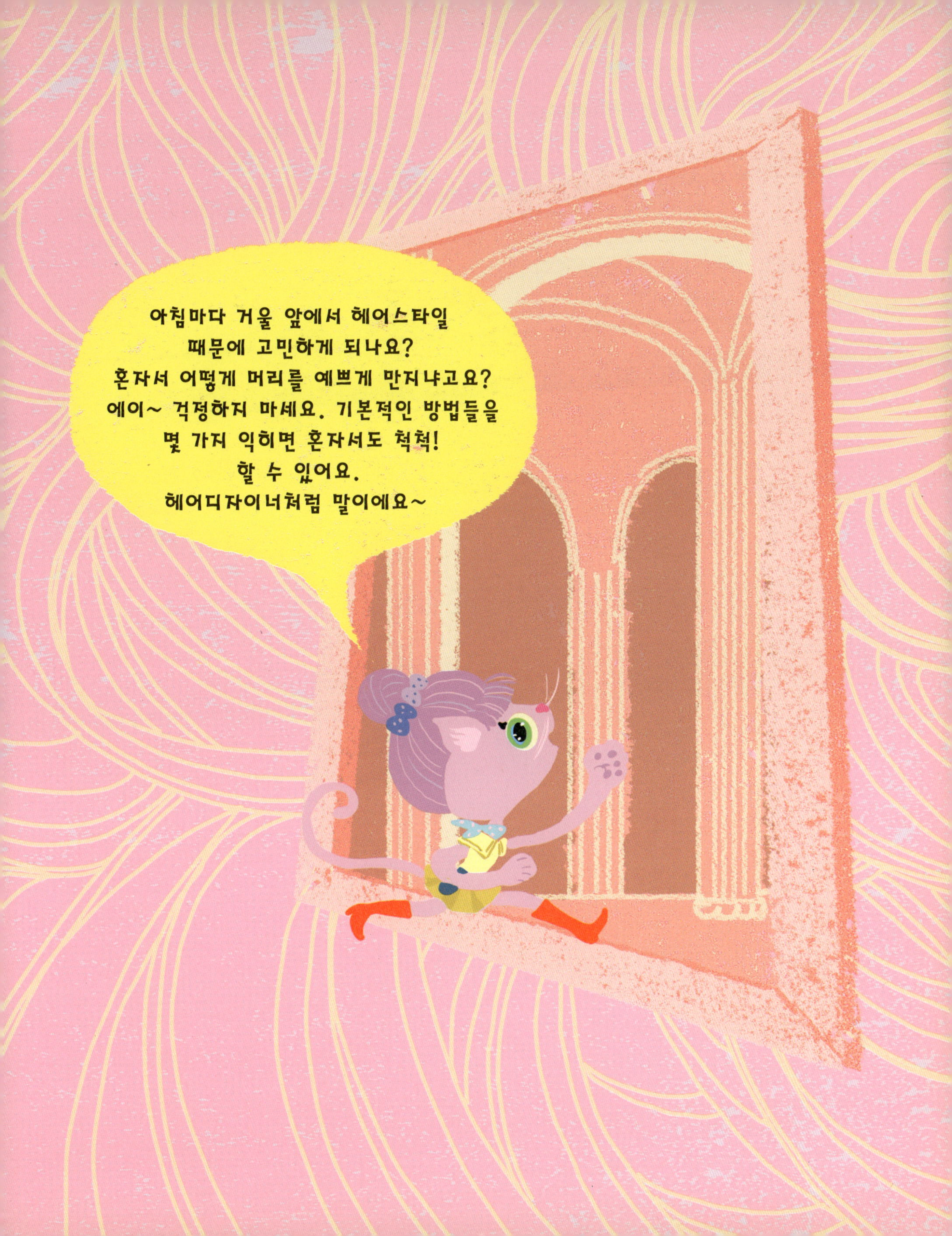

아침마다 거울 앞에서 헤어스타일
때문에 고민하게 되나요?
혼자서 어떻게 머리를 예쁘게 만지냐고요?
에이~ 걱정하지 마세요. 기본적인 방법들을
몇 가지 익히면 혼자서도 척척!
할 수 있어요.
헤어디자이너처럼 말이에요~

헤어 스타일링 도구들과 인사해요!

앨리스를 따라 어느새 멋진 극장 앞에 도착했어.

슈유유유웅, 후아아앙, 슈슝, 찰칵찰칵,
다다다다다다, 위이이잉ㅆ, 떵ㅆ!, 츄츄츄츄

문을 열자 엄청나게 시끄러운 소리와 함께 멋진 광경이 펼쳐졌어.

와~ 무슨 공연을 하고 있나 봐!

큰 브러시
(도끼빗, 반달빗, 브러시)

머리카락을 빗고 말릴 때 꼭 필요하죠.
빗질을 자주 해야 머리카락이 건강해져요.
두피도 살살 두드려 주면서요.

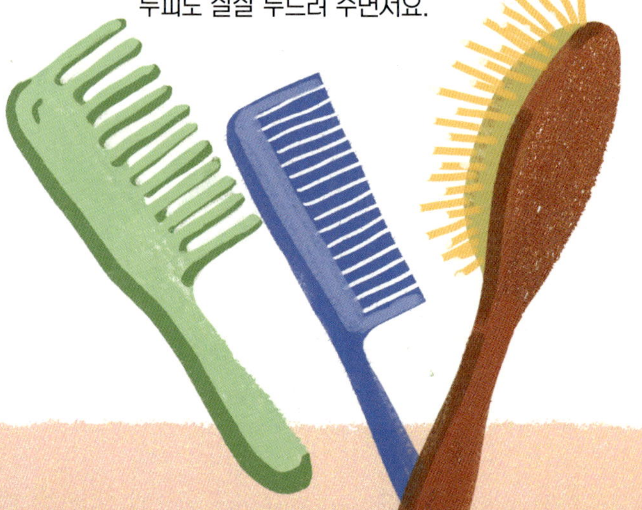

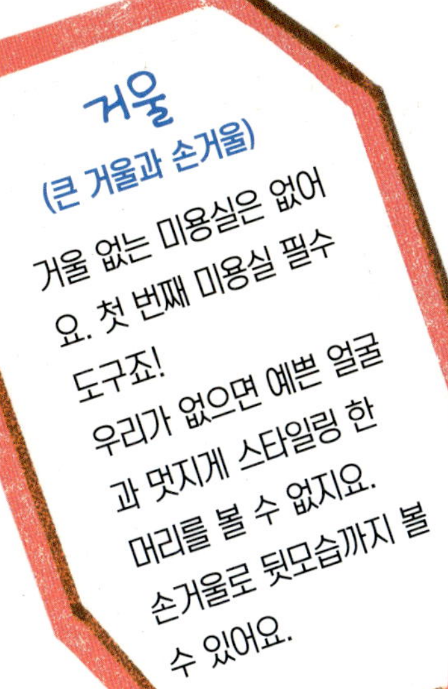

거울
(큰 거울과 손거울)

거울 없는 미용실은 없어요. 첫 번째 미용실 필수 도구죠!
우리가 없으면 예쁜 얼굴과 멋지게 스타일링 한 머리를 볼 수 없지요.
손거울로 뒷모습까지 볼 수 있어요.

분무기

칙칙! 스타일링 전에는 내가 나서야지. 머리카락을 차분하게, 얍!

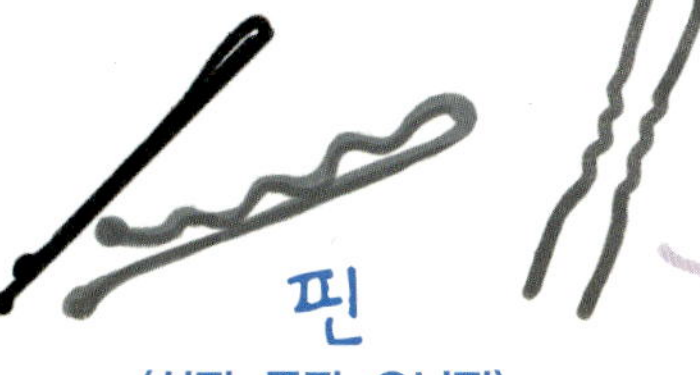

핀
(실핀, 중핀, 오니핀)

머리카락을 고정시킬 때 우리가 출동하지.
잔머리를 정리할 때도 우리를 불러 줘!

꼬리빗,
빗살 간격이 좁은 빗

에이, 덩치만 크면 뭘 해?
정확하게 머리카락 구획을 나눌 땐 우리가 꼭 필요하다고!

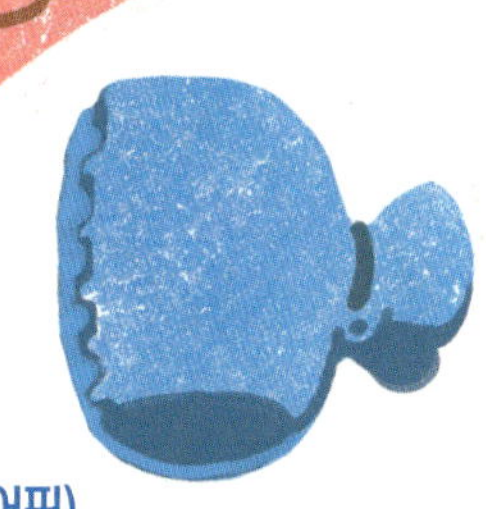

집게
(집게핀, 나비핀, 악어핀)

큰 입으로 머리카락을 꽉 물어요.

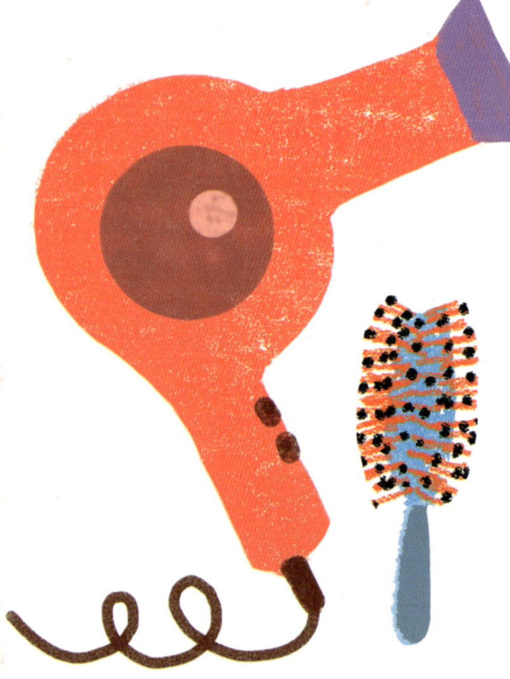

헤어드라이어

뜨거운 바람, 차가운 바람으로
머리카락의 물기를 말리고 부풀려요.

롤 브러시

드라이어와 우리는 실과 바늘 같은 사이~
머리를 부풀리고 구부리는 건
우리가 최고예요!

만들기 도구들과 인사해요!

스테이플러

철심이 들어 있어 꽉꽉 누르면 종이나
리본, 헝겊 등을 포개 붙일 수 있어요.

글루건

총 모양 손잡이에 글루스틱을 넣어
사용해요. 가열되면서 글루스틱이
녹아 접착제 역할을 하지요.

펜치

철사나 O링, 고리 등
을 휘고 오므리는 데
쓰이는 도구예요.

아이론

누가 나만큼 화끈하게
머리카락을 구부릴 수
있겠어?

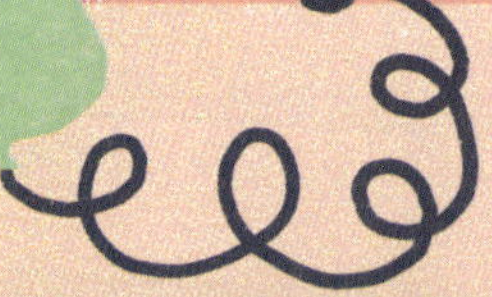

헤어밴드

앞머리를 시원하게 올려 주지요. 정말 간단한 방법으로 예뻐질 수 있어요.

헤어왁스, 헤어무스, 헤어스프레이

세팅한 머리가 망가지지 않도록 오래오래 지켜줘요.

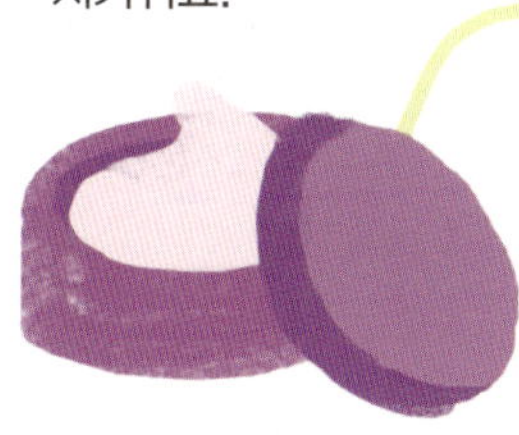

고무줄
(기본 링 고무줄, 방울, 슈슈, 리본, 곱창 등)

천방지축 머리카락도 우리 앞에선 꼼짝 못해! 흐트러지지 않도록 칭칭 감아버리거든~

장식 핀
(리본핀, 똑딱핀, 애교핀)

헤어스타일이 심심하다고? 우리를 꽂아 봐. 시선 집중! 특별한 기분을 느낄 수 있을 거야.

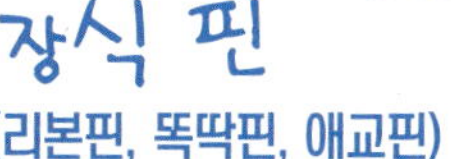

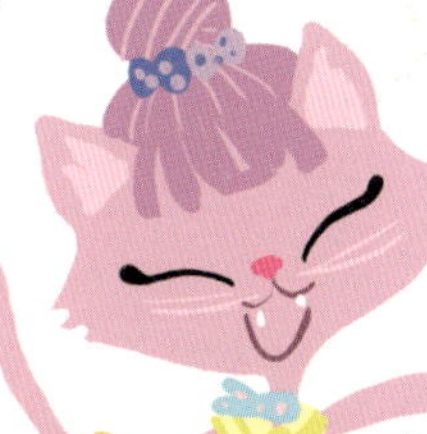

자, 이제 우리를 도와 줄 친구들을 만나 볼까요?

머리카락의 성질에 따라서 스타일링 방법도 달라져요.
내 머리카락은 생머리인가요, 곱슬머리인가요?
머리 길이에 따라서도 저마다 다른 매력을 뽐낼 수 있어요.

머리 길이는 어때요?

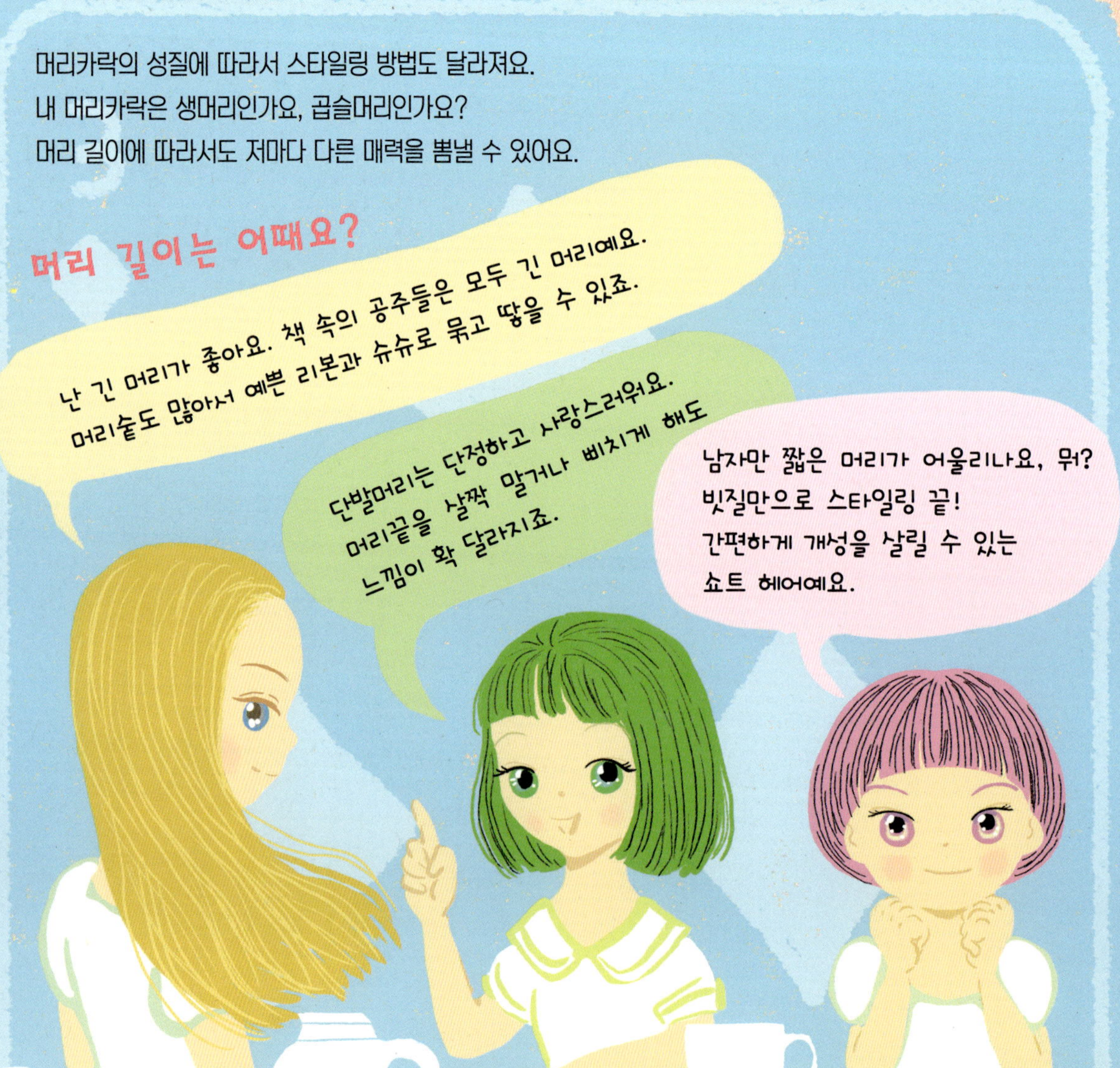

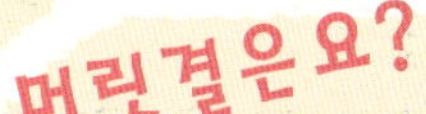

머릿결은요?

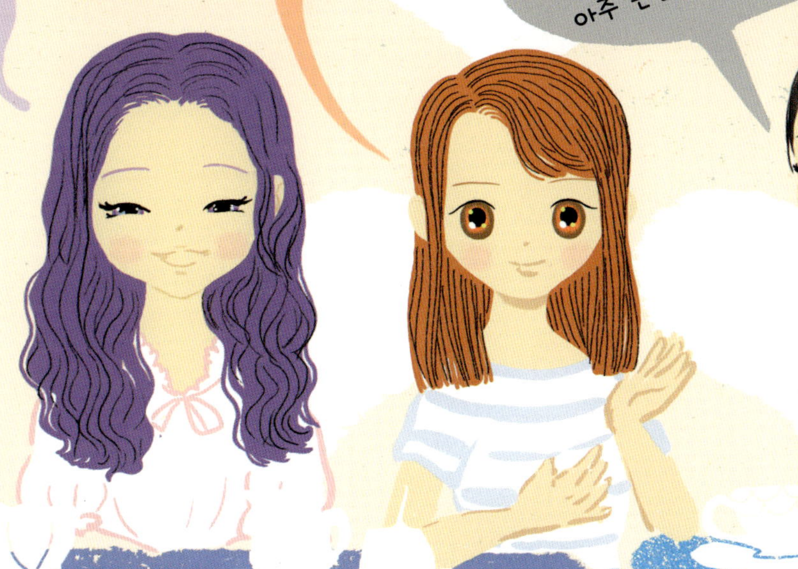

나랑 머리카락 씨름 해 봐요!

<머리카락 씨름 놀이>
각자 자기 머리카락을 하나씩 뽑아요.
머리카락 양끝을 잡고 누구 머리카락
이 더 튼튼한지 겨뤄 봐요. 머리카락이
끊어지지 않는 쪽이 이기는 놀이에요.

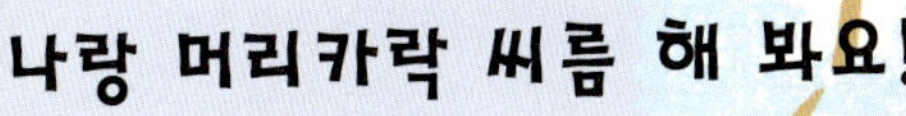
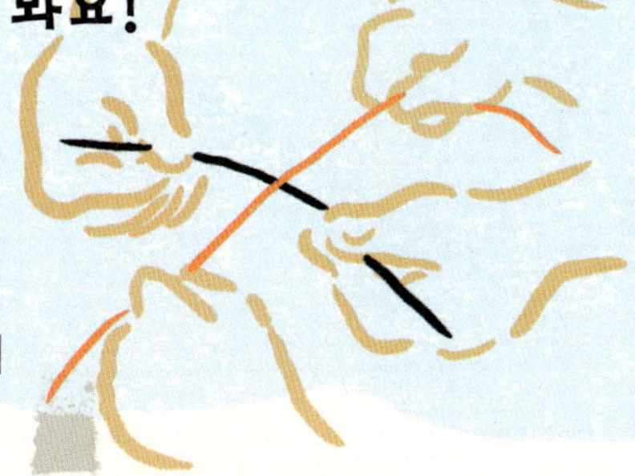

머리카락을 나눠요

혼자서 헤어 스타일링을 하려면 왜 그렇게 어려울까요?
머리카락을 나누지 않아서 그래요.
꼬리빗과 집게를 사용해 먼저 스타일링 할 부분을 나누고
순서를 정하면 한결 쉬워요.

준비물 분무기 큰 빗 꼬리빗 집게

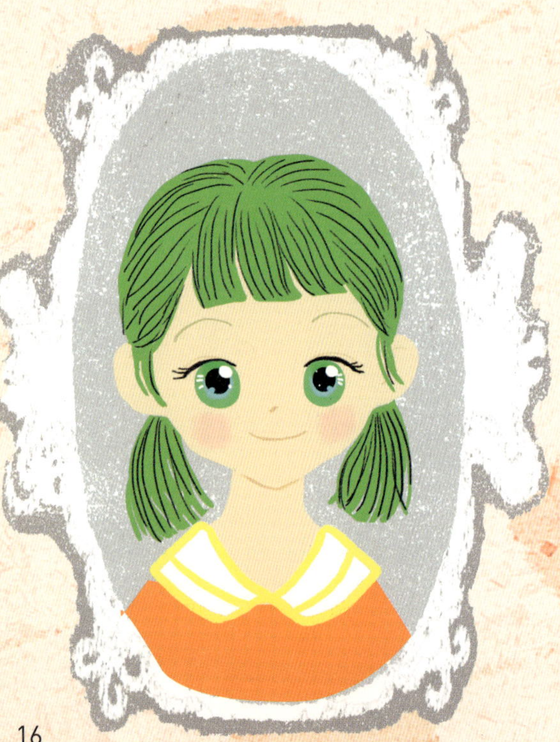

세로로 나누기

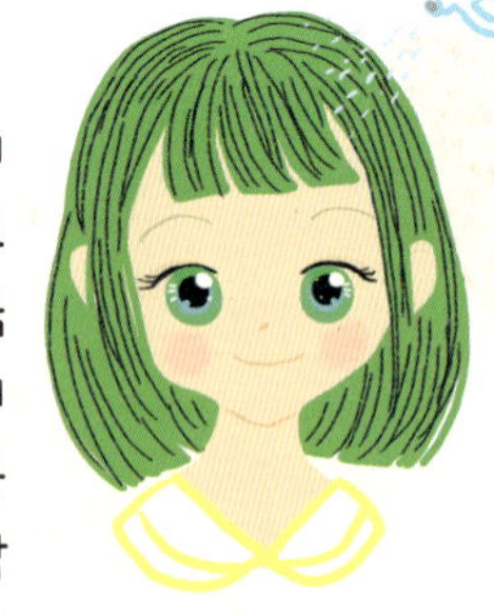

1 머리카락이 엉키지 않도록 전체적으로 빗어요. 빗살이 굵은 빗이나 브러시를 사용하세요. 분무기로 물을 살짝 뿌려 머리카락을 촉촉하게 적셔요.

2 한 손은 머리카락 나눌 부분에 대고 다른 손으로 꼬리빗을 잡아요. 빗 꼬리가 아래쪽을 향하게 하여 화살표 방향으로 내리면서 세로로 가르마를 타요.

3 양 갈래로 나눈 머리카락을 집게로 고정시켜요.

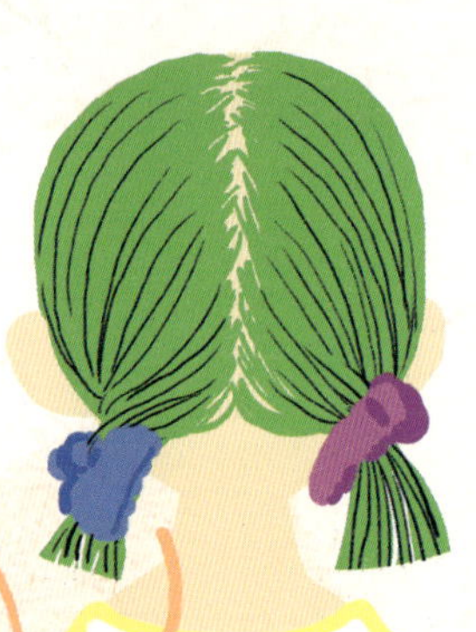

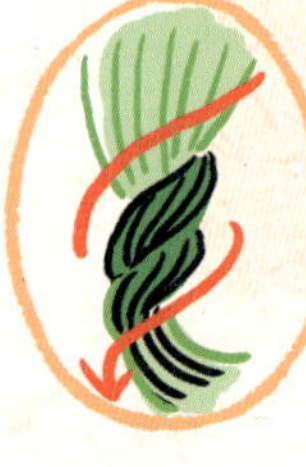

머리카락을 얼굴 쪽으로 비틀어서 집게를 꽂으면 풀리지 않아요.

세로로 나누기가 익숙해지면
서너 갈래로도 나눌 수 있어요.

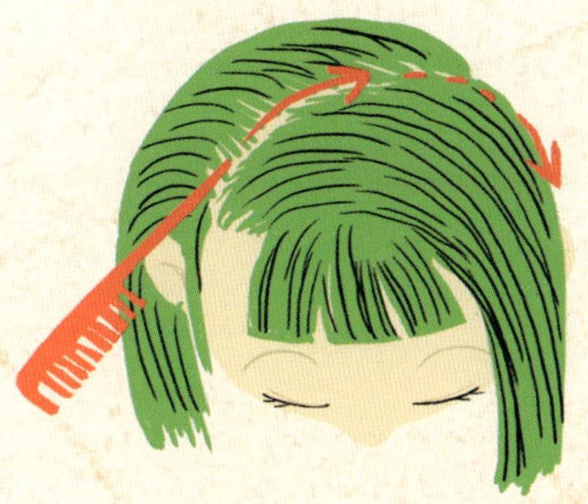

사선으로 나누기 '세로로 나누기'와 같은 방법이에요!

1 이마에서 시작해 뒤통수까지 손과 꼬리빗을 이용해 사선으로 가르마를 타요.

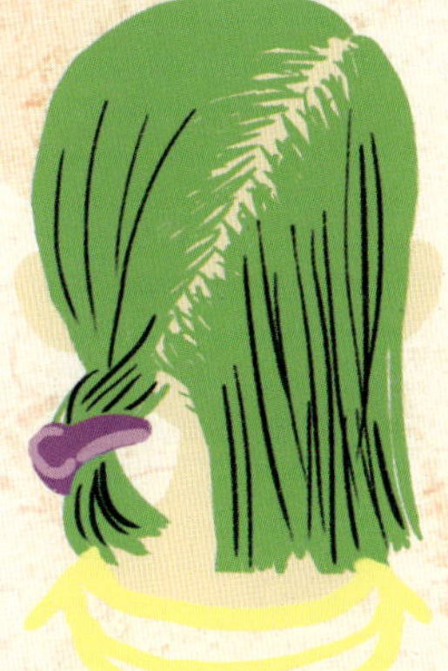

2 사선을 기준으로 위쪽에 있는 머리카락부터 집게로 고정시켜요.

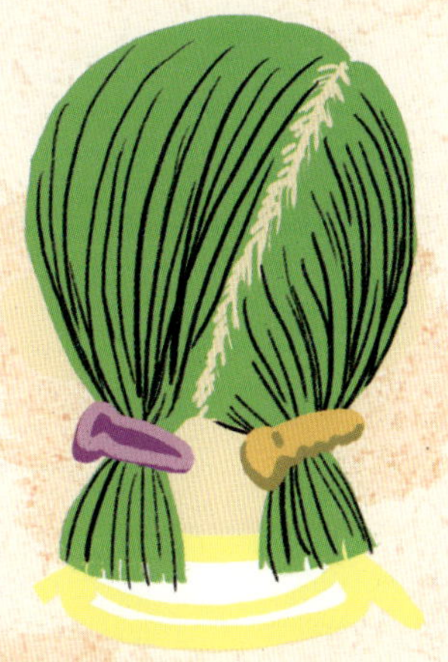

3 손을 바꿔 아래쪽 머리카락도 집게로 고정시켜요.

가로로 나누기

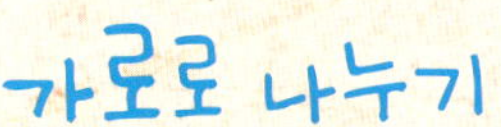

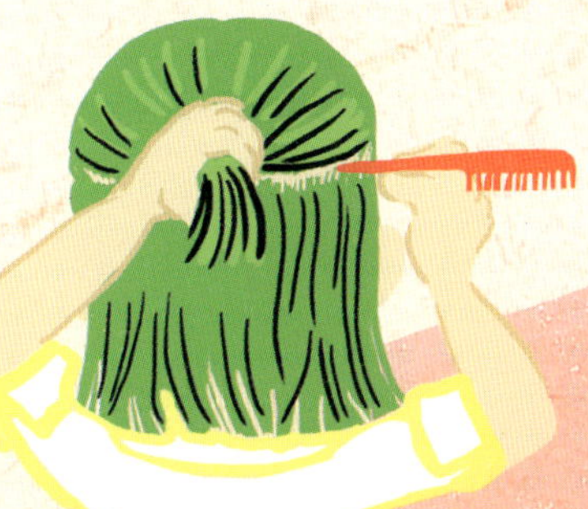

1 스타일링 할 부분을 손으로 대강 나눠 잡고 꼬리빗을 이용해 가르마를 타면서 잔머리를 정리해요.

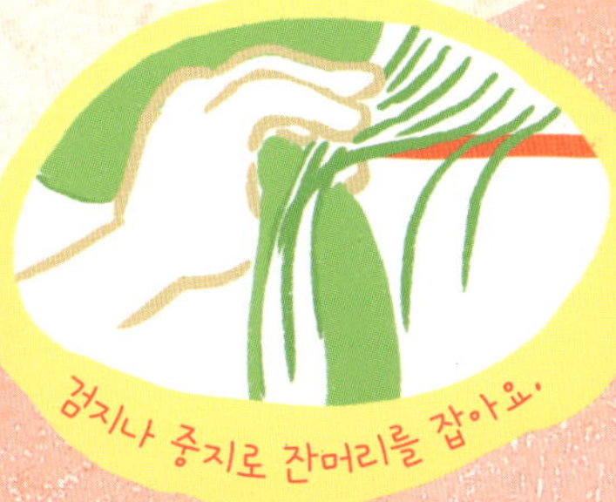

2 한 손으로 모아 잡은 부분을 집게로 고정시켜요.

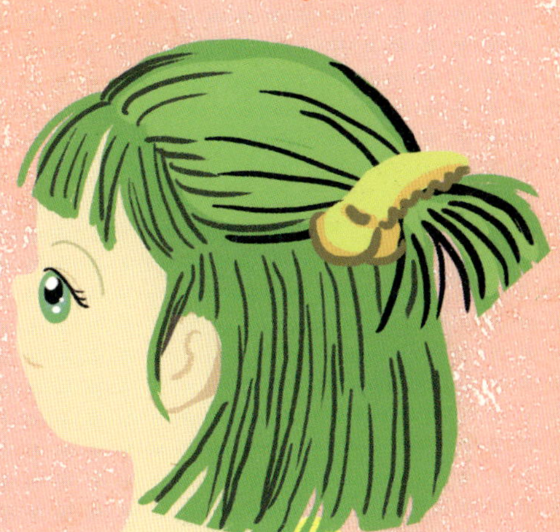

핀으로 스타일링 해요!

핀 하나만 있으면 혼자서도 손쉽게 스타일링 할 수 있어요.
실핀, U자핀, 집게핀, 똑딱핀 등등 가지고 있는 핀으로 마음껏 꾸며 보세요.

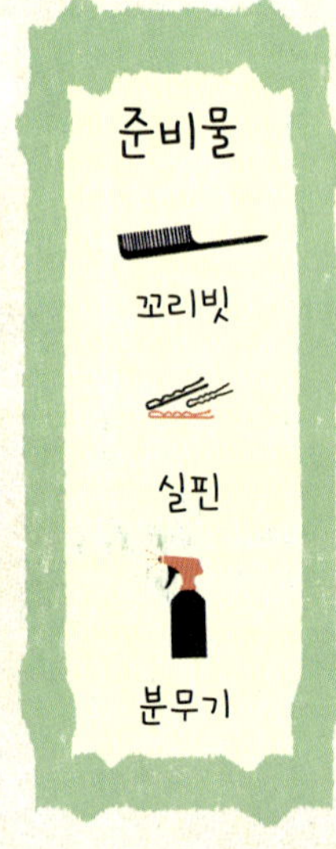

준비물

꼬리빗

실핀

분무기

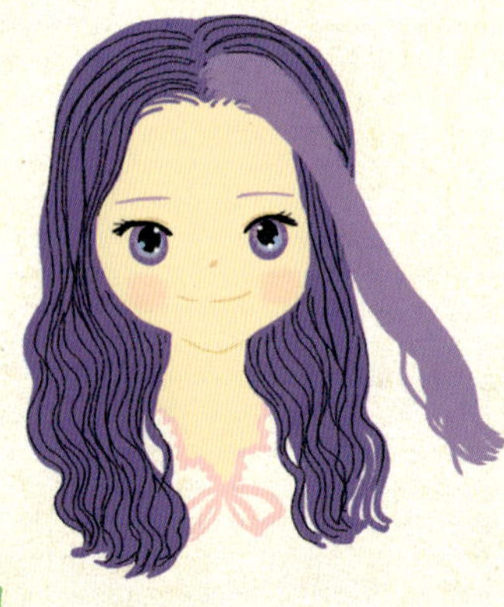

1 머리카락을 가지런히 빗은 다음 스타일링 할 부분을 나눠요.

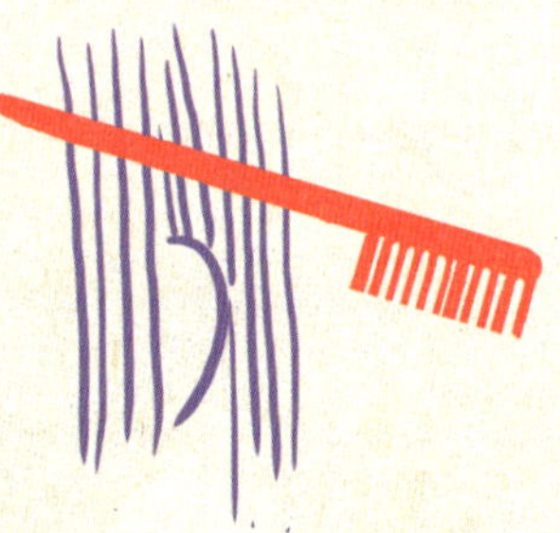

2 꼬리빗의 손잡이 부분을 스타일링 할 곳에 올려놓아요.

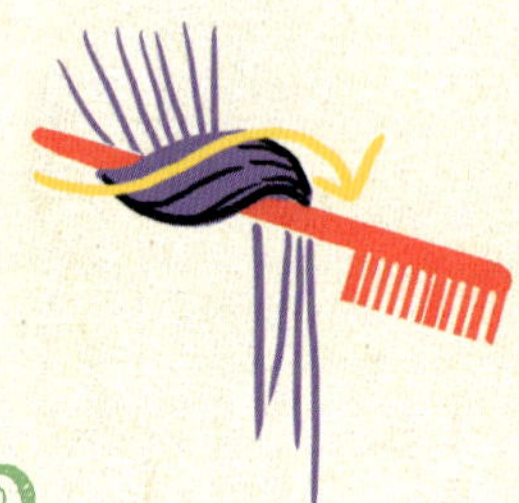

3 손잡이에 머리카락을 감아 단단하게 말아요.

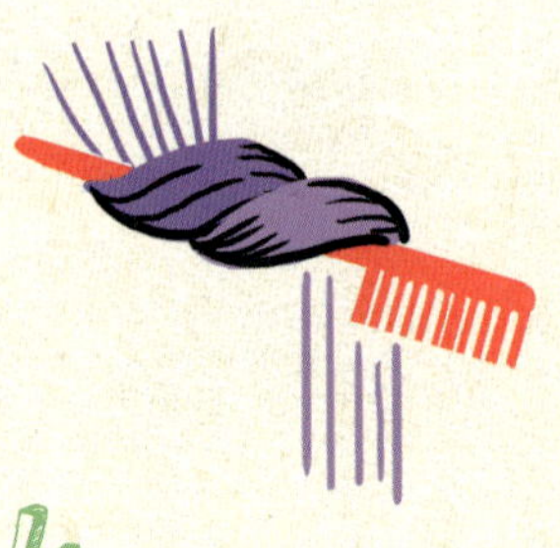

4 한 번 더 감아 돌려요.

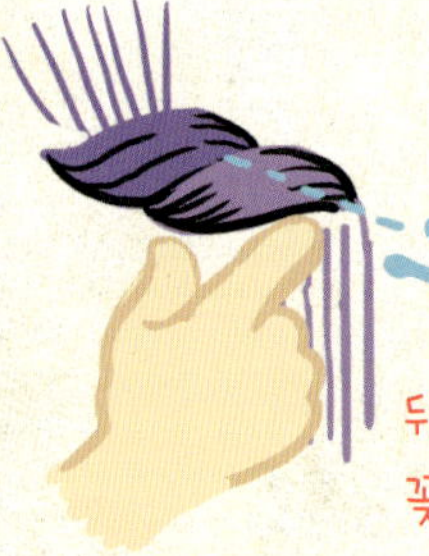

뒤쪽에서 사선으로 꽂아요.

5 꼬아놓은 머리카락 끝을 손가락으로 눌러 잡고 꼬리빗을 살살 빼내요. 실핀을 꽂아 고정시켜요.

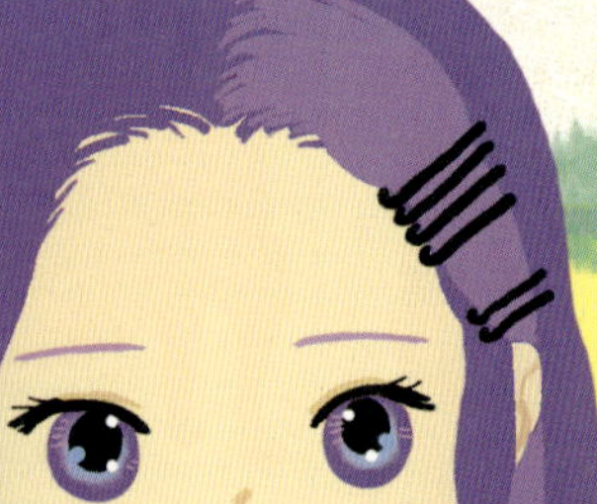

다양하게 실핀 꽂기

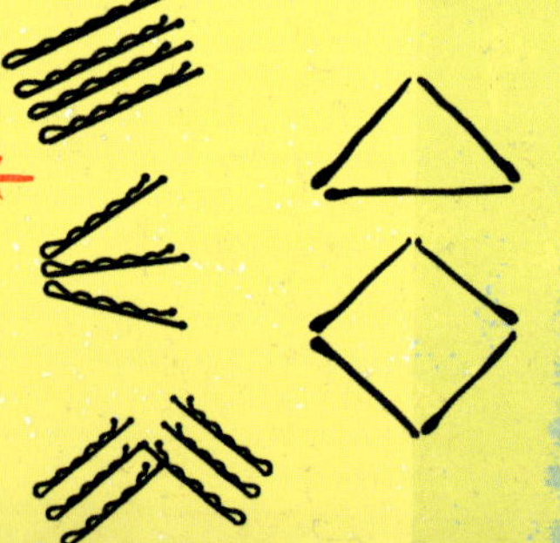

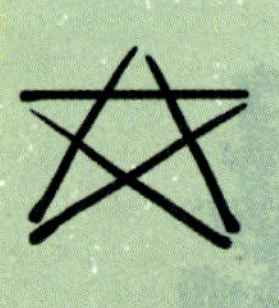

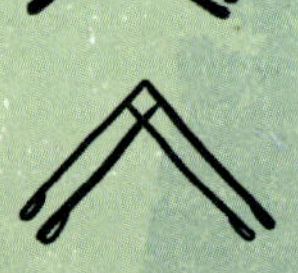

핀을 꽂는 방법도 다양해요. 나란히 꽂기, 방사형으로 꽂기, 화살표처럼 꽂기. 또, 삼각형이나 사각형, 별모양으로 꽂기 등등. 평범한 실핀 하나로 멋지게 스타일링 하는 방법이 여러 가지랍니다.

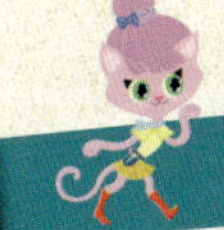

꼬리빗은 가르마를 타거나 머리카락의 일부분을 스타일링 할 때 유용해요. 묶여 있는 머리카락에서 일부를 꼬리빗으로 빼내 그 부분을 도드라지게 할 수 있어요.

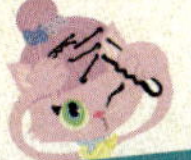

1. 실핀의 요철 있는 부분이 두피 쪽으로 가도록 꽂아요.

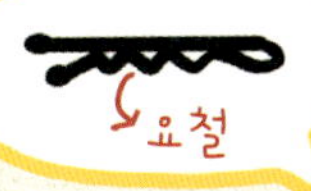

2. 핀 안쪽에 헤어스프레이를 살짝 뿌린 다음 꽂아요.

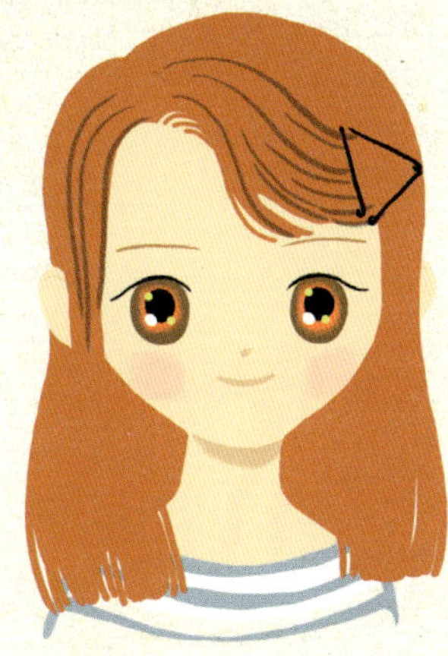

너무 쉽다고요?
그럼 이제 다른 곳으로 가 볼까요?
포니테일 동산이
기다리고 있지요~

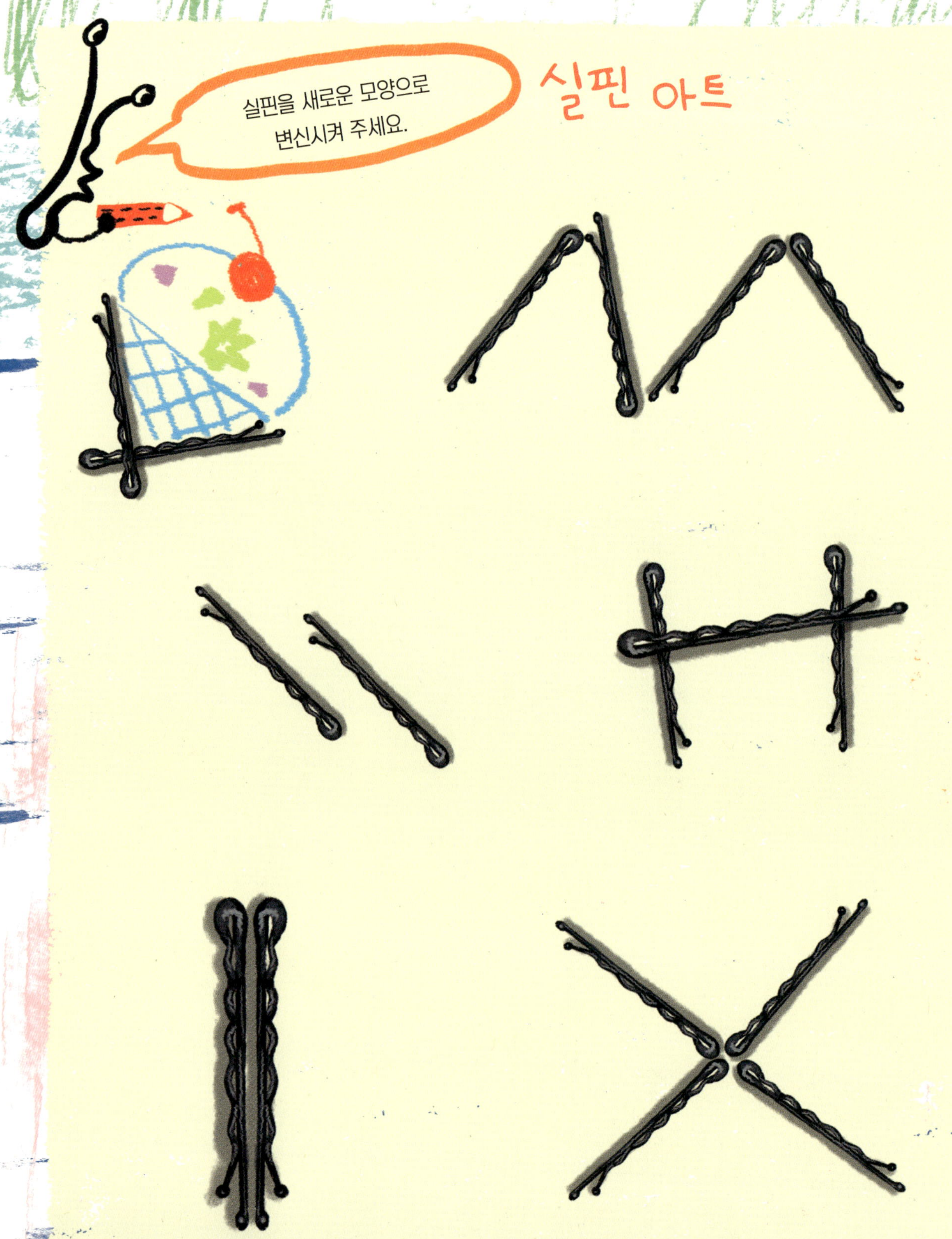
실핀을 새로운 모양으로
변신시켜 주세요.
실핀 아트

낡은 핀을 새롭게 리폼하기

평범한 실핀을 새롭게 만들어 볼까요? 메모지도 좋고 남은 도화지도 좋아요.
종이에 핀을 꼽고 매니큐어로 마음대로 색칠해요.
이쑤시개의 뾰족한 부분을 이용하면 자세한 표현을 할 수 있어요.

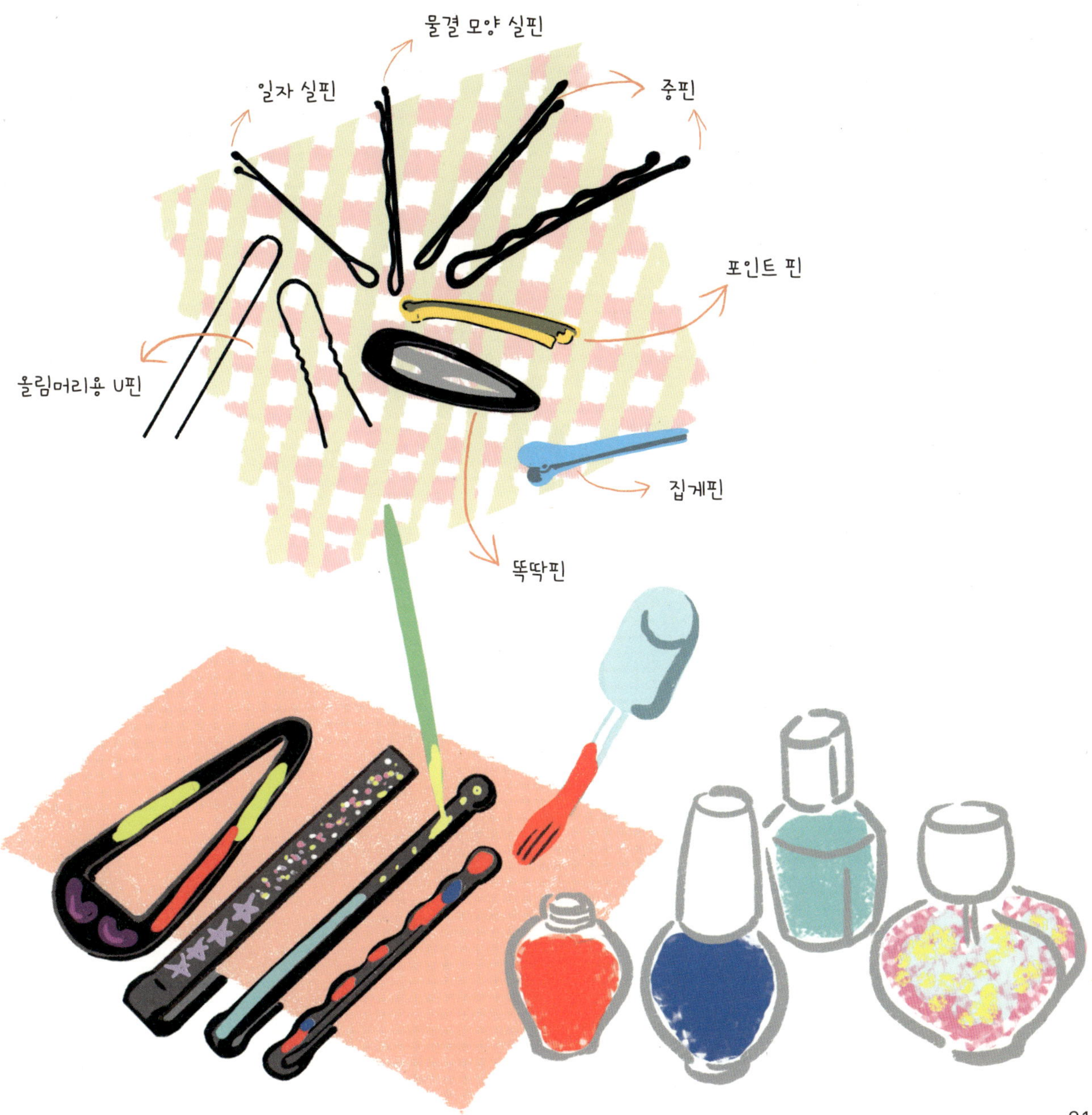

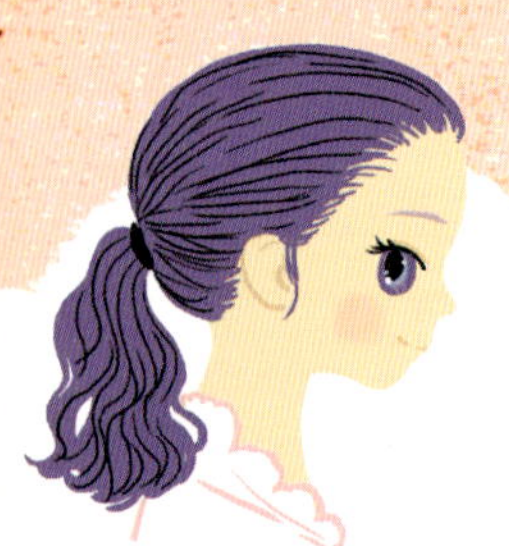

내 손으로 예쁘게 묶어요!

혼자서 하는 스타일링의 첫 번째 단계! 포니테일을 배워 볼까요?
머리카락을 하나로 묶는 포니테일은 매우 다양한 스타일로 응용할 수 있어 셀프
스타일링에 빼놓을 수 없는 기법이랍니다.

하나로 묶기 –기본 포니테일

준비물 분무기 빗 고무줄 슈슈 실핀

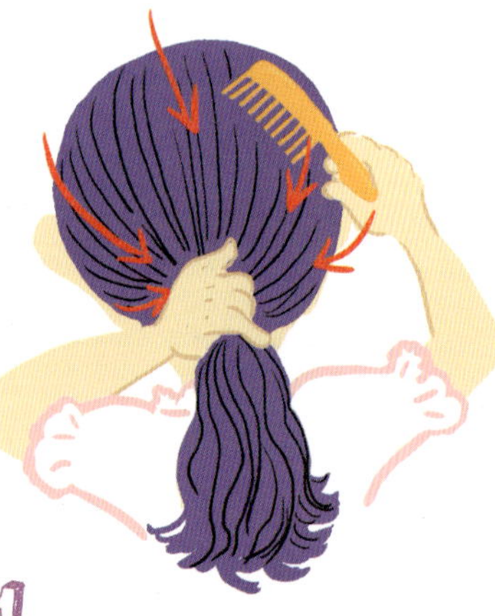

1 양손으로 머리카락 전체를 모아 쥐고 묶을 위치를 정해요.

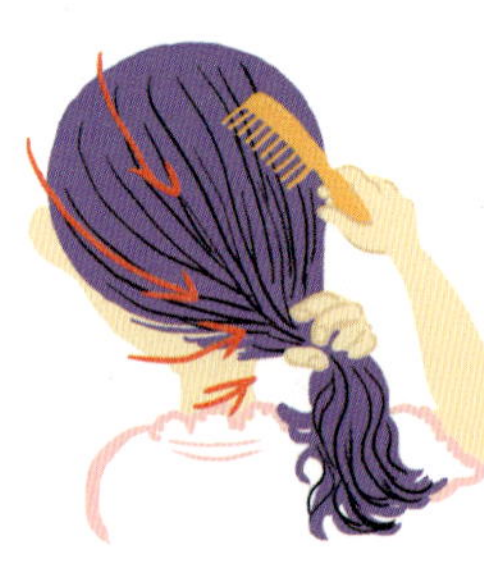
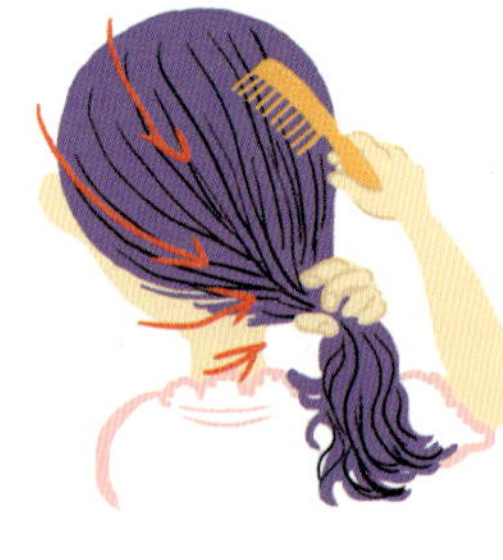

2 한 손으로는 머리카락을 쥐고 다른 손으로 빗질하면서 빠져나간 머리카락이나 울퉁불퉁한 곳을 매끈하게 정리해요.

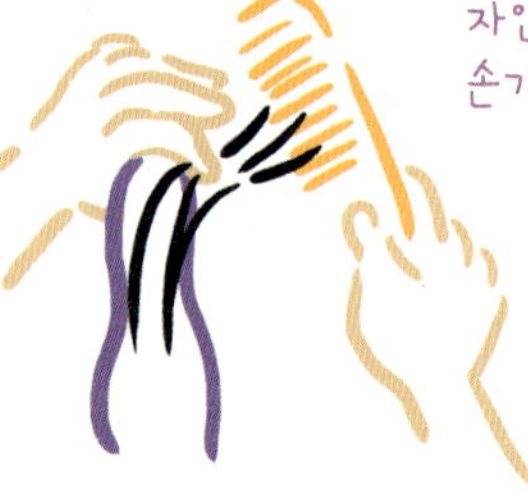

3 이때 머리카락을 잡은 손가락을 살짝 놓아 가지런히 빗질한 머리카락을 다시 모아 잡아요. 고무줄로 묶어 완성해요.

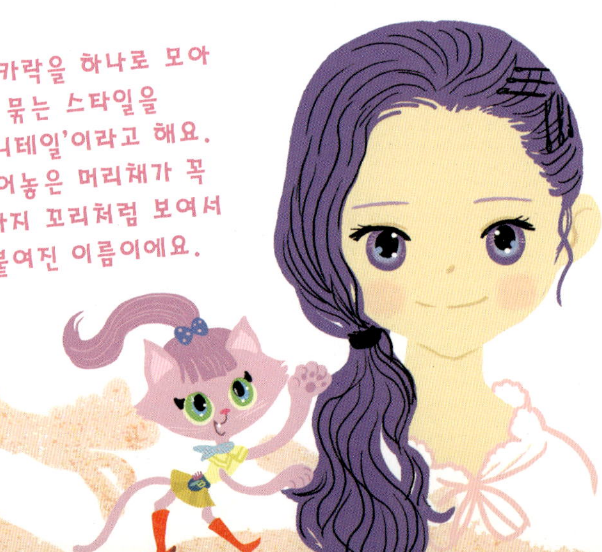

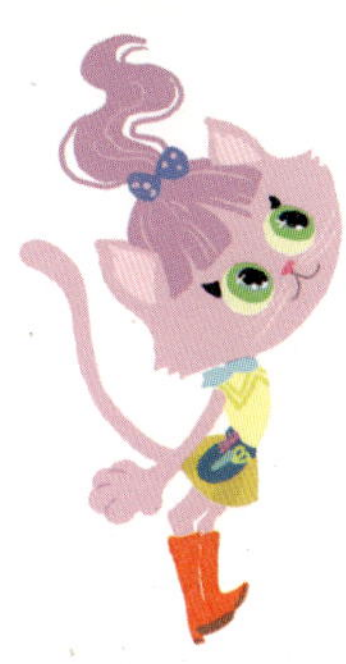

하나로 묶기 - 볼륨 주기

포니테일을 높은 위치에 할 때는 머리카락 무게로 축 처질 수 있어요.
숱이 없으면 풍성해 보이지 않기도 하고요. 이럴 때는 핀을 이용하세요.

1 하나로 모아 높이 묶은 머리카락을 잡고 위쪽으로 들어 올려 뒤집어요.

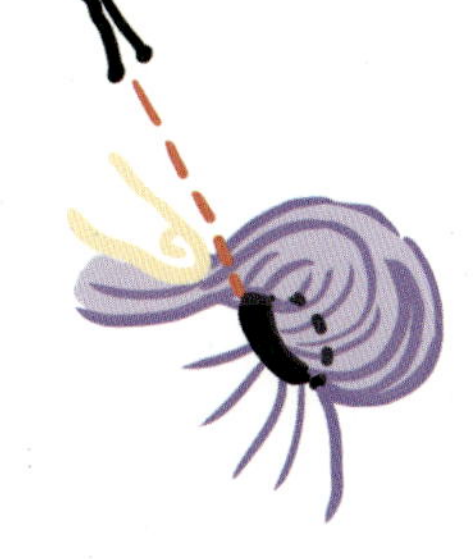

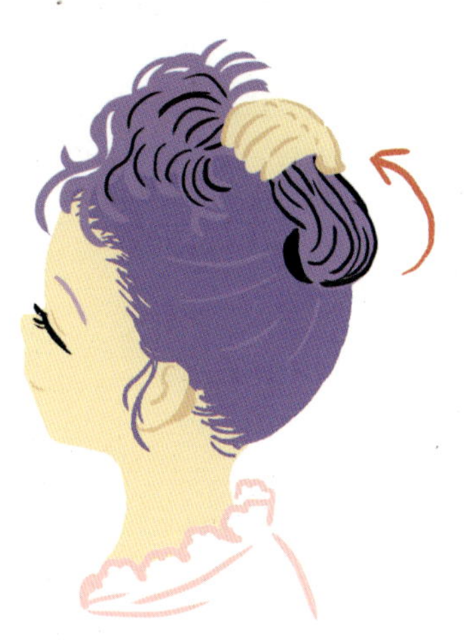

2 고무줄로 묶인 곳과 만나는 지점에 실핀을 꽂을 거예요.

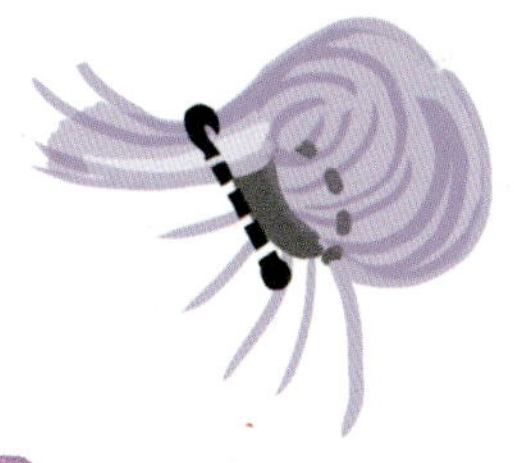

3 뒤집은 머리카락을 잘 잡고 고무줄이 시작하는 곳에 사선으로 실핀을 꽂아요. 실핀을 뒤집은 머리카락과 두피, 고무줄 사이 공간에 단단히 고정시켜요.

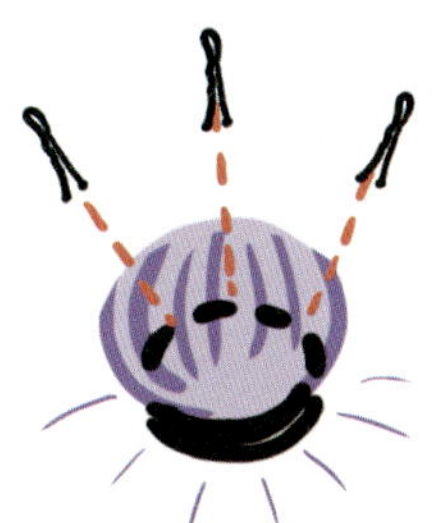

4 같은 방법으로 실핀을 몇 개 더 꽂아요. 숱이 적으면 3~4개, 숱이 많으면 5~6개 정도가 적당해요.

5 뒤집었던 머리카락을 제자리로 돌려놓아요.

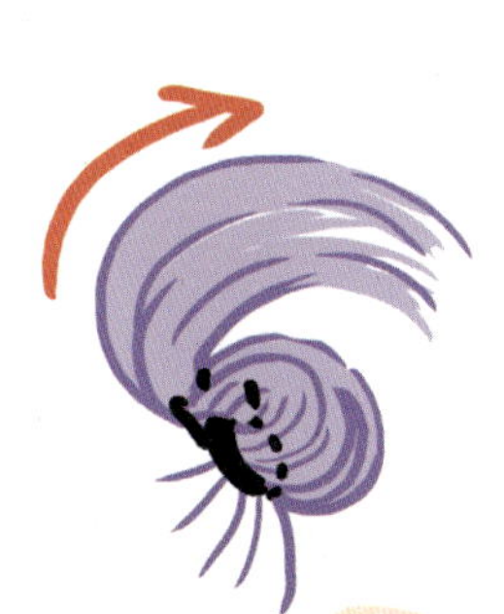

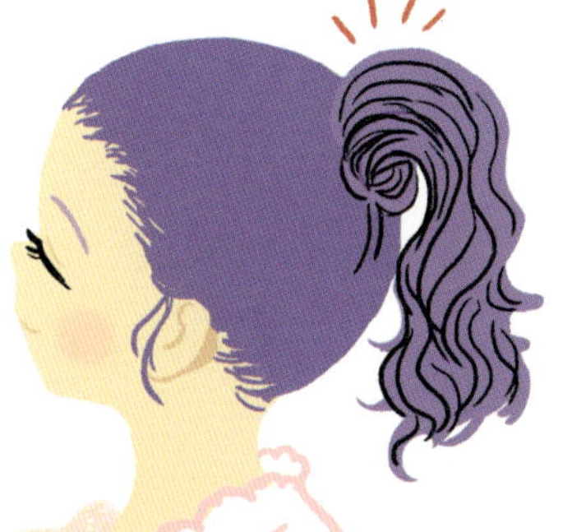

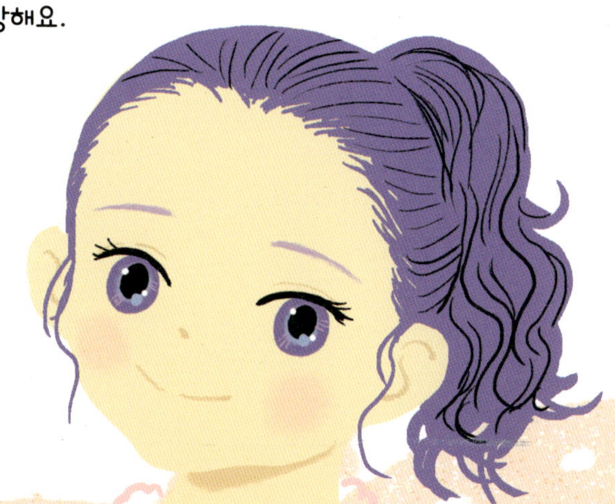

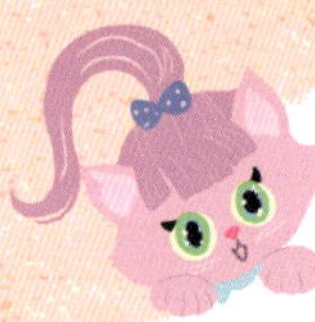

양 갈래로 묶기

하나로 묶는 포니테일을 양쪽으로 갈라 응용했어요.
머리카락을 세로로 나누어 좌우로 갈라요. 양쪽을 각각 예쁘게 묶어요.

준비물

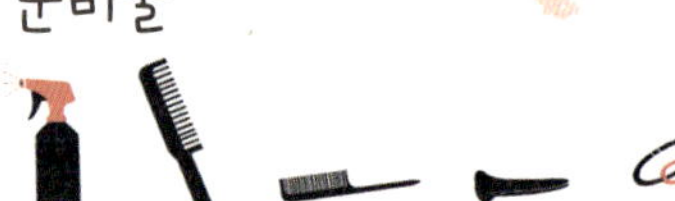

분무기　빗　꼬리빗　집게　고무줄

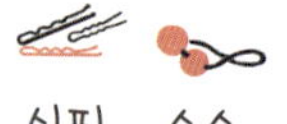

실핀　슈슈

1 꼬리빗을 이용해 머리카락
을 세로로 나누어 각각 집게
로 고정시켜요(p.16 참고).

2 한쪽부터 집게를 풀고 머리카락을 묶을 위치를 정해요.

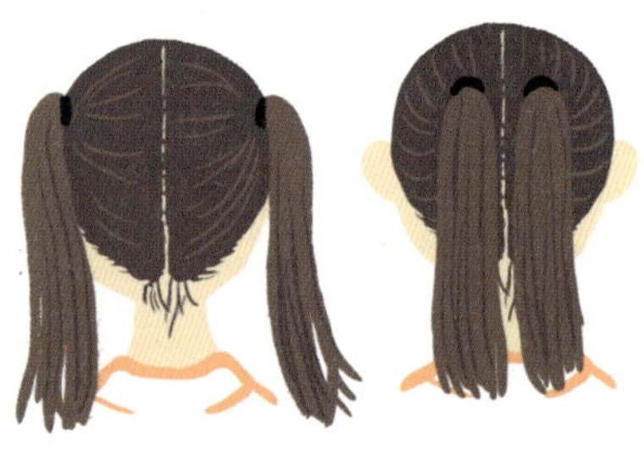 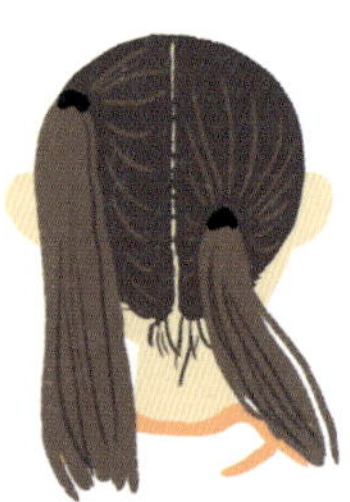 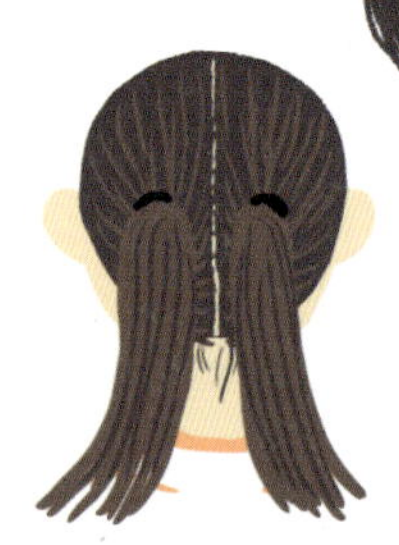 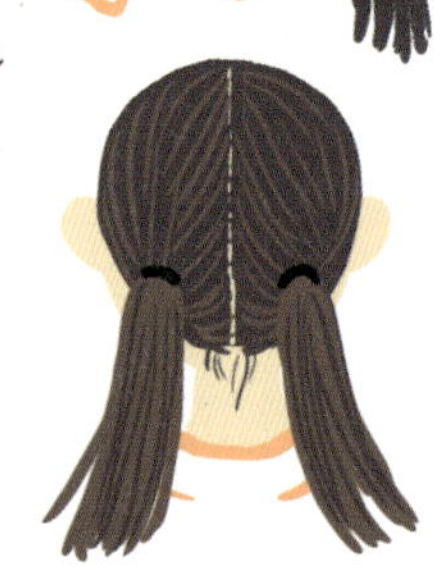

3 한 손으로 머리카락을 단단히 잡고
빗질로 머릿결을 정리해요.

4 고무줄이나 슈슈로 묶어요.
반대쪽도 같은 방법으로 묶어요.

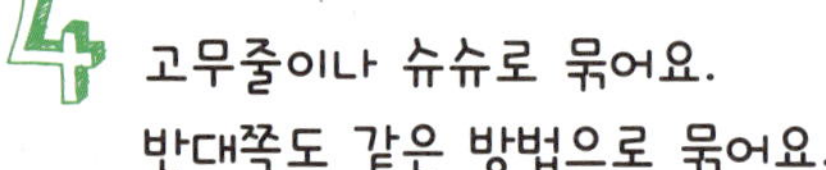

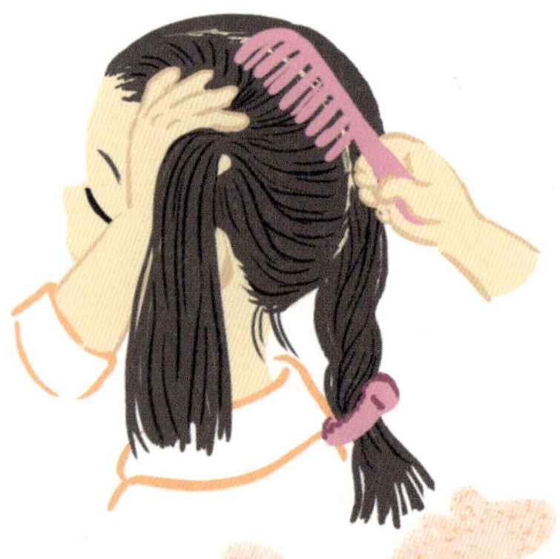

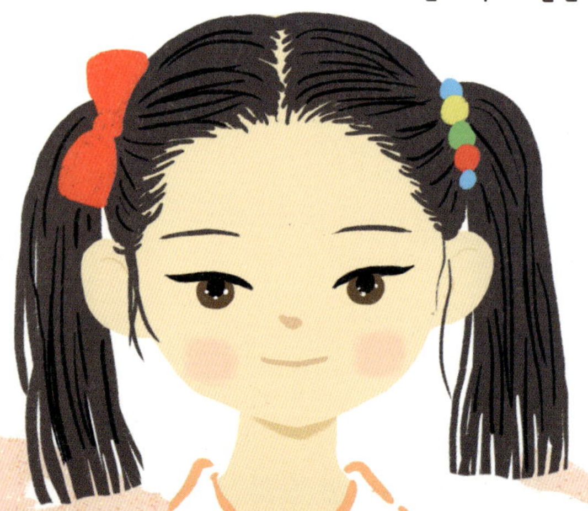

양 갈래 포니테일에 좀 더
멋을 부리고 싶다면 양쪽을
각각 다른 슈슈나 리본으로
꾸며도 좋아요!

포니테일 꾸미기

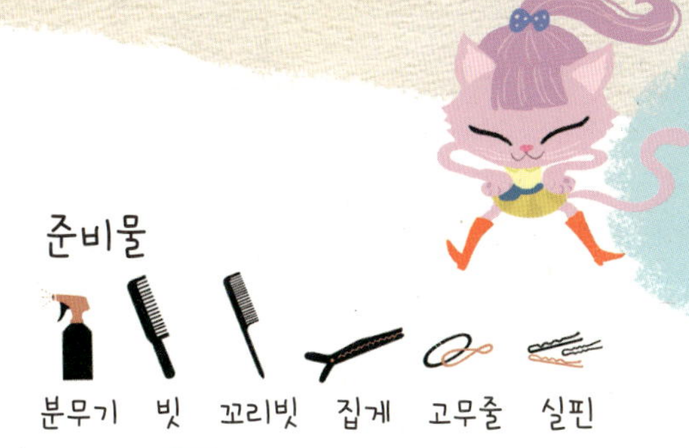

포니테일을 응용한 다양한 스타일이에요.
혼자서도 척척! 셀프 스타일링도 문제없어요.

포니 위에 포니테일
머리숱이 많다면 이 방법을 이용해보세요. 깔끔하게 포니테일을 완성할 수 있어요.

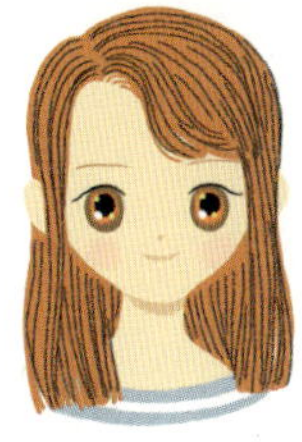

1 빗으로 머릿결을 정리한 후 분무기로 물을 살짝 뿌려 차분하게 만들어요.

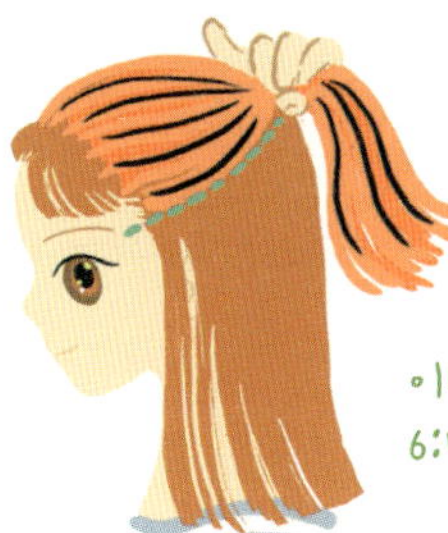

2 꼬리빗을 이용해 양쪽 관자놀이에서 정수리 방향으로 사선 가르마를 타서 올려 묶어요.

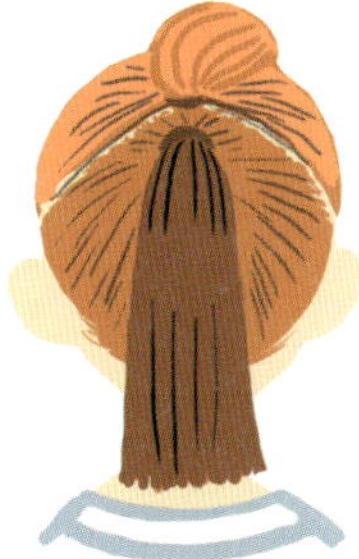

3 아래쪽에 남은 머리카락도 위에 묶은 포니테일 바로 아래에 묶어요.

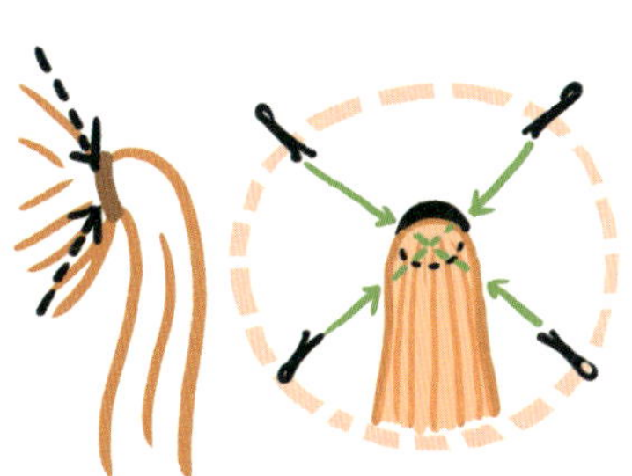

4 머리카락과 두피, 고무줄 사이로 실핀을 꽂아 고정시켜요. 그림과 같이 X자 모양으로 꽂아 주세요.

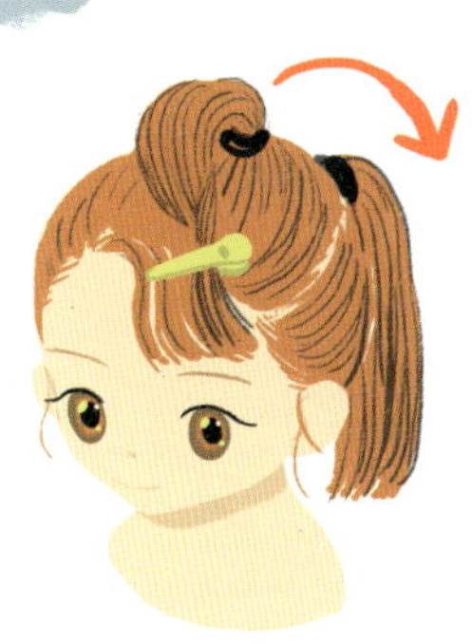

5 위쪽 포니테일로 아래쪽 포니테일을 덮어 마무리해요.

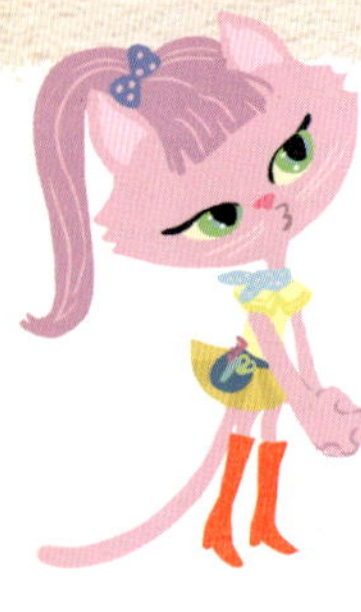

요조숙녀 포니테일

양쪽으로 머리를 꼬아 장식한 포니테일 응용 스타일이에요.
단아하면서 돋보이는 요조숙녀 스타일이지요.

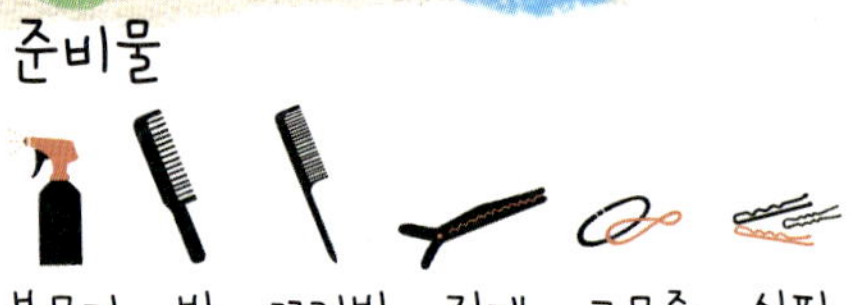

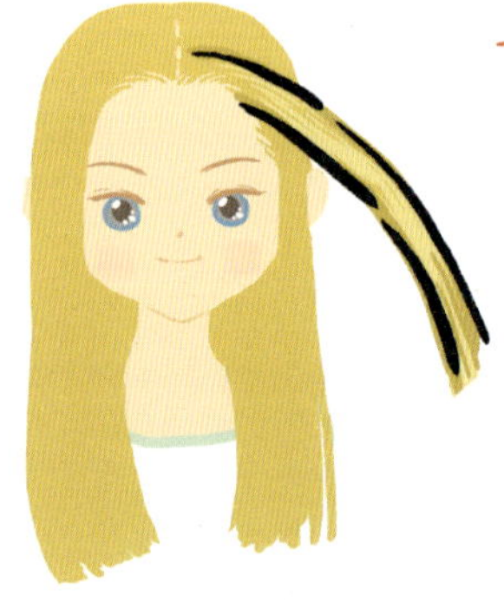

1 이마부터 정수리까지 앞가
르마를 타요. 가르마 양쪽
의 앞머리 일부를 빼 놓고
나머지 머리카락을 뒤로
모아 집게로 고정시켜요.

앞머리가 짧을 경우에는 관자
놀이 쪽 옆머리로 하면 돼요.

2 빼 놓은 머리카락을
각각 두 갈래로 나누
어 그림과 같이 꼬아
풀리지 않도록 집게로
고정시켜요. 한쪽씩
차례로 각각 스타일링
해요.

3 양쪽 꼬아 놓은 부분을
뒤쪽에서 합쳐 고무줄
로 묶어요. 묶고 아래
쪽으로 내린 머리카락
은 가지런히 빗어요.

4 집게로 묶어 놓았던 나머지 머리카락과
함께 전체를 한군데로 모아 고무줄로
다시 묶어요.

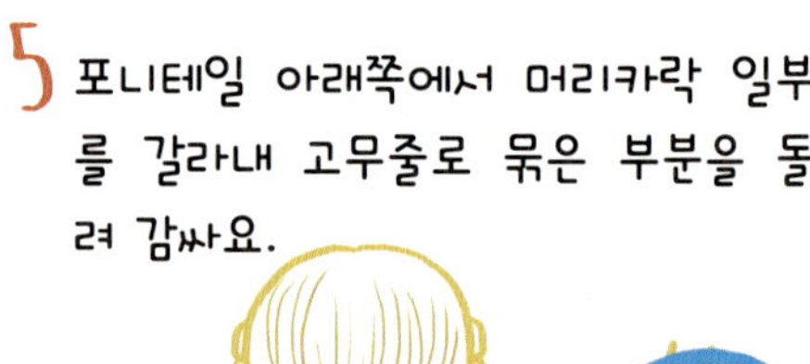

5 포니테일 아래쪽에서 머리카락 일부
를 갈라내 고무줄로 묶은 부분을 돌
려 감싸요.

6 돌리고 남은 머리카락 끝은 실
핀으로 고정해요.

머리카락을 슈슈나 리본 대신 사
용하는 거예요. 깔끔한 스타일링
을 할 때 사용하는 방법이에요.

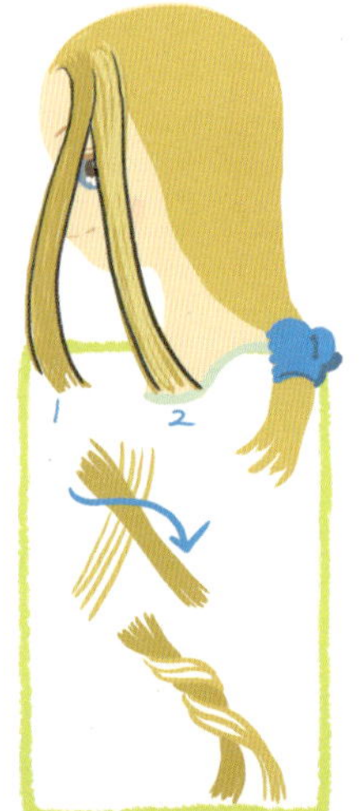

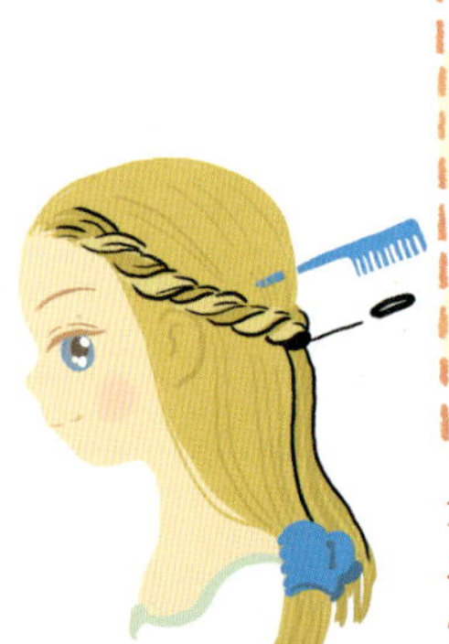

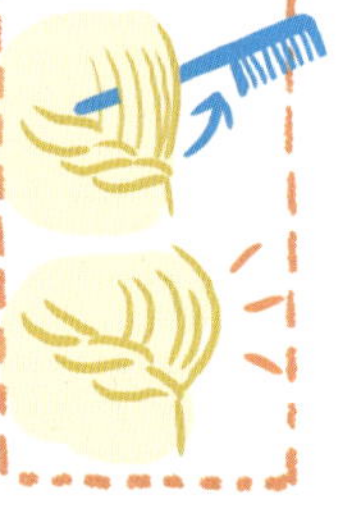

꼬리빗으로 뒤통
수의 머리카락을
살짝 잡아 빼내
볼륨을 살려요.

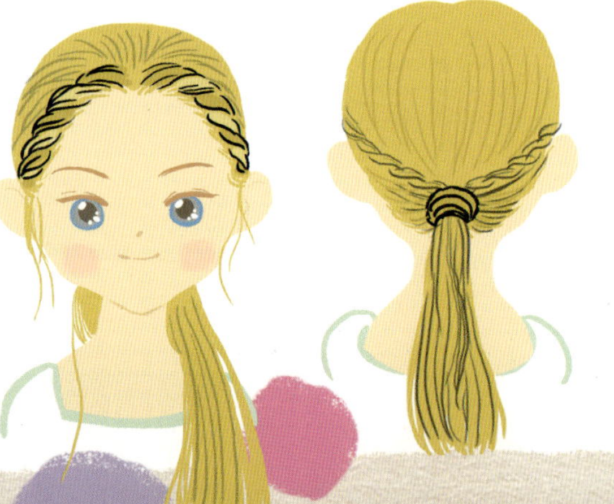

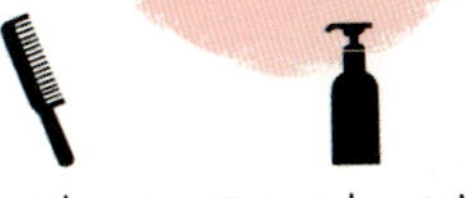

빗   헤어무스 또는 에센스   실핀개

준비물

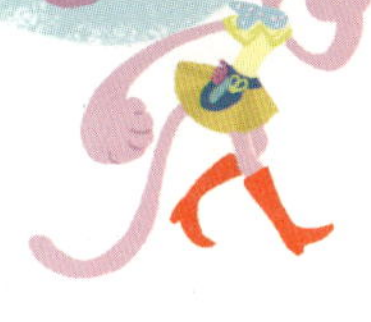

스피드 포니테일

빠르고 쉽게, 게다가 예쁘게 스타일링 할 수 있는 방법이에요.
자연스럽고 성숙한 분위기를 연출할 수 있어요.

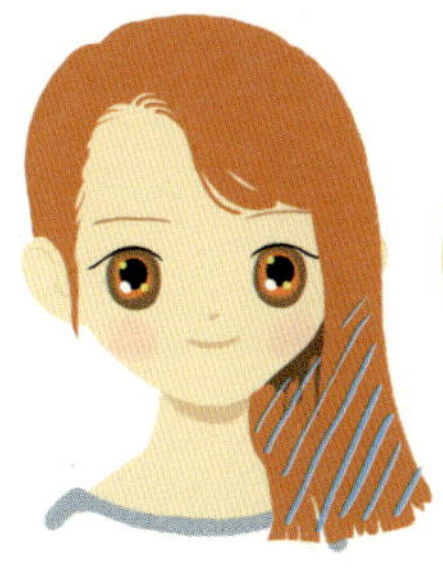
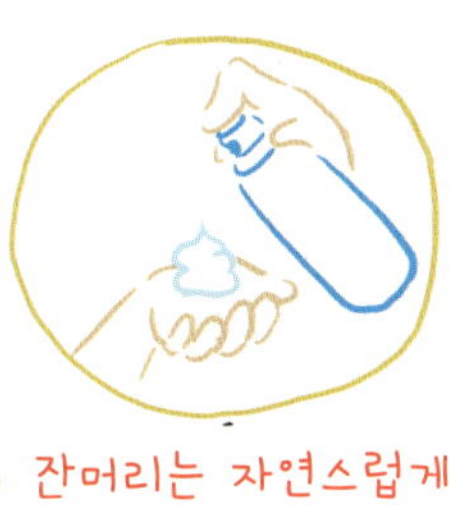

1 머리카락을 손으로 대충 빗어서 한 쪽으로 모아 내려
요. 손바닥에 헤어무스나 에센스를 조금 덜어 골고루
발라요.

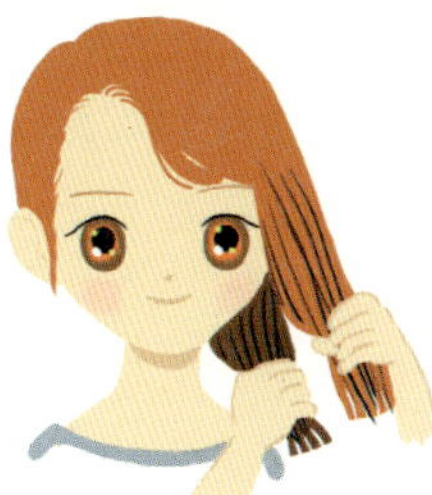

2 모아 내린 머리카락을 두 갈래로
나누어요.

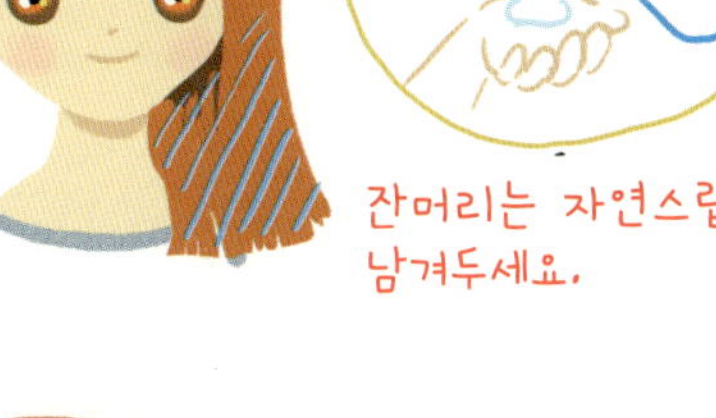

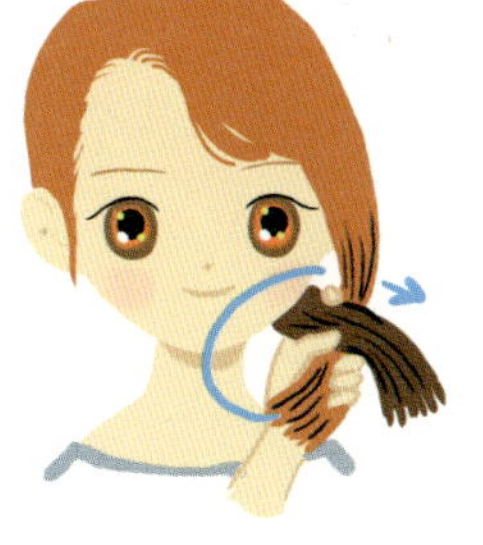

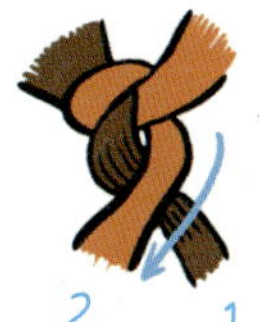

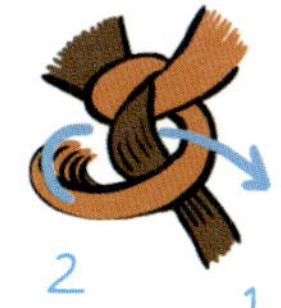

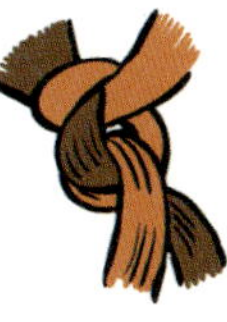

3 뒤통수 쪽에서 나온 가닥(1)이 앞으로, 앞쪽에서 나온 가닥(2)이 뒤로
가도록 교차시켜 앞쪽 가닥(2) 끝을 두 가닥 사이로 통과시켜 묶어요.

4 봉지를 묶듯이 손 가는대로 묶어요.

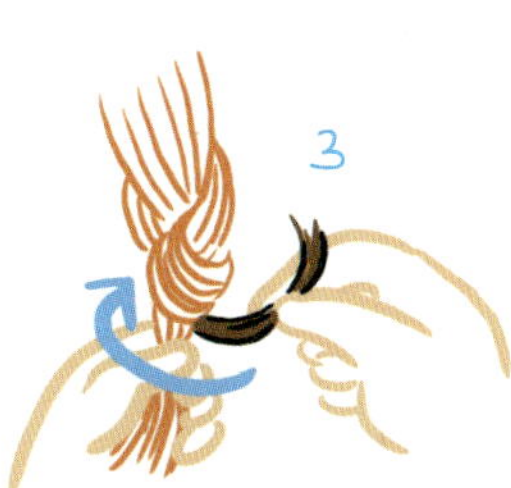

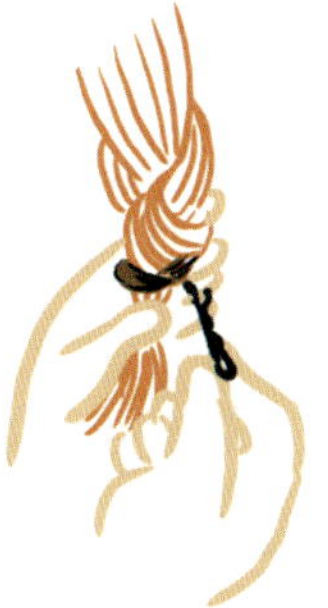

5 머리카락 끝(3)을 조금
빼서 묶은 부분을 감싸
며 빙빙 돌려요.

6 아래에서 위를 향해 실핀을
꽂아 머리카락 끝(3)과 묶
인 부분을 함께 고정시키면
완성!

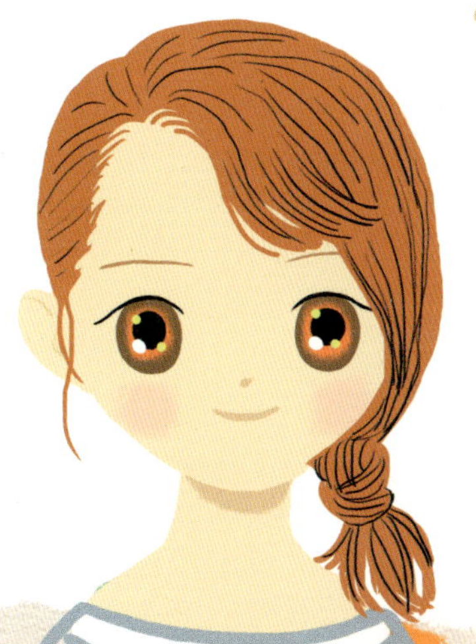

리본 포니테일

내 머리카락이 리본으로 변신해요.
포니테일 스타일과 함께 응용할 수 있는 연출법이지요.

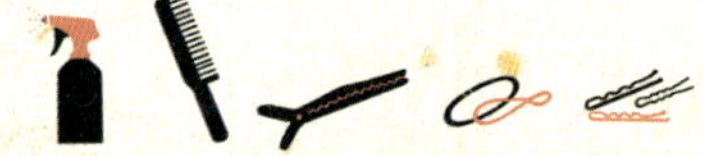

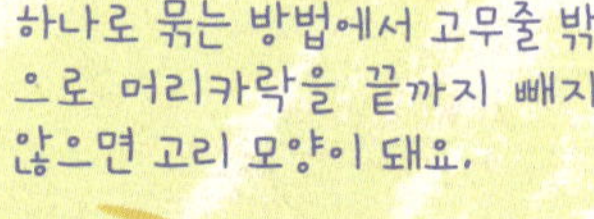

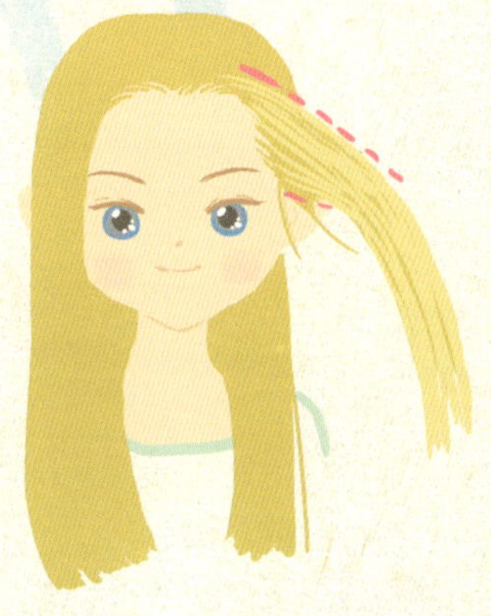

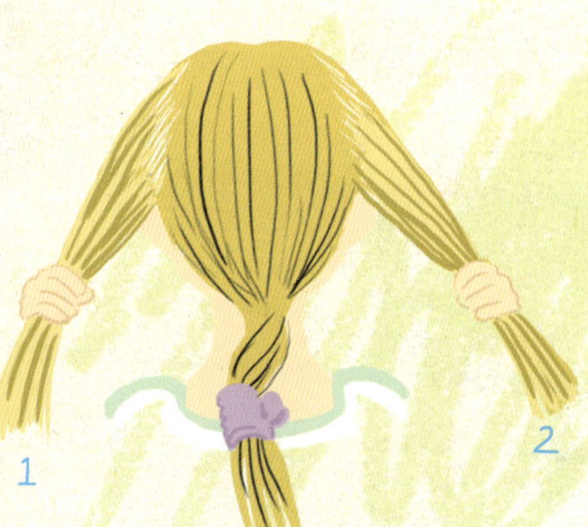

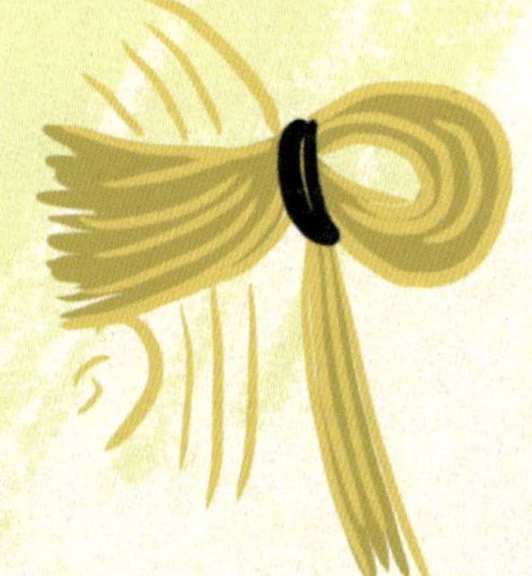

1 빗으로 머리카락을 가지런히 빗고 분무기로 물을 살짝 뿌려 머릿결을 정리해요. 양쪽 관자놀이 부분의 머리카락을 나누어 반묶음 할 준비를 해요.

2 나누어 놓은 양쪽 머리카락 이외의 남은 머리카락은 모아서 집게로 고정시켜요.

3 왼쪽(1)과 오른쪽(2) 머리카락을 뒤로 돌려 뒤통수에서 모아 그림과 같이 고리 모양으로 묶어요.

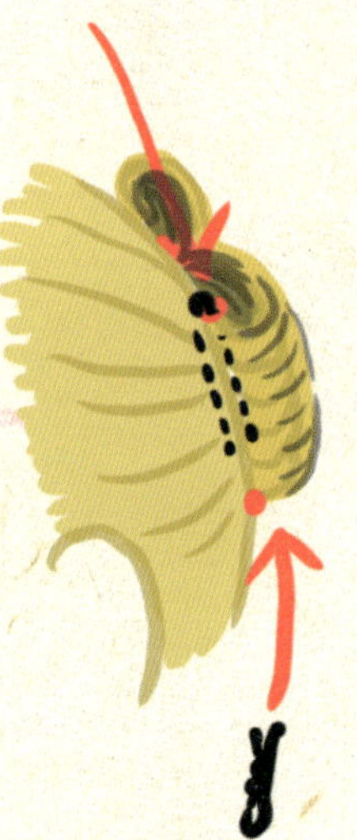

7 리본의 넓은 면이 두피쪽 머리카락에 고정될 수 있도록 눕혀 아래에서 위로 실핀을 꽂아요. 두 개의 실핀 끝이 서로 겹쳐지도록 해야 리본 모양이 헝클어지지 않아요.

8 반대쪽 리본도 같은 방법으로 고정시켜요.

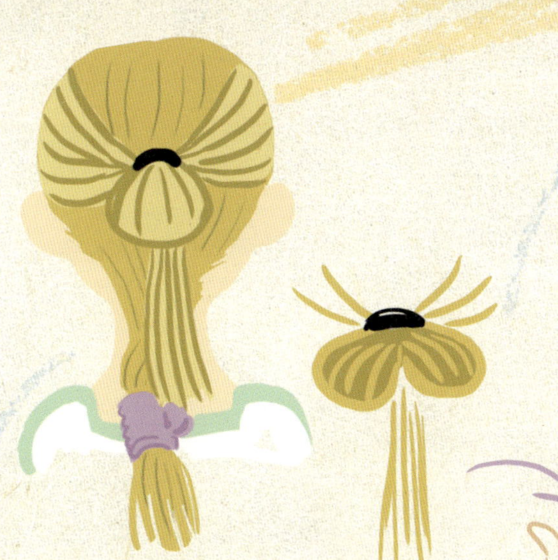

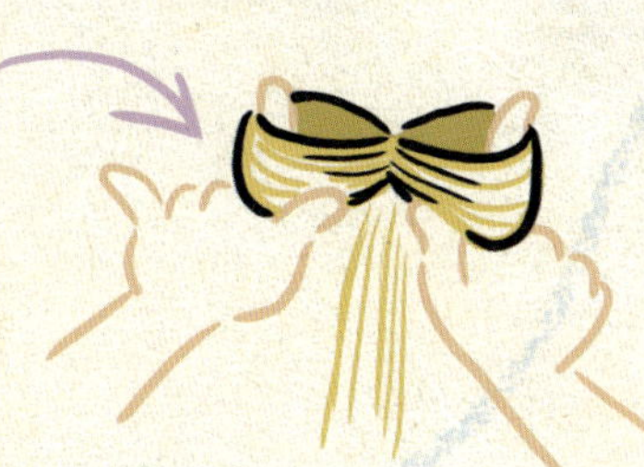

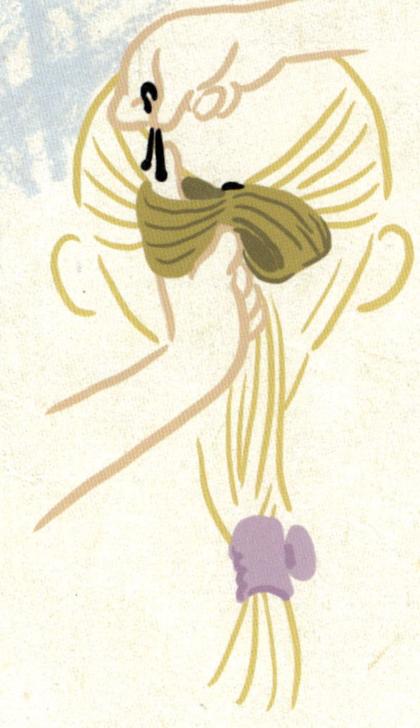

4 둥글게 말린 고리 가운데를 양쪽으로 갈라요. 양쪽 머리 카락의 양이 비슷해야 예쁜 리본을 만들 수 있어요.

5 엄지와 검지를 이용해 양옆 으로 펼쳐 리본 모양을 만 들어요.

6 먼저 한쪽부터 고정시켜요. 한 손으로 리본 한 쪽을 눌 러 잡고 위에서 아래로 실핀 을 꽂아요.

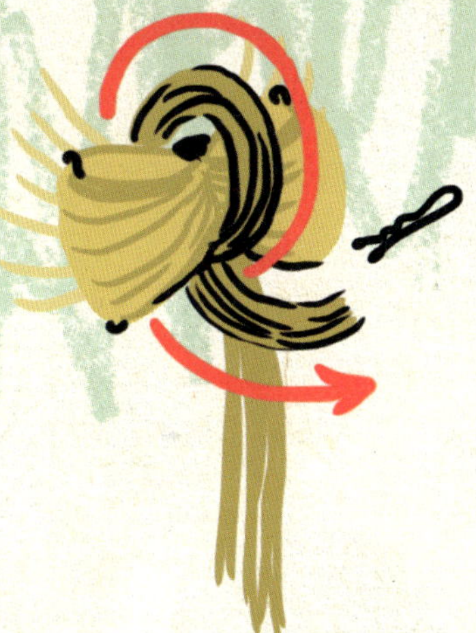

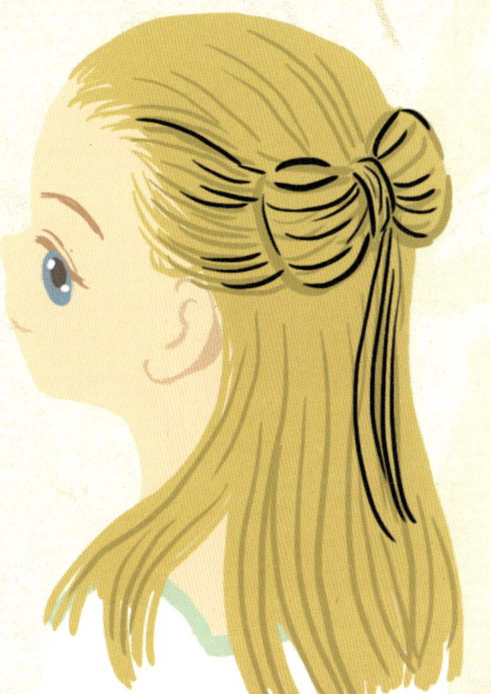

9 리본 꼬리로 남긴 머리카락에서 일부를 뺀 다음 리본 가운데에 2~3회 돌려 감싸며 리본 모양을 확실하게 잡아요. 리본 안쪽으로 보이지 않게 핀 을 꽂아 마무리해요.

나만의 슈슈와 리본을 만들어요

헤어스타일을 빛나게 하는 것은 액세서리죠.
집에 있는 고무줄과 핀으로 예쁜 액세서리를 만들어 보세요.
내 손으로 만든 거라 세상에 딱 하나뿐이에요!

리본 슈슈

기본 고무줄에 리본을 묶어 만들어요.

준비물

공단 리본(20cm), 매듭용 리본(폭 2cm, 길이 4~5cm),
가위, 공예용 철사, 링 고무줄, 양면테이프, 글루건

1 20cm 길이의 공단 리본과 폭 2cm, 길이 4~5cm의 매듭용 리본을 준비해요.

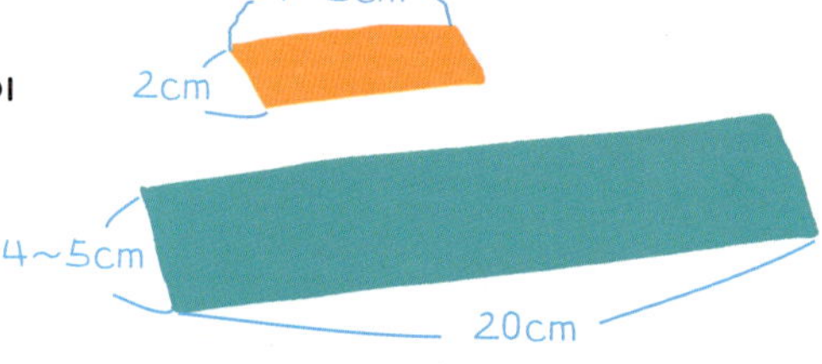

2 공단 리본을 반으로 접어요. 반이 되는 가운데 부분에 양면테이프를 2cm 정도 길이로 잘라 붙여요.

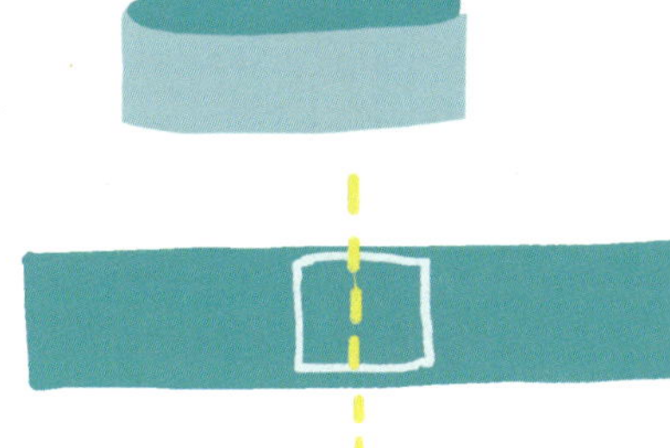

3 리본 양쪽 끝을 2의 테이프에 붙여요. 양쪽 끝이 가운데에서 맞닿게 해요.

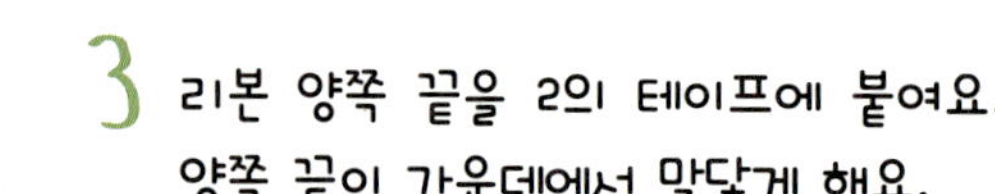

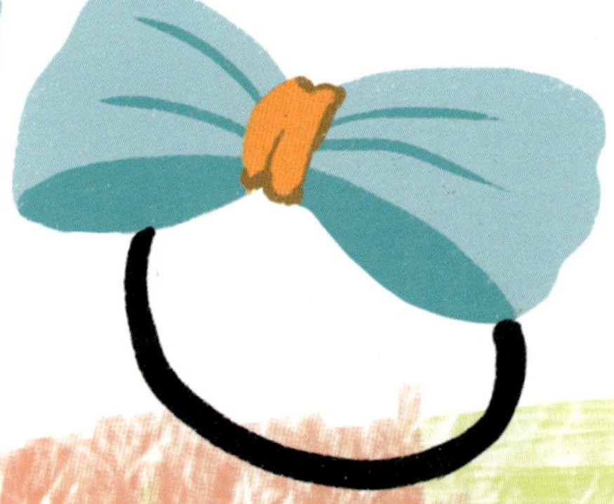

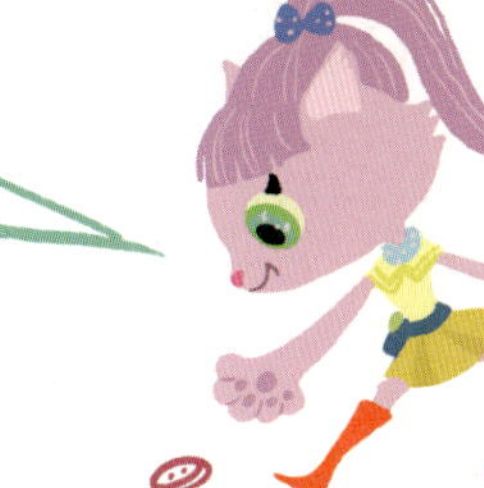

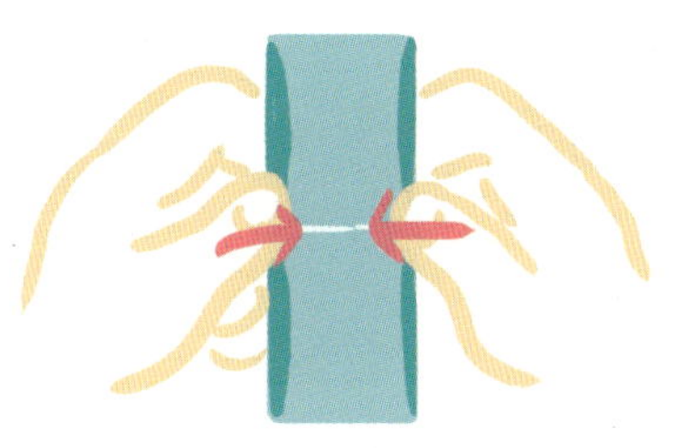
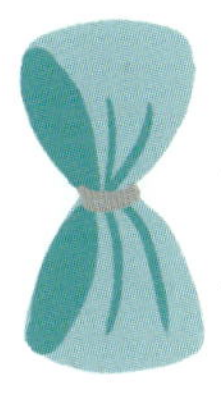
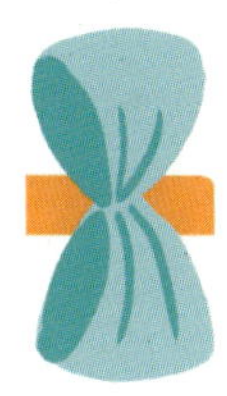

4 리본에 주름을 잡아가며 가운데를 공예용 철사로 묶어 모양을
예쁘게 만들어요. 철사가 없으면 낚싯줄이나 실로 묶어요.

5 매듭용 리본을 4의 철사 묶
은 곳에 대고 링 고무줄을
올린 다음 함께 감싸요.

단추 슈슈

6 글루건으로 붙여
마무리해요.

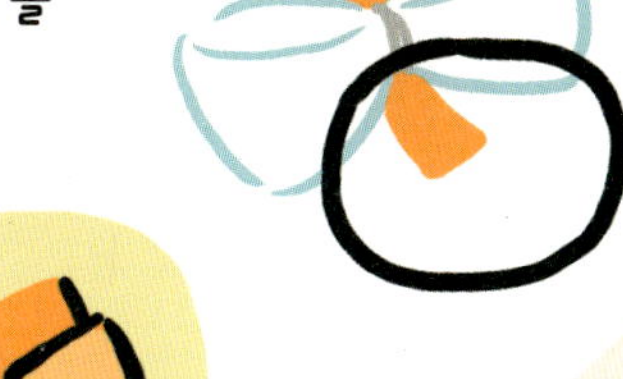

준비물

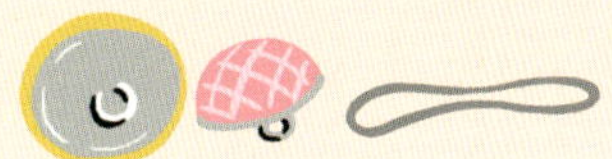

싸개 단추, 링 고무줄

→ 글루건

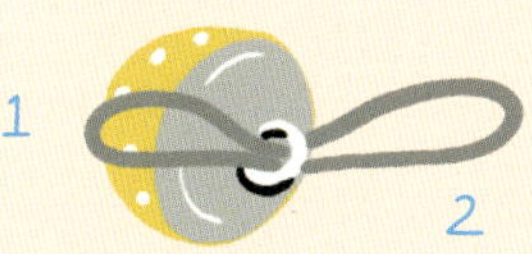
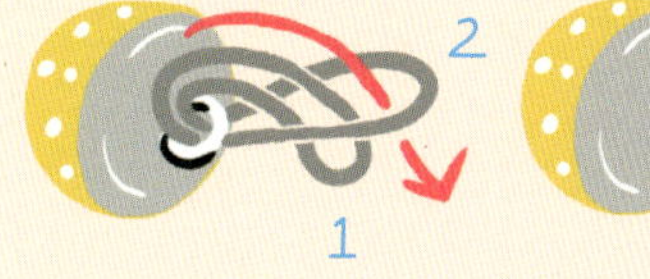

1 단추 뒷면 고리에
링 고무줄을 끼워요.

2 그림과 같이 고무줄 한쪽 끝을 반대
쪽에 끼워 넣고 당겨서 완성해요.

꽃 장식 슈슈

준비물

조화, 펠트 조각, 펜치, 글루건, 링 고무줄

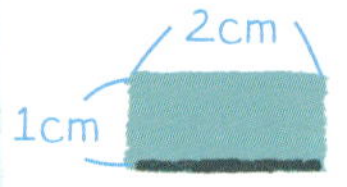

1 조화 뒷면의 꽃대를 바짝 잘라 내요.

공작용 가위로는 자르기 힘들어요. 엄마가 사용하는 큰 가위나 펜치로 잘라 주세요.

2 지름 2~2.5cm 정도로 펠트를 동그랗게 잘라요. 또 다른 펠트는 폭 1cm, 길이 2cm의 직사각형으로 잘라요.

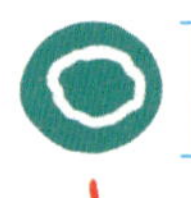

동그랗게 자른 펠트는 조화보다 작아야 해요.

2~2.5cm

3 원형 펠트를 조화 뒷면에 글루건으로 붙여요.

4 직사각형 펠트의 한쪽 면을 글루건으로 붙여요.

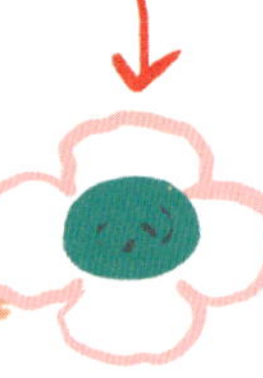

5 링 고무줄을 끼워 넣고 남은 면도 글루건으로 붙이면 완성!

같은 방법으로 인형 슈슈도 만들 수 있어요.

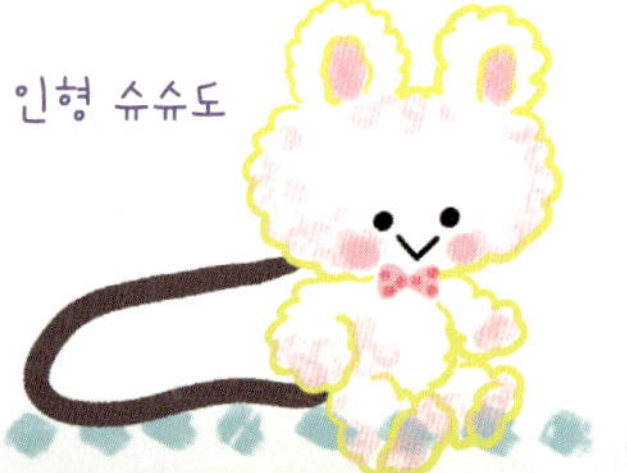

초코바 봉지 슈슈

내가 좋아하는 초코바 봉지로 만드는 슈슈

준비물

초코바 포장 봉지(비닐 소재), 방울솜 조금, 링 고무줄, 양면테이프, 낚싯줄

1 예쁜 초코바 봉지를 준비해요.

비닐 소재 등으로 질긴 것을 준비해요. 초코바를 먹을 때 봉지가 찢어지지 않도록 살살 열어요.

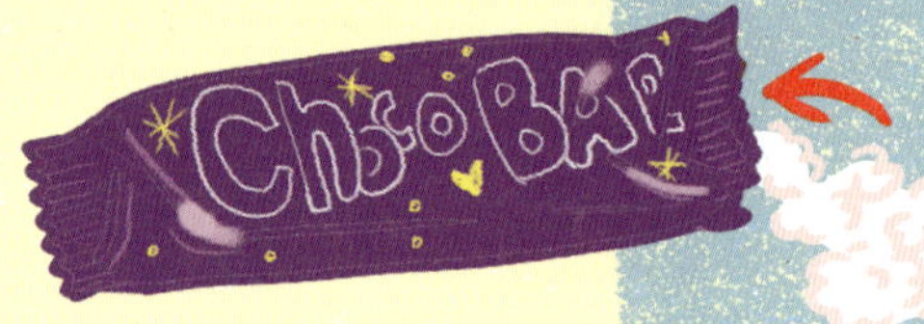

2 초코바 봉지에 방울 솜을 넣어요

너무 많이 넣으면 터질 수 있으니 봉지의 80%만 채워요.

3 끝을 양면테이프로 붙여 솜이 나오지 않도록 해요.

4 초코봉지 장식과 링 고무줄을 낚싯줄로 묶어 마무리해요.

자투리 천 슈슈

1 천 조각이나 헌 옷 등의 자투리 천을 폭 2cm, 길이 35cm 크기로 잘라 2장을 준비해요.
2장이 서로 다른 천이어도 돼요. 천이 모자라면 덧대어도 되고요.

2 양면테이프를 길게 잘라 한쪽 면에 붙여요.

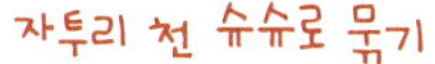

3 종이를 벗겨내고 그 위에 다른 천을 붙여요. 가장자리 지저분한 곳이나 남은 테이프 등은 가위로 잘라 깔끔하게 정리하세요.

4 양쪽 끝의 모서리를 잘라 뾰족하게 만들어요.

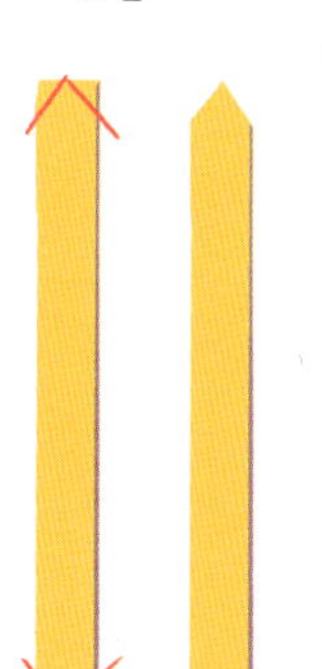

5 링 모양 고무줄에 천을 반 접어 걸쳐요.

6 천을 그림과 같이 삼각 리본 접기로 조여 매요.

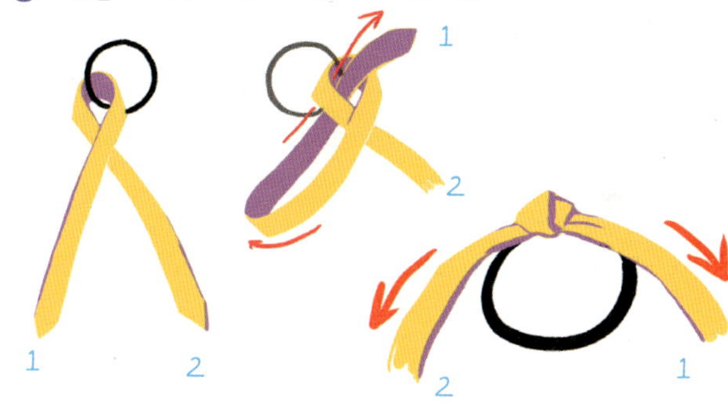

자투리 천 슈슈로 묶기

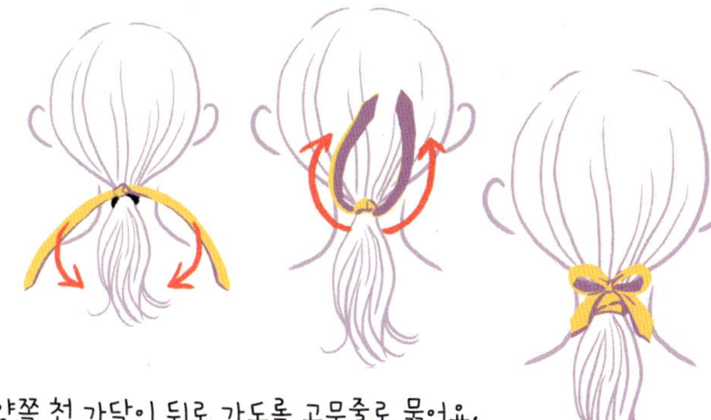

양쪽 천 가닥이 뒤로 가도록 고무줄로 묶어요.
천 양쪽 끝을 아래에서 위로 올려 머리카락을 감싸듯 묶어 매듭 지어요.

와! 정말 예쁜 슈슈네요!
손님이 만든 특별한 슈슈, 잘 간직할게요.
어때요? 잘 어울리죠?
그럼 이번에는 내 선물을 보여줄 차례!
더 재미있는 곳으로 안내할게요.

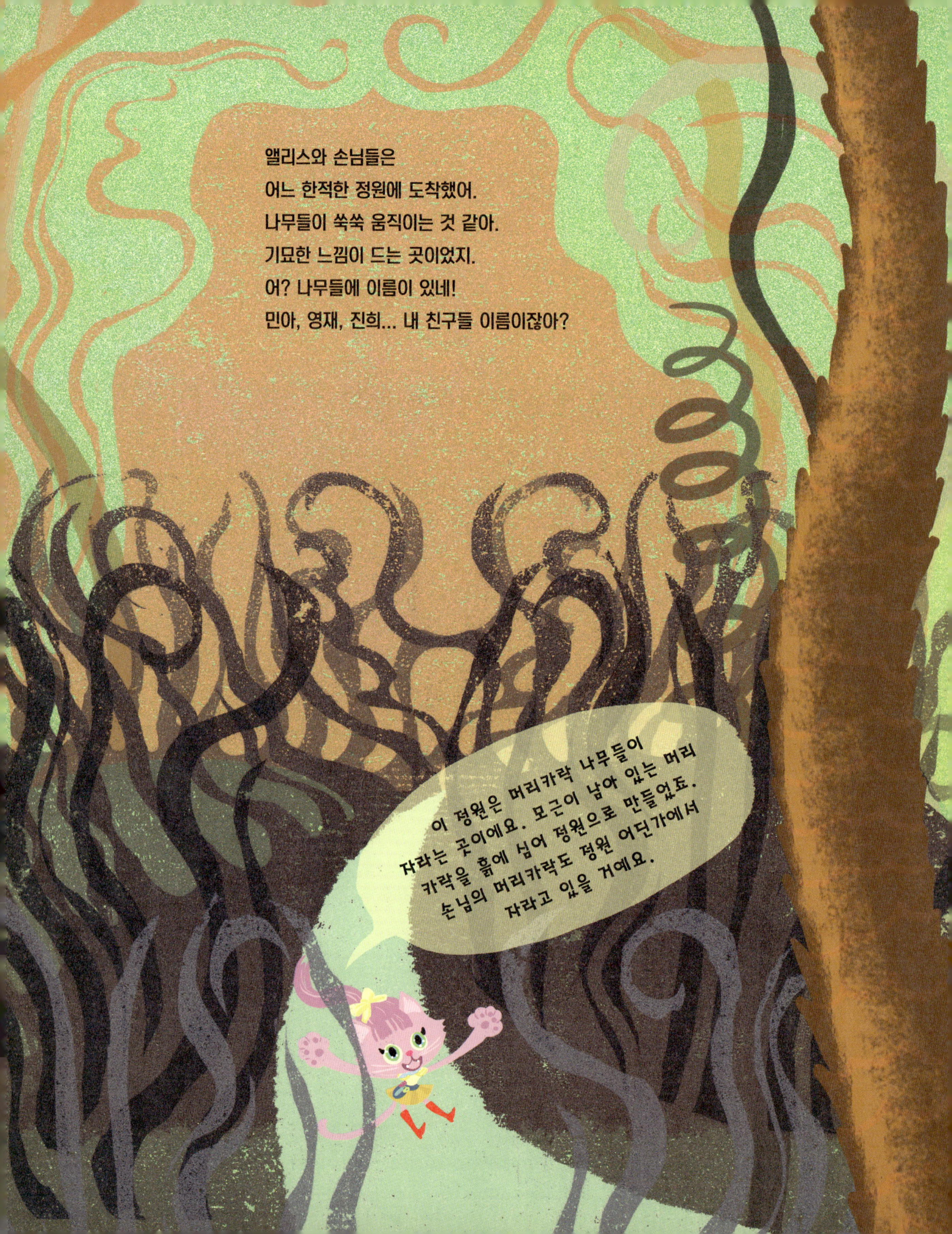
앨리스와 손님들은
어느 한적한 정원에 도착했어.
나무들이 쑥쑥 움직이는 것 같아.
기묘한 느낌이 드는 곳이었지.
어? 나무들에 이름이 있네!
민아, 영재, 진희... 내 친구들 이름이잖아?
이 정원은 머리카락 나무들이 자라는 곳이에요. 모근이 남아 있는 머리카락을 흙에 심어 정원으로 만들었죠. 손님의 머리카락도 정원 어딘가에서 자라고 있을 거예요.

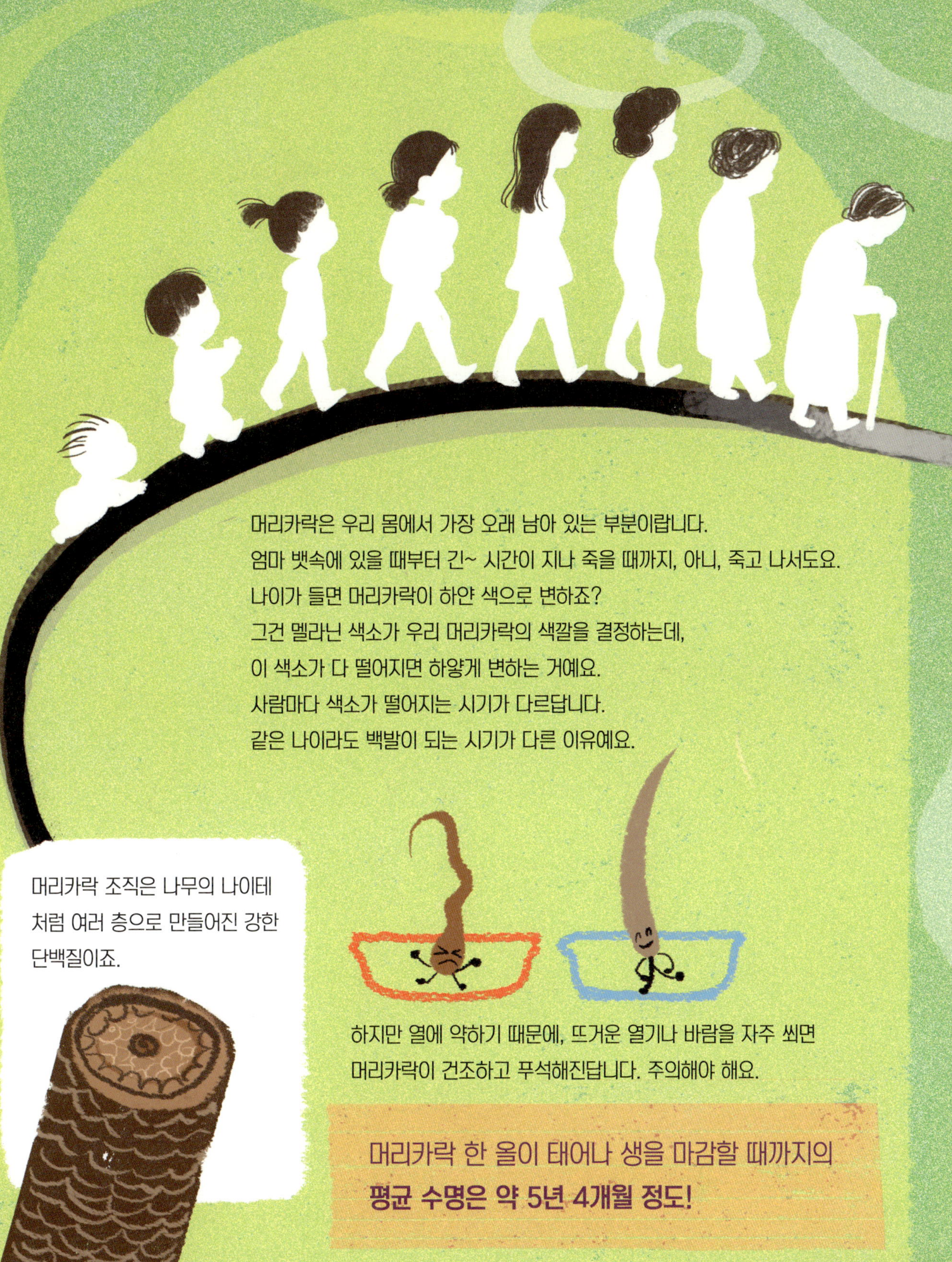

머리카락은 우리 몸에서 가장 오래 남아 있는 부분이랍니다.
엄마 뱃속에 있을 때부터 긴~ 시간이 지나 죽을 때까지, 아니, 죽고 나서도요.
나이가 들면 머리카락이 하얀 색으로 변하죠?
그건 멜라닌 색소가 우리 머리카락의 색깔을 결정하는데,
이 색소가 다 떨어지면 하얗게 변하는 거예요.
사람마다 색소가 떨어지는 시기가 다르답니다.
같은 나이라도 백발이 되는 시기가 다른 이유예요.

머리카락 조직은 나무의 나이테
처럼 여러 층으로 만들어진 강한
단백질이죠.

하지만 열에 약하기 때문에, 뜨거운 열기나 바람을 자주 쐬면
머리카락이 건조하고 푸석해진답니다. 주의해야 해요.

머리카락 한 올이 태어나 생을 마감할 때까지의
평균 수명은 약 5년 4개월 정도!

앨리스와 함께 머리카락 정원을 지나고 있을 때
하얀 토끼가 불쑥 나타났어.

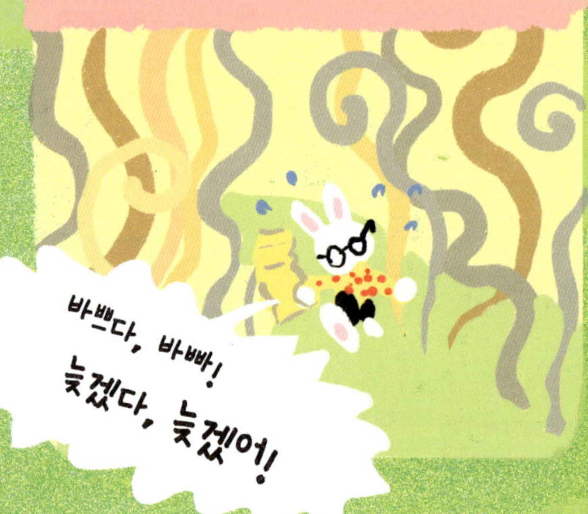

바쁘다, 바빠!
늦겠다, 늦겠어!

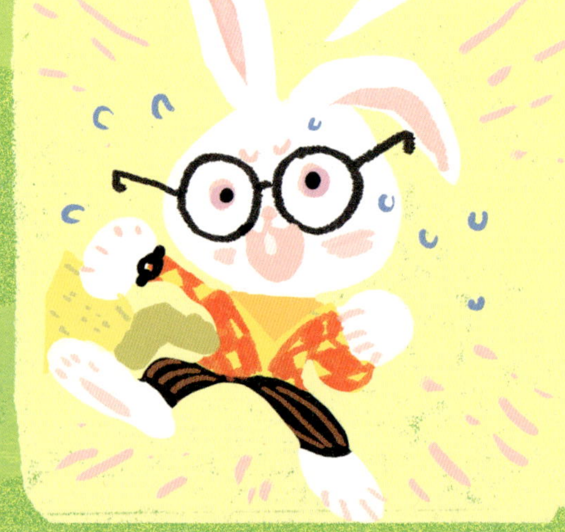

앨리스! 여기 있었구나.
오늘 여왕님이 깜짝 파티를 연대!

너도 초대자 명단에 있으니까 꼭 와야 해.
한 사람이라도 빠지면
여왕님이 울어버릴 거래.
너도 알지?
여왕님이 한번 울면 멈출 수 없다는 거.
지난 생일 파티 때
여왕님이 울음을 터뜨려 모두 우산을 쓰고
밥을 먹었잖니.
101시까지
이 리스트에 있는 손님들을
다 초대해야 해.

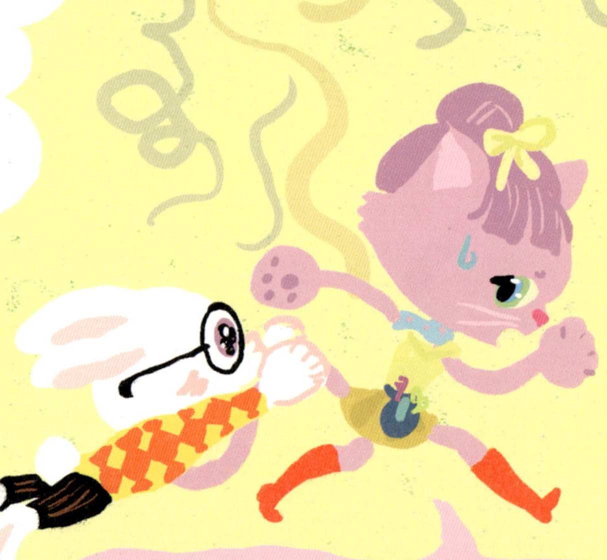

어! 난 이 손님을 안내해야 하는데... 어떡하지?

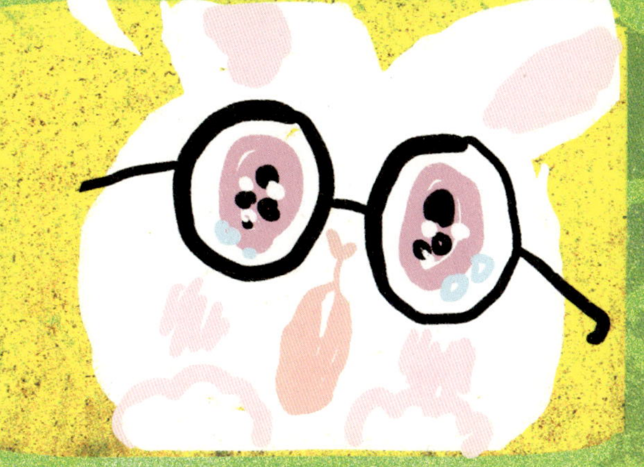

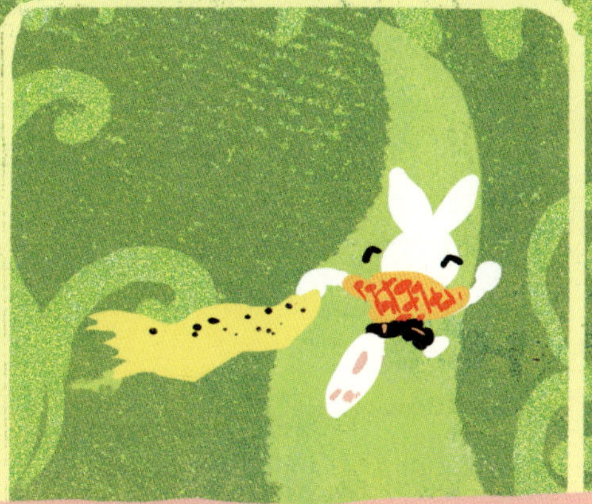

앨리스가 대답할 겨를도 없이 토끼가 명단을
내 손에 쥐어 줬어.
토끼는 깡충깡충 뛰어 갔지.
앨리스는 명단을 보더니 심각한 표정을 지었어.

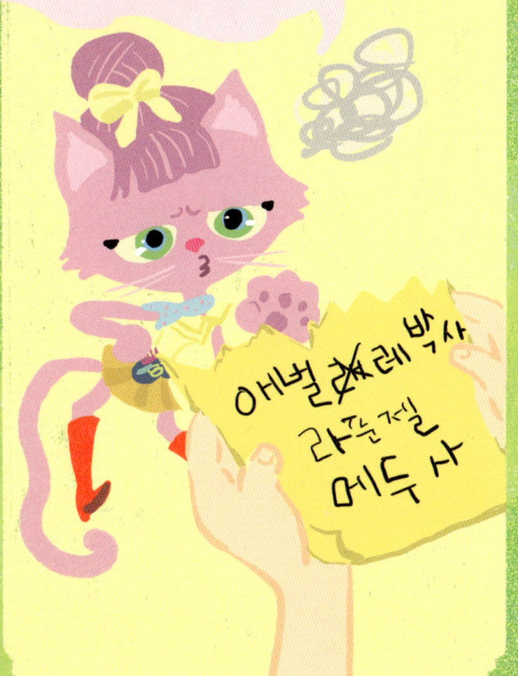

앨리스의 말을 들으니 왠지 더
가고 싶어져.
앨리스! 우리 토끼를 도와
주자! 재미있을 것 같아!
앨리스는 자기를 잘 따라와야
한다고 신신당부 했어.

숨어 없는 애벌레 박사

앨리스가 나를 데려간 곳은
점으로 뒤덮인 방이야.

"안녕하세요. 애벌레 박사님"
앨리스가 인사를 해.
내 눈엔 안 보이는데!

38

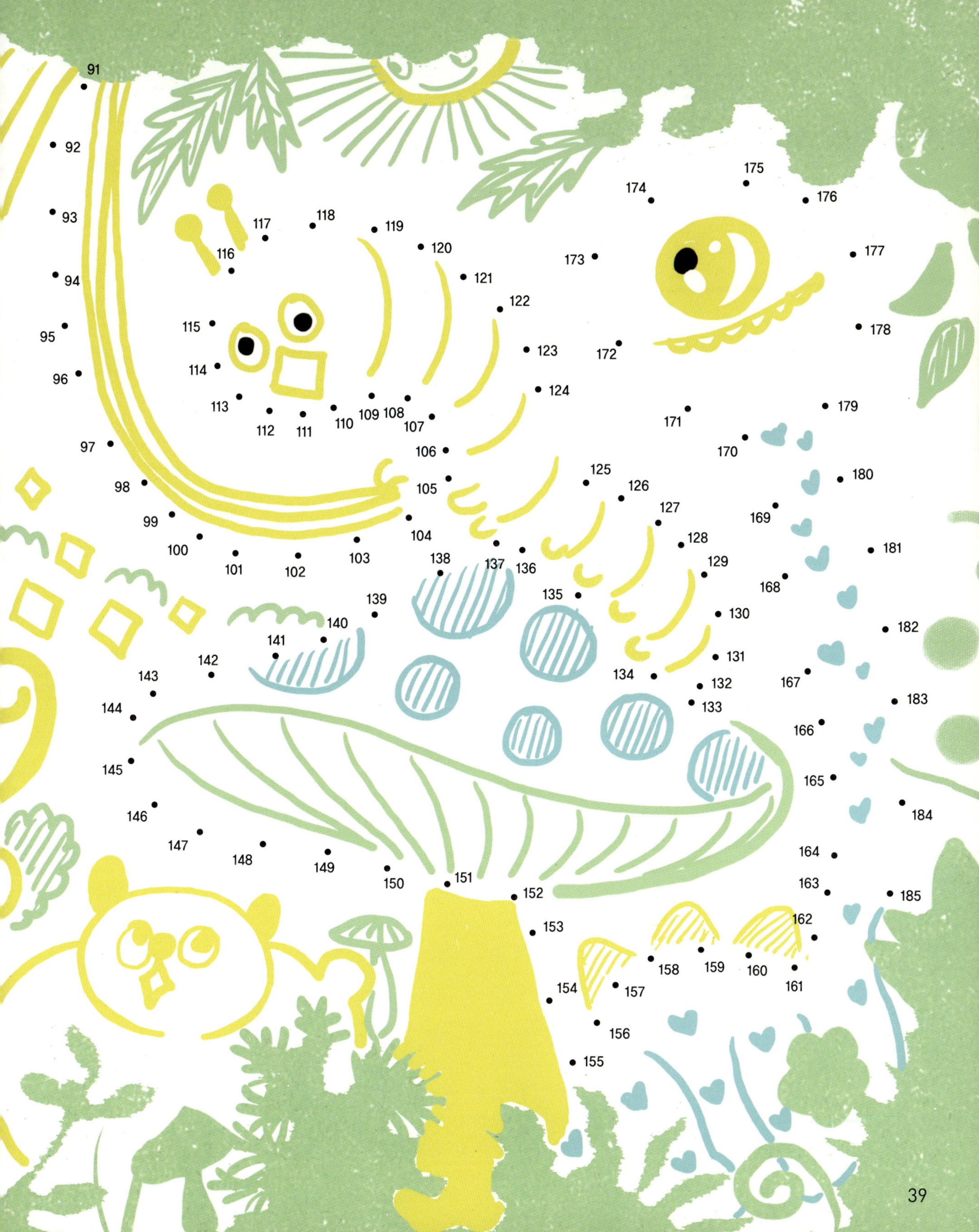

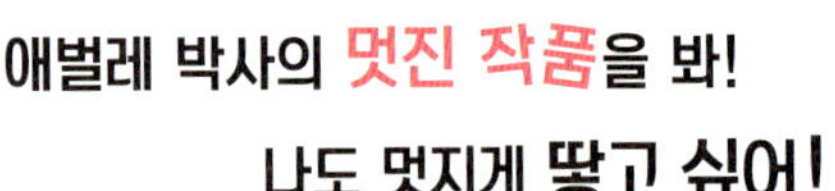

애벌레 박사의 멋진 작품을 봐!
나도 멋지게 땋고 싶어!

난 내 머릿속 생각을 정리하려고 땋기를 시작했지.
땋는 건 어렵지 않아. 갈래를 나눠 합쳤다 풀었다 하는 게 다야.
아무리 복잡해 보이는 땋기도 기본 땋기를 응용한 거라 누구나
할 수 있지!

베베 포니테일

위쪽에서 하나로 묶는 기본 포니테일에서 묶은 머리를 양 갈래로 나누어 서로 꼬아주는 방법이에요.

준비물   분무기   빗   꼬리빗   집게   실핀   색깔 고무줄   방울 또는 슈슈

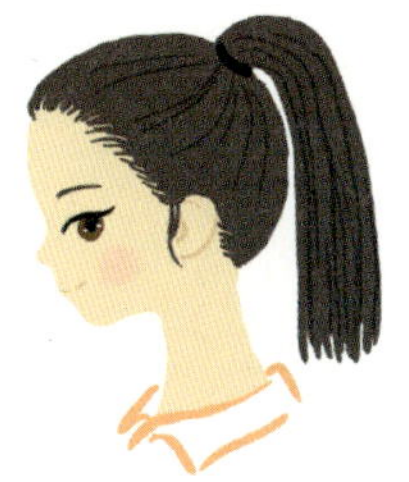

1 정수리 가까운 곳에 올려 하나로 묶어요(p.22 참고).

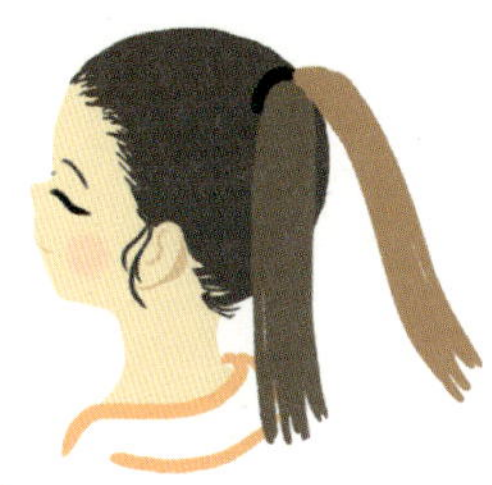

2 머리채를 두 갈래로 나누어요.

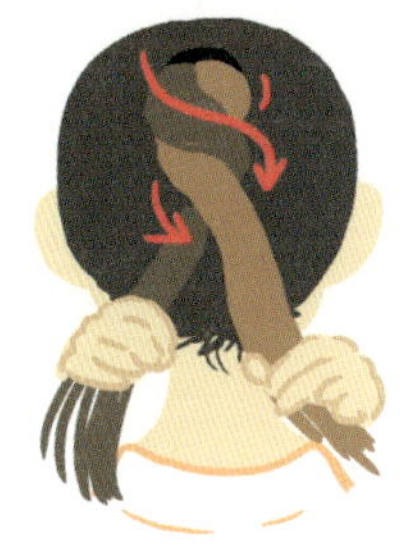

3 양손으로 한 가닥씩 나눠 잡고 서로 교차시켜 2~3회 꼬아요.

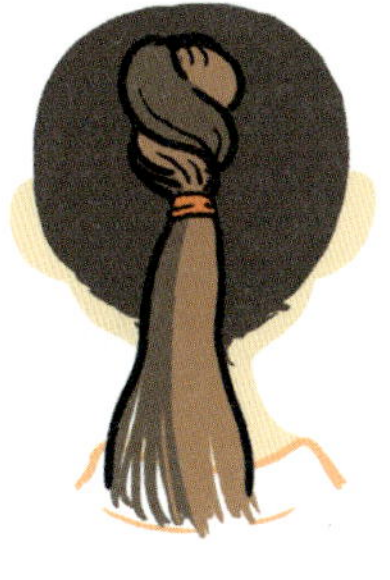

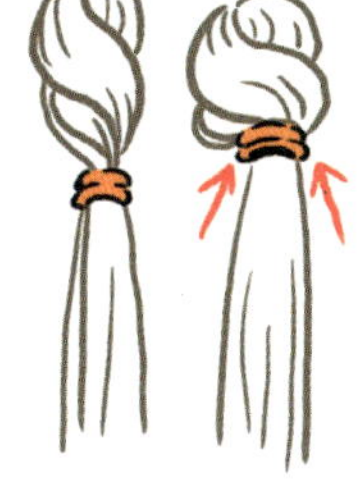

4 고무줄로 단단히 묶은 다음 고무줄을 살짝 밀어 올려요.

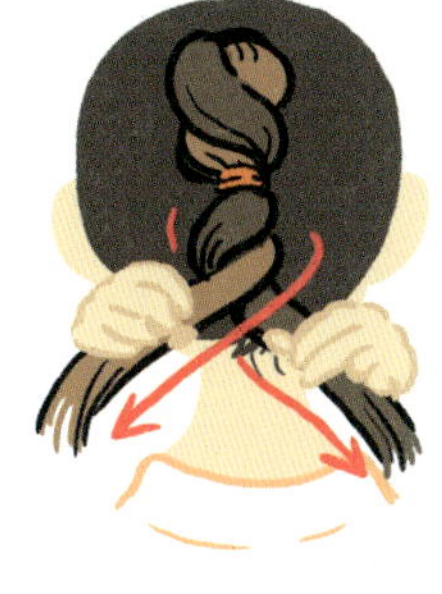

5 다시 두 갈래로 나누어 꼬아 같은 방법으로 묶어요.

6 머리카락 길이에 따라 반복하고 마지막에는 예쁜 방울이나 슈슈로 마무리해요.

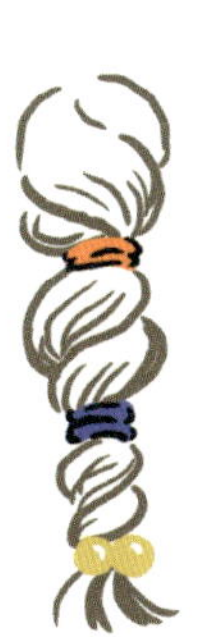

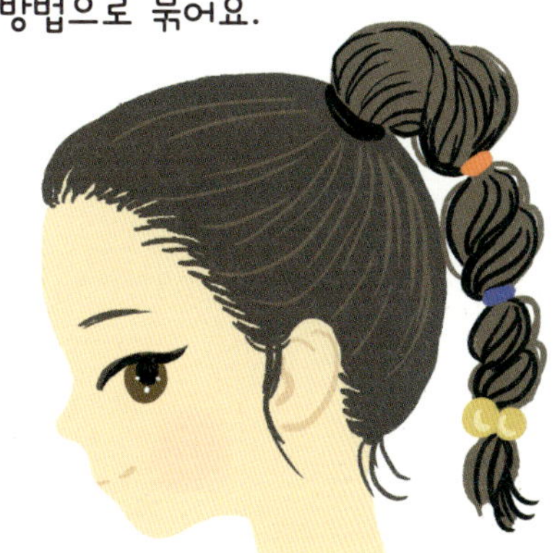

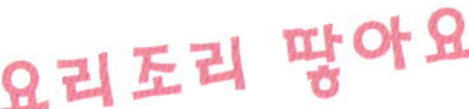

혼자서도 얼마든지 땋기 머리를 할 수 있어요.
단순한 세 줄 땋기뿐 아니라 응용해서 멋을 낸 스타일도 한 번만
따라해 보면 어렵지 않아요.

세 줄 땋기

가장 전형적인 땋기 기법이에요. 스타일링 할 머리카락을 세 갈래로 나눈 다음,
바깥쪽에 있는 가닥을 안쪽 가닥과 교차시키며 좌우 교대로 땋는 방법이지요.
그림을 보면서 천천히 따라해 보세요.

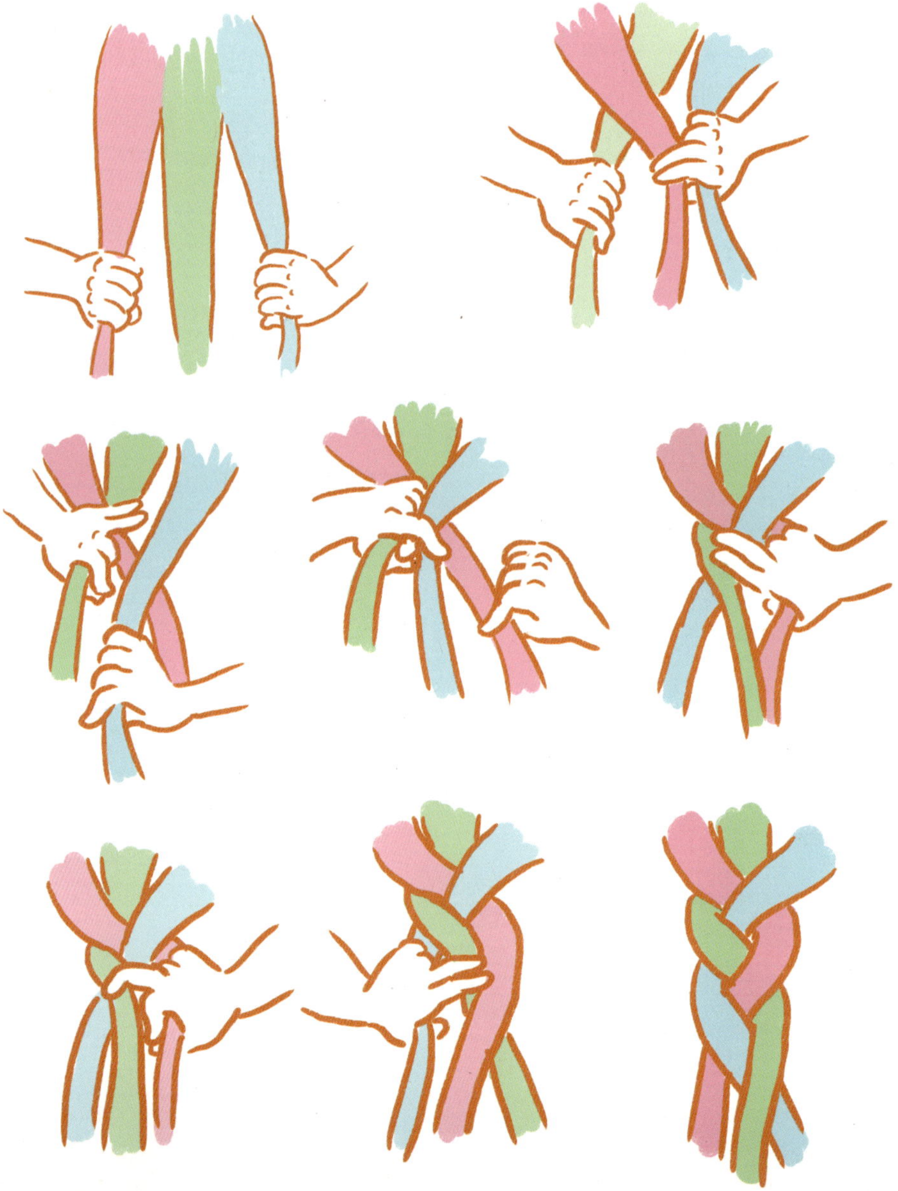

세 줄 땋기 응용하기

세 줄 땋기에 포인트를 줬어요. 셋 중 한 가닥만 따로 따서
세 줄 땋기에 합치면 특별한 헤어스타일이 완성됩니다.

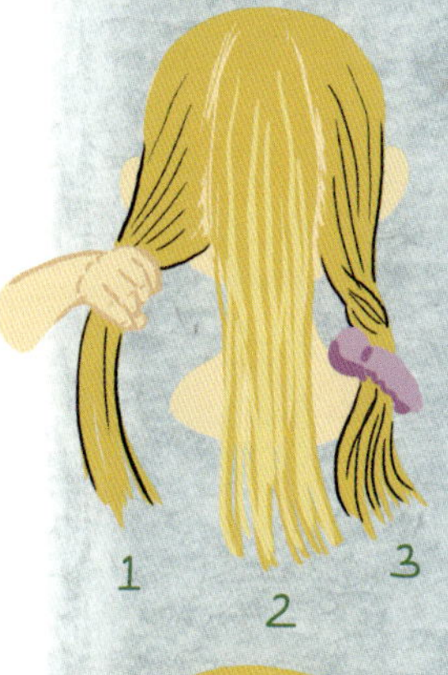

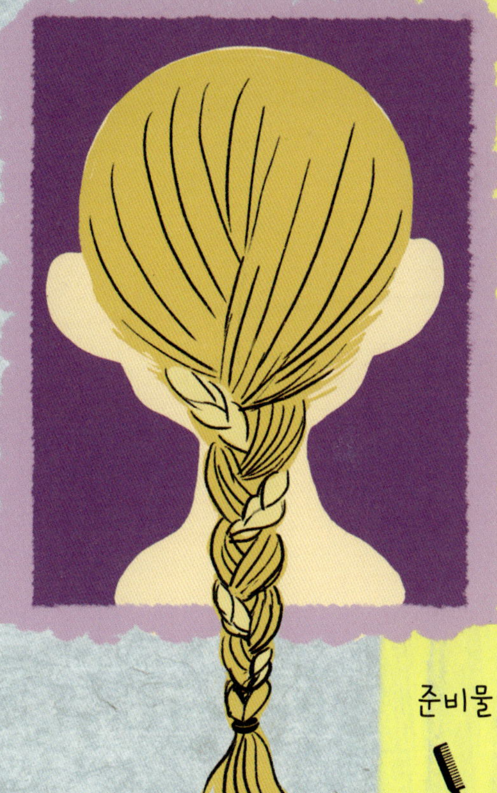

1 빗질로 머릿결을 정리하고
머리카락을 세 갈래로 나눈
다음 가운데를 제외한 양쪽
가닥(1, 3)은 집게로 고정
시켜요.

2 가운데 가닥(2)을 세 줄
땋기 해서 묶어요.

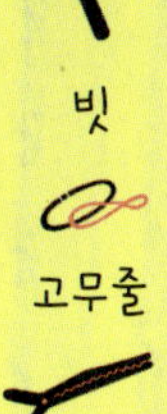

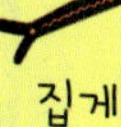

3 다시 처음에 남겨 놓은 양쪽 가닥과 함께
전체를 세 줄 땋기 해요.

4 2번 머리카락 끝을 묶었던 고무줄을
빼고 전체를 묶어 마무리해요.

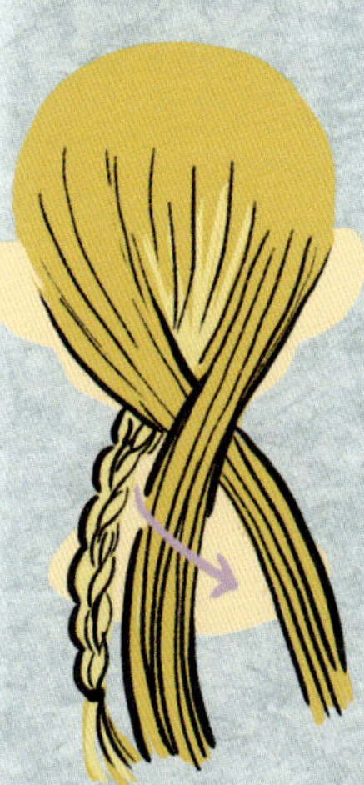

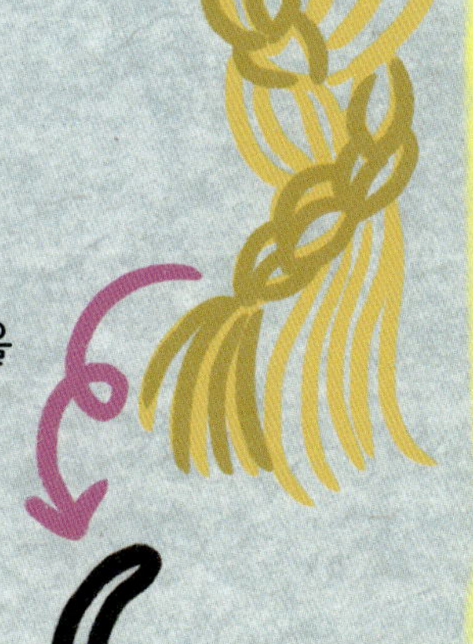

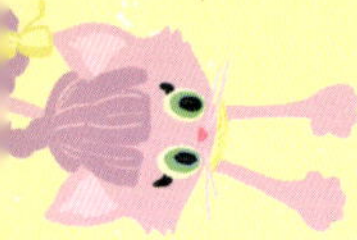

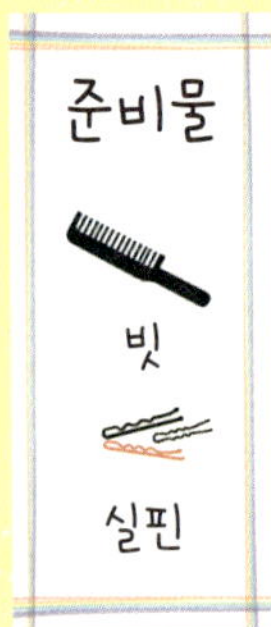 헤어밴드 땋기

세 줄 땋기를 응용해 마치 헤어밴드를 한 것 같은 스타일을 연출해 보세요.

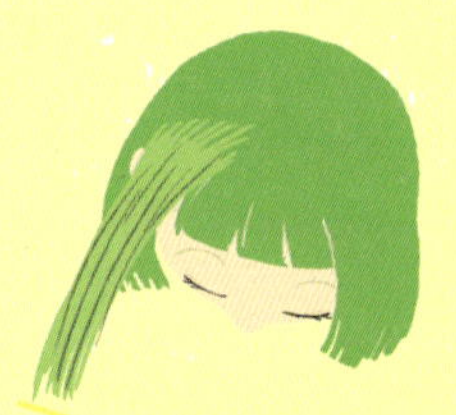

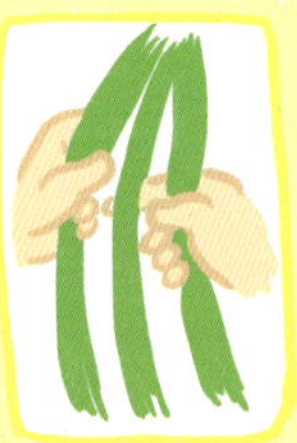

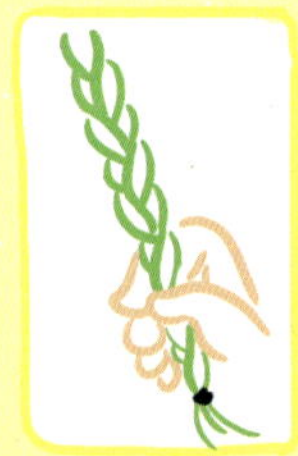

1 빗질로 머릿결을 정리해요.

2 한 쪽 옆머리 일부를 빼서 얼굴 쪽으로 가져와요.

3 이 부분을 세 줄 땋기로 끝까지 땋아 풀리지 않게 단단히 잡아요.

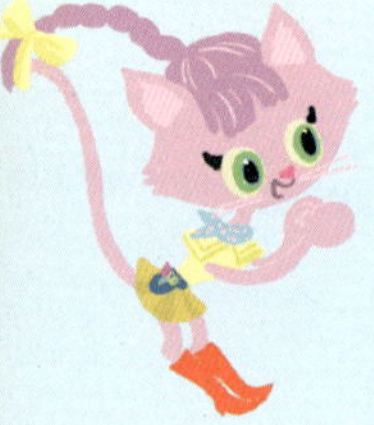 양 갈래 세 줄 땋기

양쪽 옆머리를 각각 세 줄 땋기 해 뒤쪽에서 살포시 묶으면 소녀 같은 스타일 완성! 원피스 차림에 잘 어울려요.

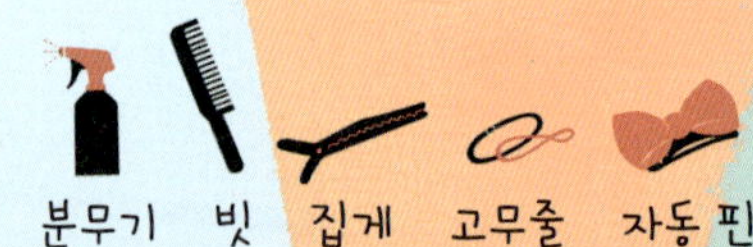

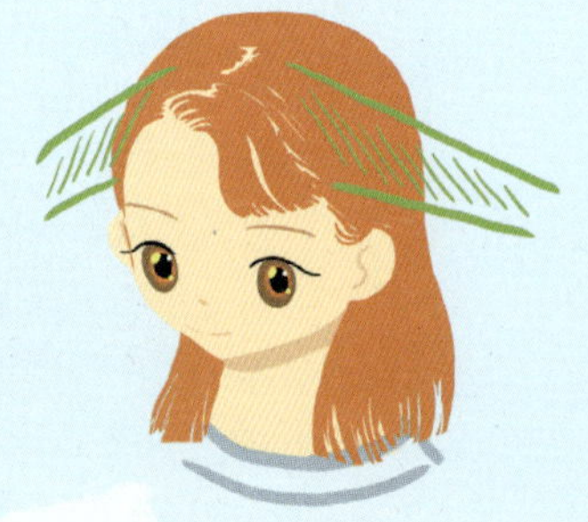

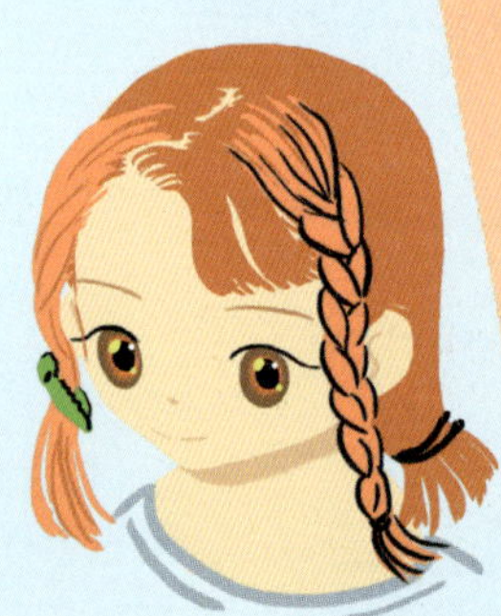

땋은 끝이 풀어지지 않도록 집게로 고정시켜요.

1 분무기로 물을 살짝 뿌리며 가지런히 빗질해 머릿결을 정리하고, 앞가르마를 타요. 앞가르마를 중심으로 양 옆 머리를 나누어요.

2 남은 머리카락은 집게나 고무줄로 고정시키고, 양쪽으로 나누어 놓은 머리카락은 세 줄 땋기 해요. 한 쪽 먼저 땋고 다른 한 쪽을 땋아요.

3 세 줄 땋기 한 두 가닥을 뒤통수 가운데로 모아 예쁜 핀으로 고정시켜요.

4 땋은 머리카락 끝에 꽂아 놓았던 집게를 빼고 빗질해 마무리해요.

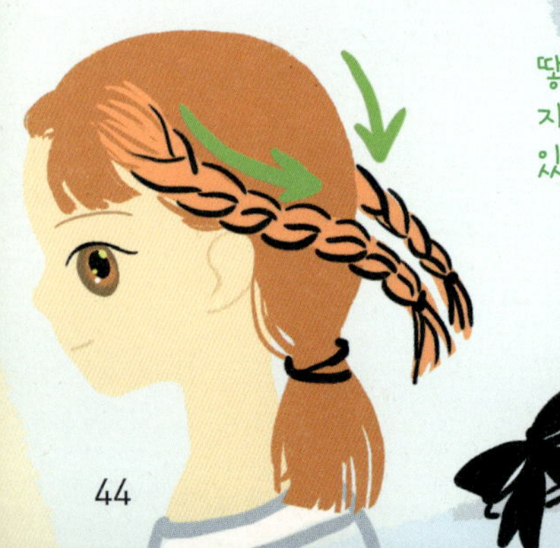

땋지 않은 머리와 함께 꽂아야 흘러내리지 않으니 많은 양의 머리카락을 집을 수 있는 자동 핀이 좋아요.

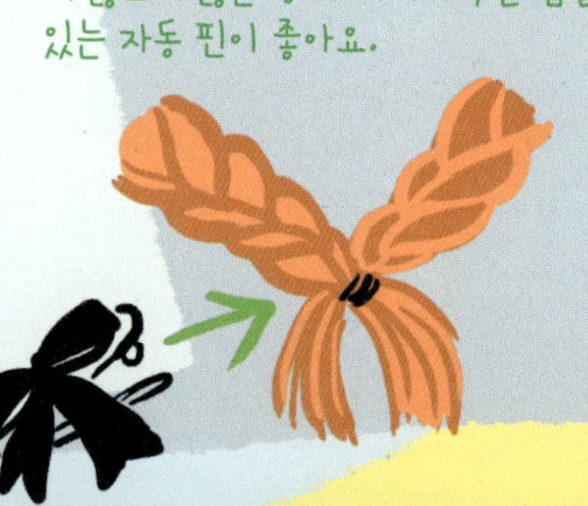

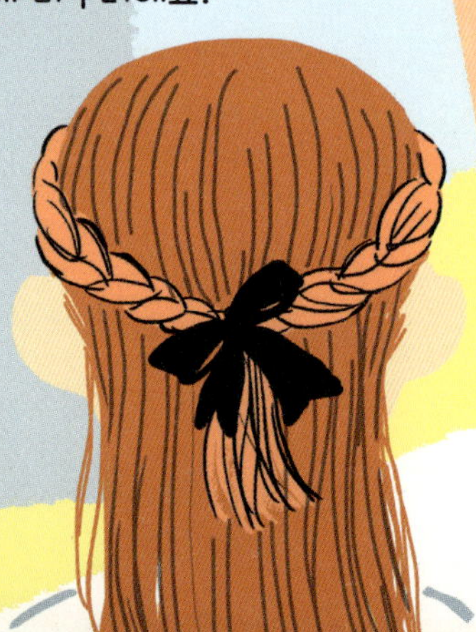

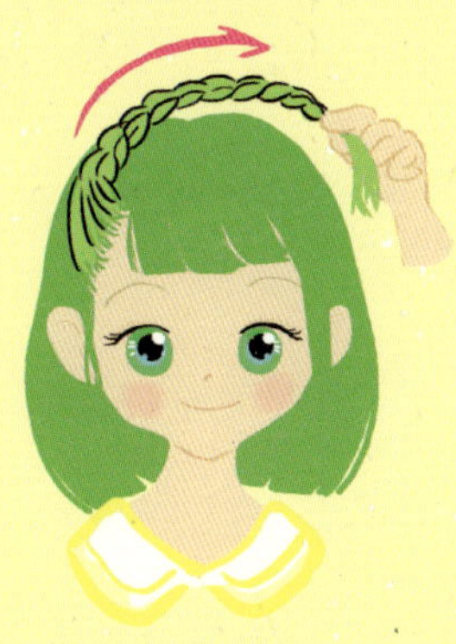
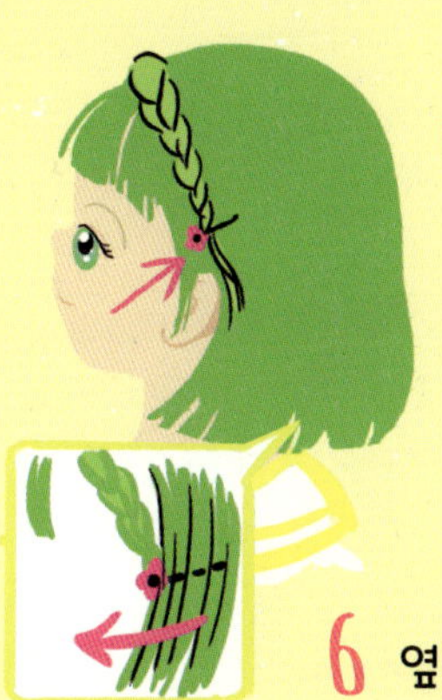
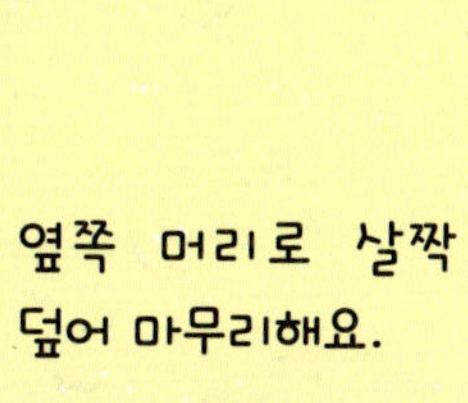

5 땋은 머리 끝부분을 반대쪽 머리카락 사이에 숨겨 실핀으로 고정시켜요.

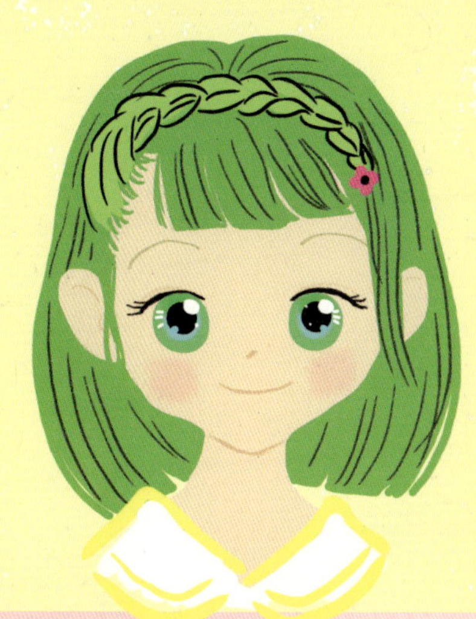

4 땋은 머리를 반대쪽으로 넘겨요.

6 옆쪽 머리로 살짝 덮어 마무리해요.

땋아 돌린 포니테일

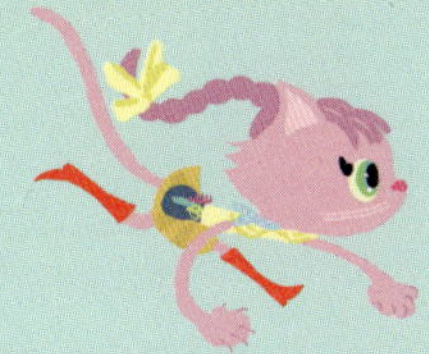

멋을 부린 세 줄 땋기 응용 버전이에요. 사선으로 나눈 머리카락 한쪽을 땋아 돌려 스타일링 해요.

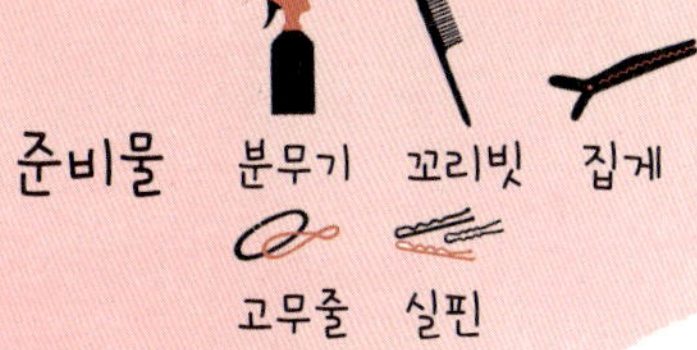

준비물　분무기　꼬리빗　집게
　　　　고무줄　실핀

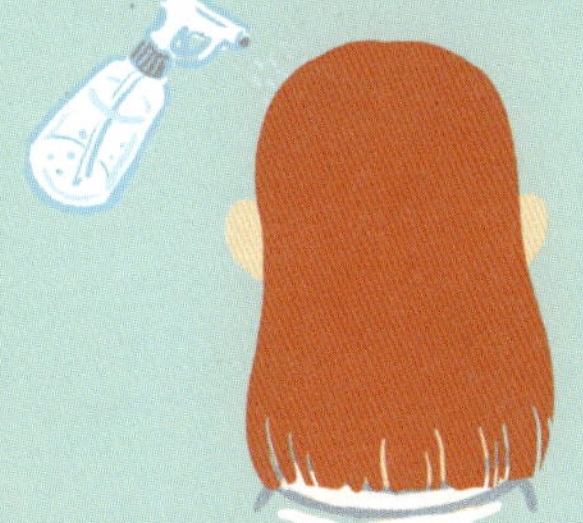

1 가지런히 빗질하고 분무기로 물을 살짝 뿌려 머릿결을 정리해요.

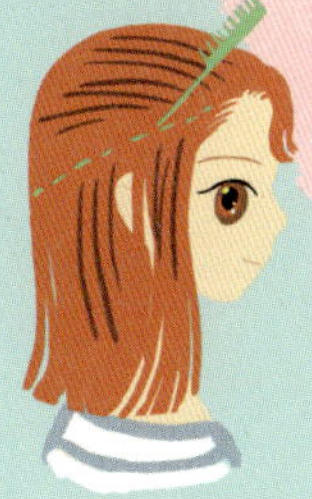

2 꼬리빗을 이용해 이마 한쪽에서 반대쪽 뒤통수까지 사선으로 가르마를 타요(p.17 참고).

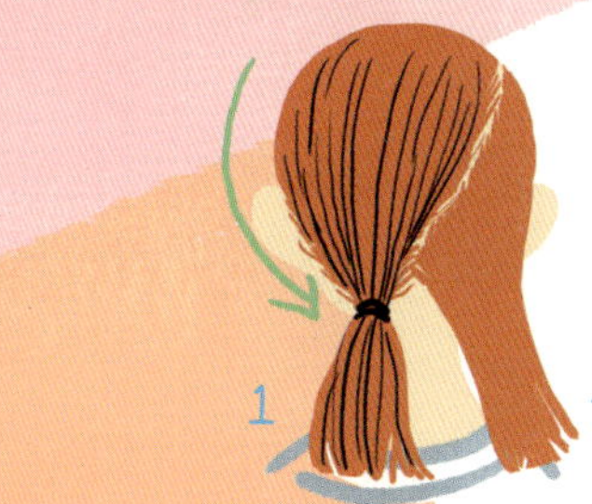

3 사선 가르마를 중심으로 위쪽 가닥(1)을 귀 아래쪽에 낮게 묶어요.

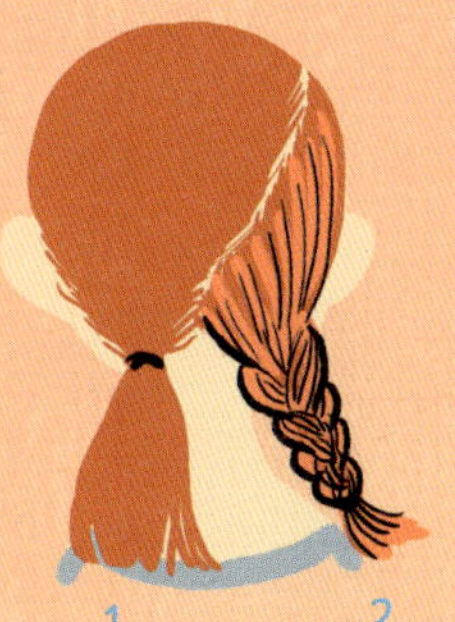

4 아래쪽 가닥(2)은 세 줄 땋기를 하고 고무줄로 묶어요.

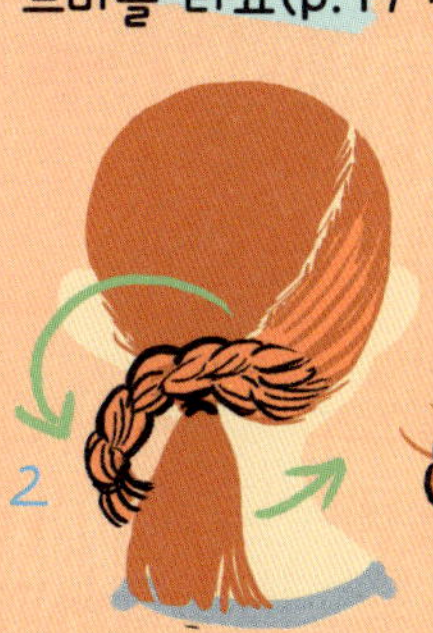
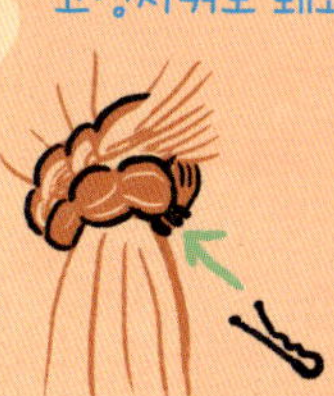
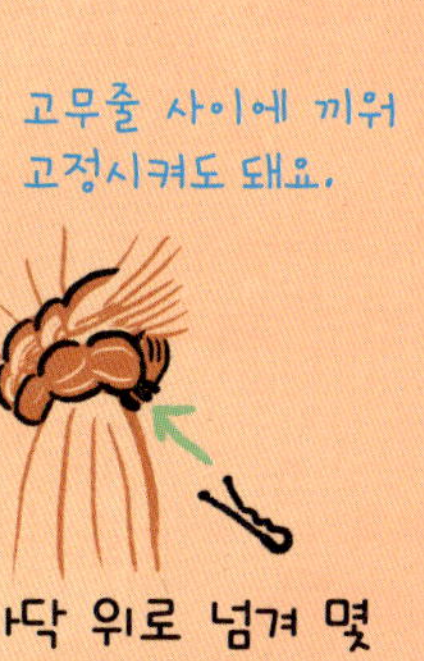

고무줄 사이에 끼워 고정시켜도 돼요.

5 땋은 머리를 1의 가닥 위로 넘겨 몇 바퀴 돌리고 남은 끝은 보이지 않게 숨겨 실핀으로 고정시켜요.

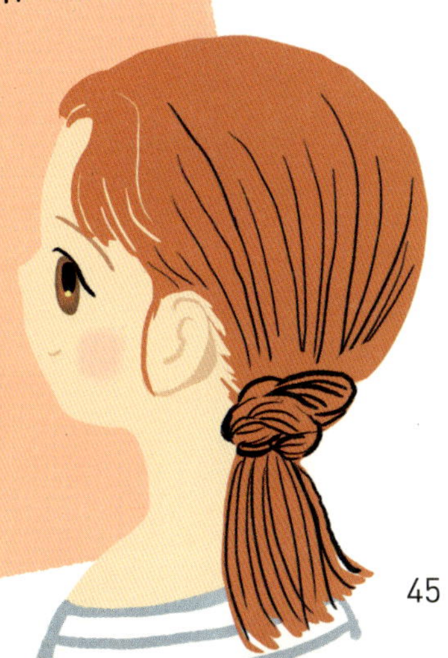

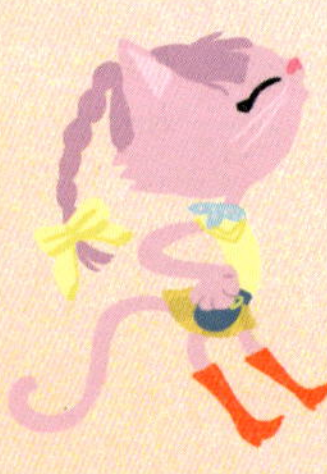

내추럴한 반묶음 포니테일

반묶음 포니테일에 세 줄 땋기로 포인트를 주었어요.
자연스러우면서 귀여운 느낌이에요.

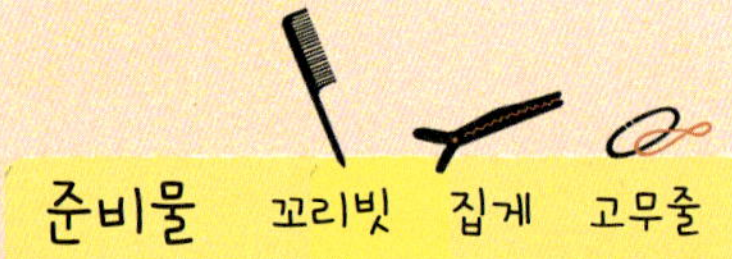

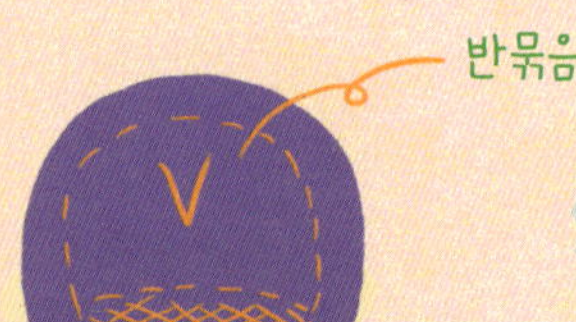

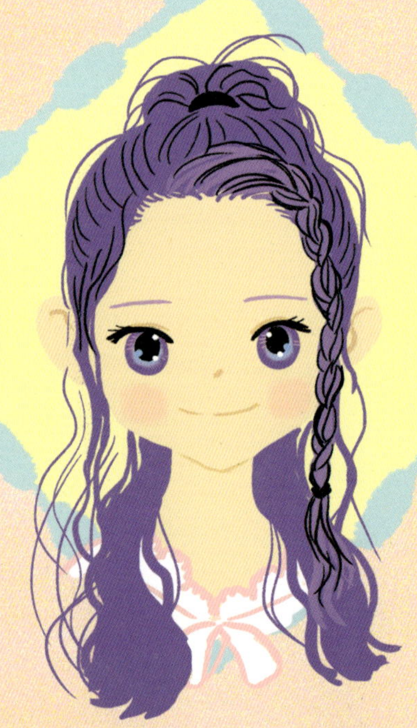

1 빗질로 머릿결을 정돈하고 앞머리 일부만 빼서 집게로 고정시켜요.

빼 놓는 머리카락의 양에 따라 나중에 땋은 부분의 볼륨이 결정돼요. 원하는 만큼 빼 놓도록 하세요.

2 양쪽 엄지를 이용해서 관자놀이에서 정수리 방향으로 가르마를 타요.

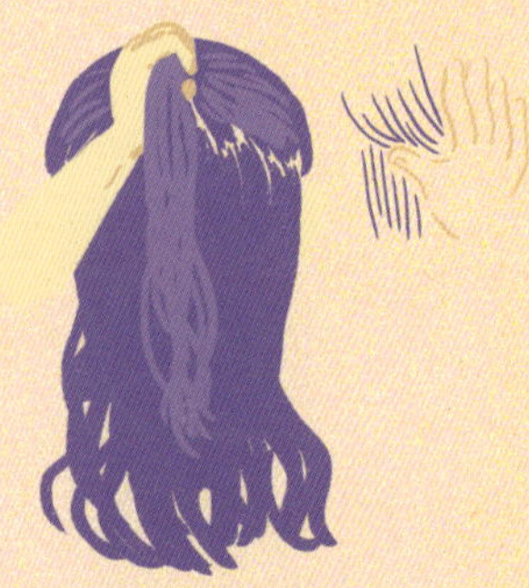

3 머리카락을 가운데로 모아 반묶음(p.17 참고) 해요.

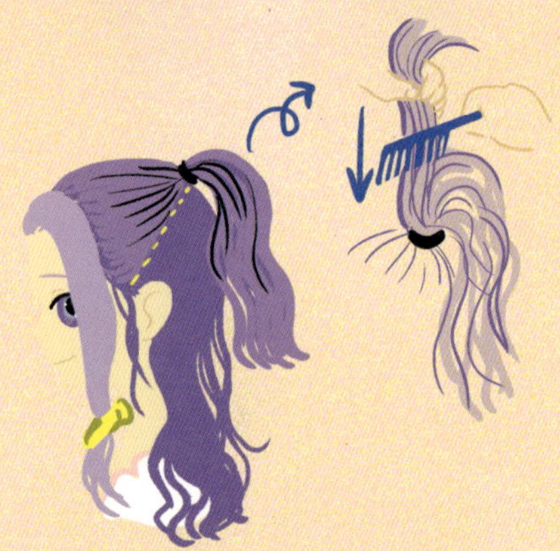

4 반묶음 포니테일한 머리카락을 뒤집은 다음 고무줄에서 5cm 정도 떨어진 곳에서 고무줄을 향해 백 코밍(p.47 참고) 해요.

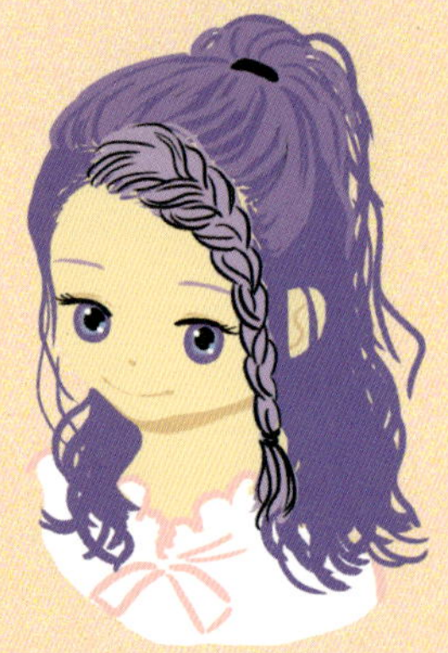

5 빼 놓았던 앞머리는 세 줄 땋기 해서 고무줄로 묶어요.

무거운 액세서리를 달면 머리카락이 처질 수 있으니 가볍고 작은 고무줄이 좋아요.

백 코밍back combing 하기

'백 코밍'은 머리카락이 자연스럽게 떨어지는 반대 방향으로 빗질해 부풀리는 기법을 말해요.
꼬리빗처럼 촘촘한 빗살로 빗질해야 효과가 좋아요.

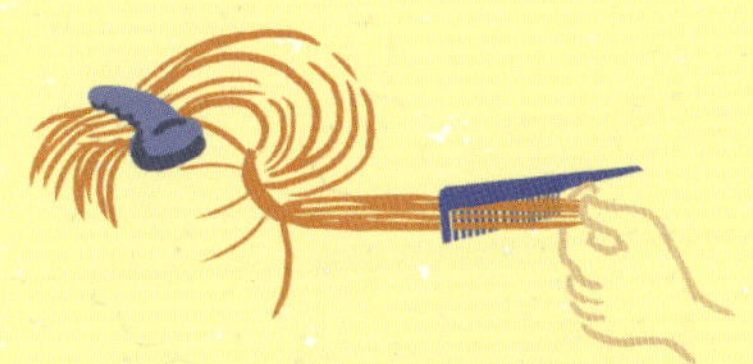

1 묶은 머리카락을 뒤집어 집게로 고정시킨 다음 꼬리빗을 이용해 조금씩 나누어 백 코밍 해요.

백 코밍 하는 머리카락의 양은 빗을 머리카락에 끼웠을 때 빗살 너머로 머리카락이 넘치지 않도록 해요. 양이 많으면 백 코밍이 잘 되지 않아요.

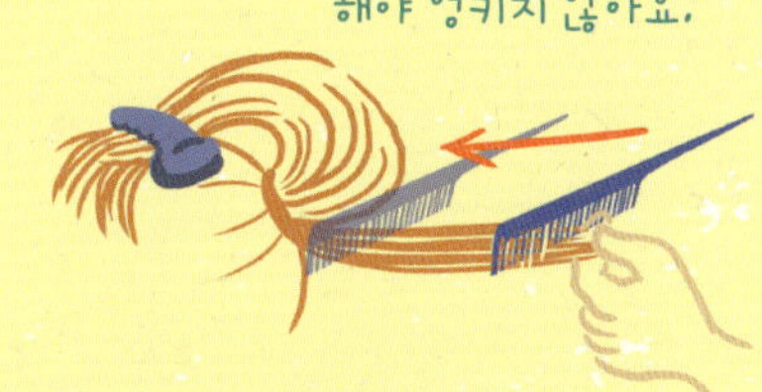

아래에서 위를 향해 백 코밍 해야 엉키지 않아요.

2 백 코밍 할 머리카락 끝을 적당한 힘으로 잡고 머리카락 끝에서 두피 방향으로 빗질해요.

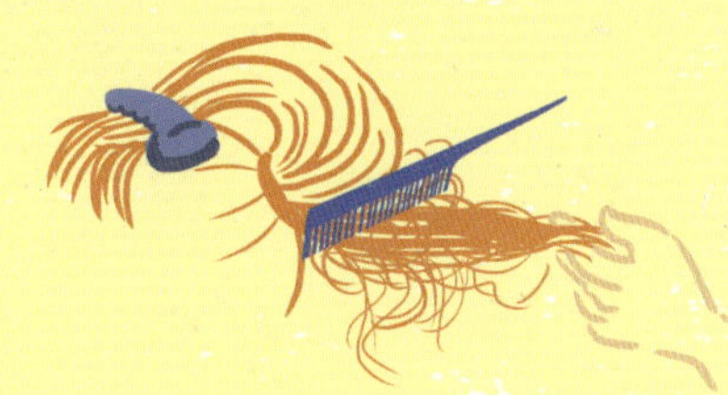

3 백 코밍 하는 동안 머리카락 끝을 잡은 손의 힘을 빼서 빗이 끌고 올라가는 머리카락을 놓아 주세요.

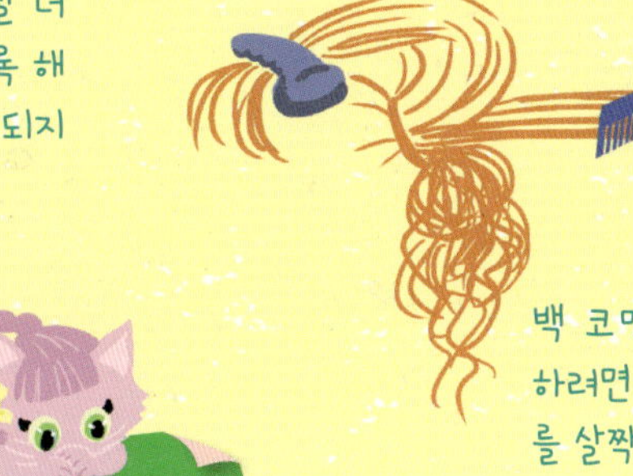

백 코밍을 오래 유지하려면 헤어 스프레이를 살짝 뿌려 주세요.

4 나머지도 모두 같은 방법으로 해요.

백 코밍 종류

전체 백 코밍

스타일링 할 머리카락 전체를 부풀려요.

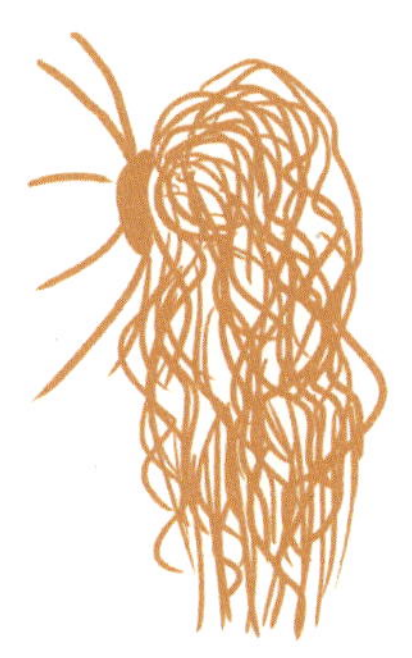

뿌리 백 코밍

두피에 가까운 머리카락 뿌리 쪽에 가까이 빗어 올려 묶거나 땋을 때 입체감을 줘요.

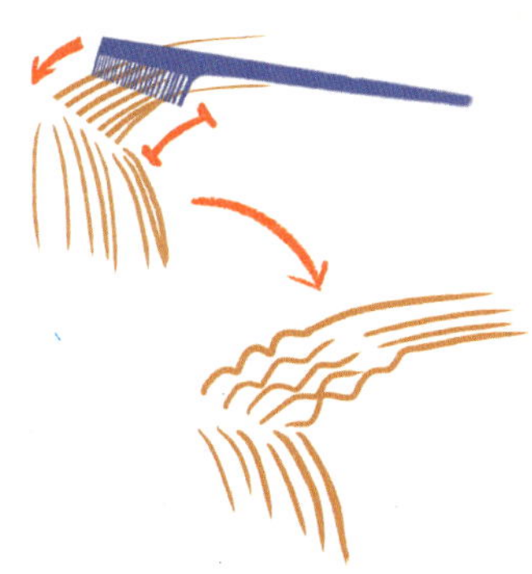

백 코밍 풀기 - 백 코밍은 머리카락을 엉키게 해서 부풀리기 때문에 다시 원상태로 돌리려면 엉킨 머리카락을 푸는 것과 똑같은 과정이에요. 빗살 간격이 넓은 빗으로 여러 번 빗어 엉킨 머리카락을 풀어 주세요. 두피에 가까울수록 아플 수 있으니 손으로 잘 쥐고 손바닥으로 두피를 눌러가며 살살 빗질해요.

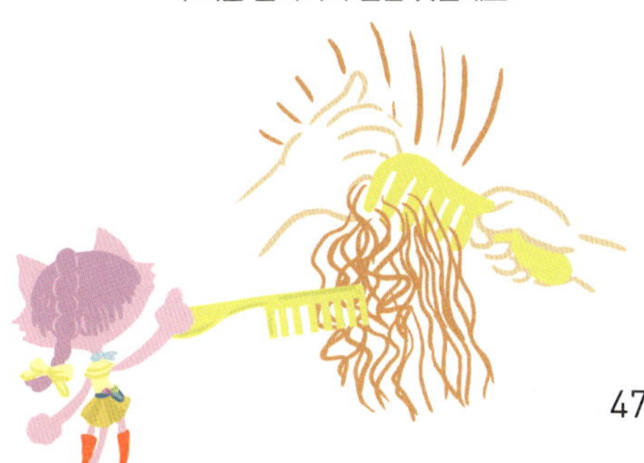

지네 땋기

먼저 전체 머리카락을 양 갈래로 나눈 다음 서로 반대쪽에 있는 머리카락을 조금씩 가져와 합쳐가며 계속해서 땋는 방법이에요. 안정된 모양으로 정교한 꼬임이 완성돼요.

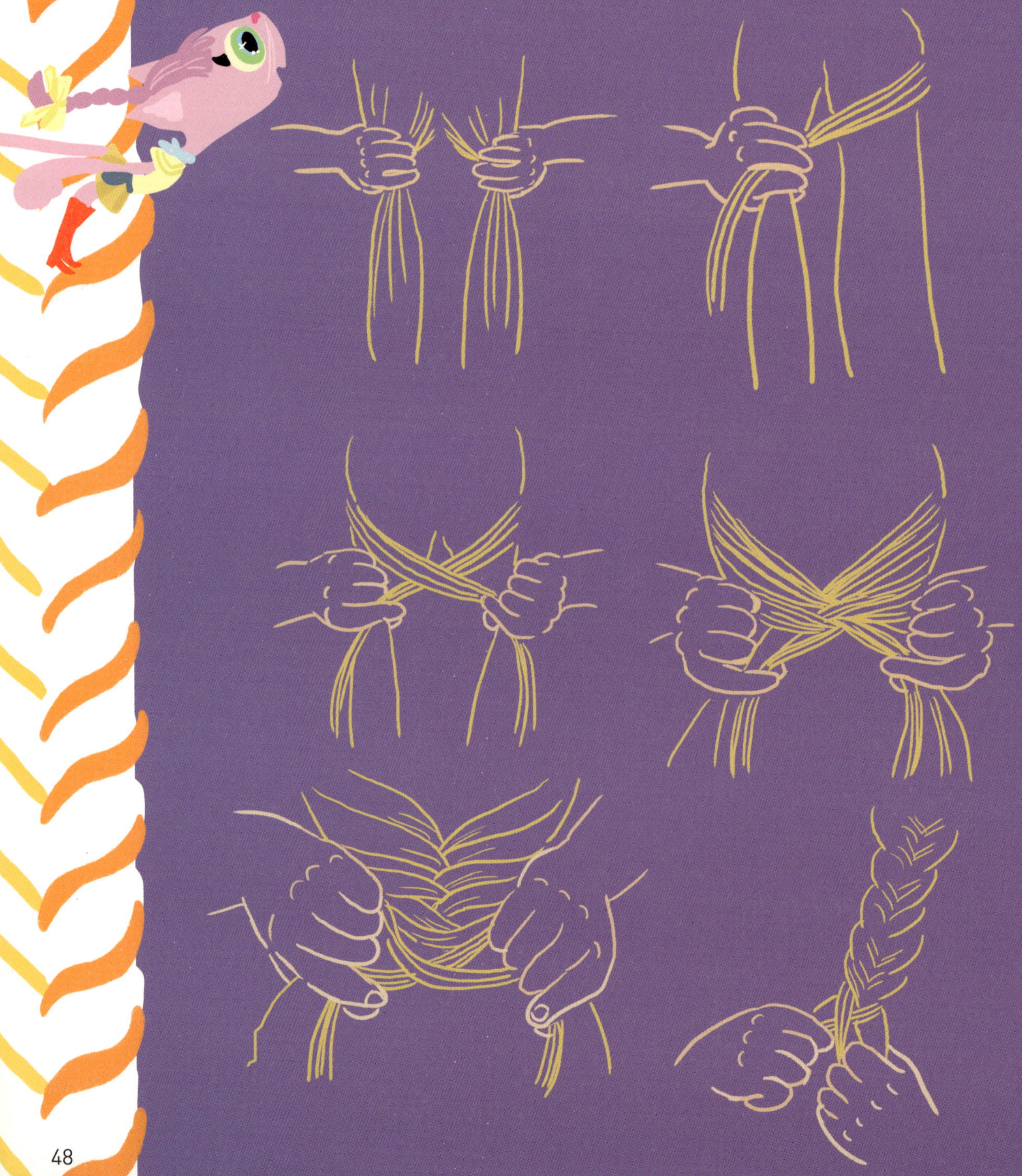

양 갈래 지네 땋기

양 갈래로 나눈 머리카락을 각각 지네 땋기 해요.
완성된 다음 위쪽에 헤어밴드를 꽂으면 더욱 예쁘게 마무리 돼요.

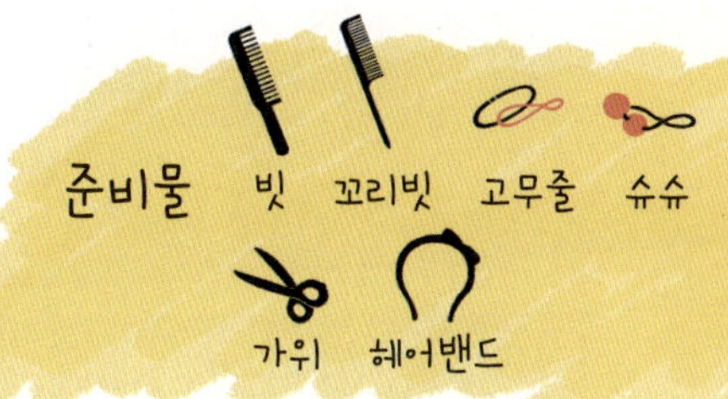

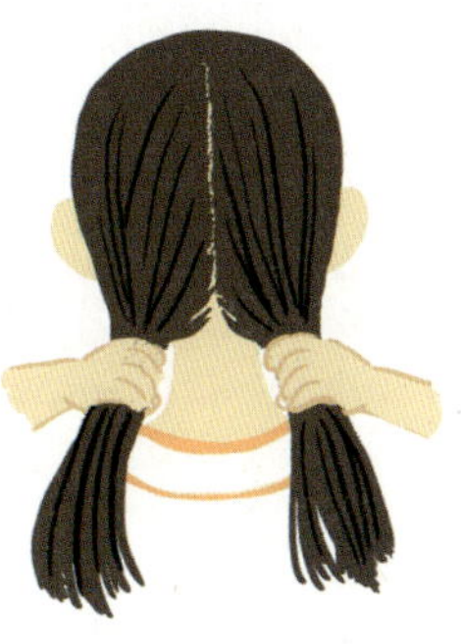

1 빗으로 가지런히 빗어 머릿결을 정리하고 세로 나누기 (p.16 참고)로 가르마를 타요.

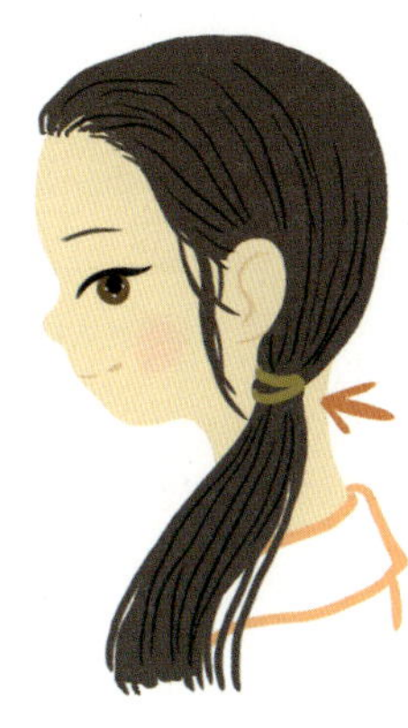

2 양 갈래 모두 귀 뒤쪽에서 고무줄로 묶어요.

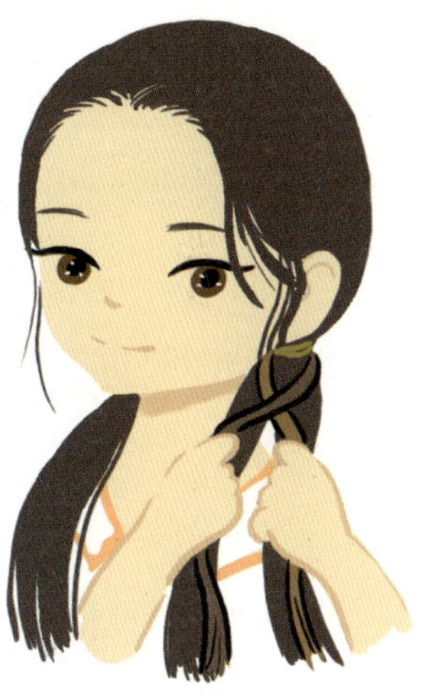

3 한 쪽 먼저 지네 땋기를 해요.

4 땋은 머리카락 끝을 앞쪽으로 가져와 고리 모양으로 묶어요.

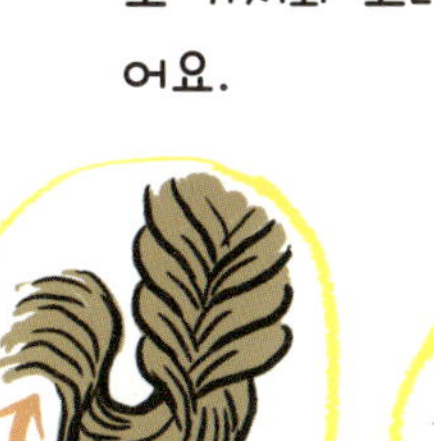

5 귀 뒤쪽에서 묶어 놓았던 고무줄을 가위로 잘라 없애요.

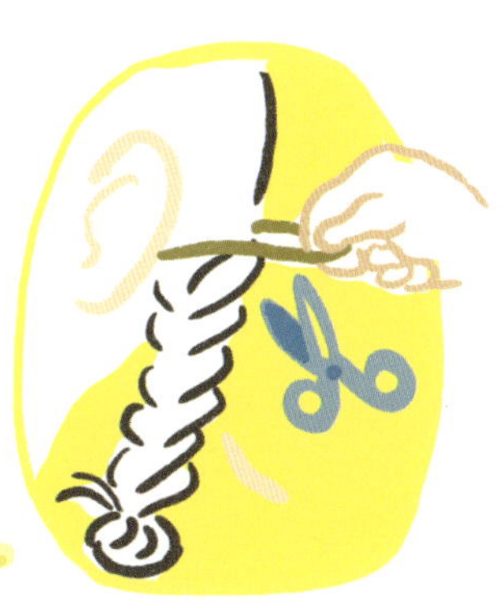

6 반대쪽도 같은 방법으로 땋아 묶어 완성해요.

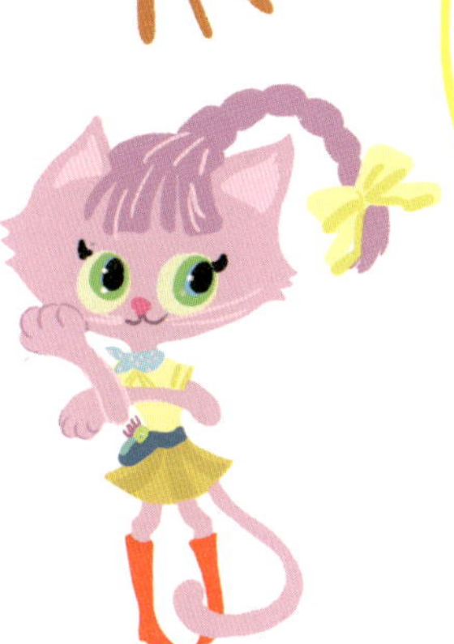

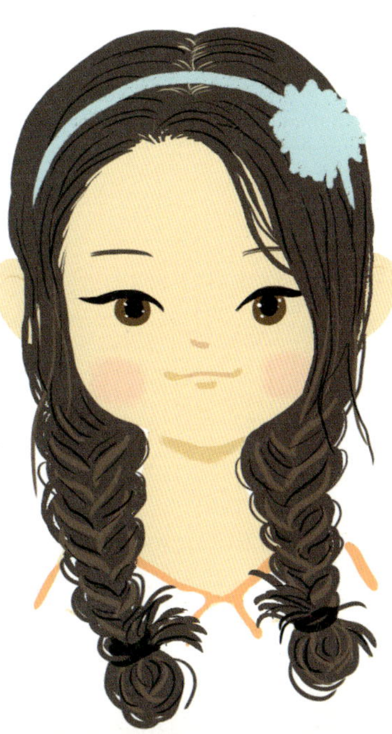

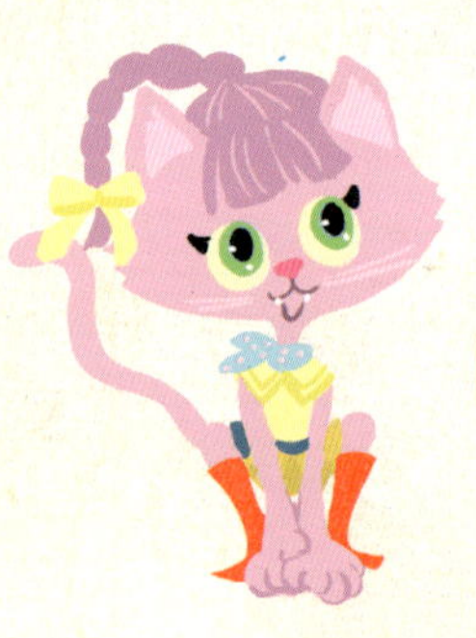

고무줄 추상화

고무줄을 찍고, 굴리고, 팅겨서 추상화를 그려 봐요.

두께가 다른 여러 가지 고무줄을 모아요.

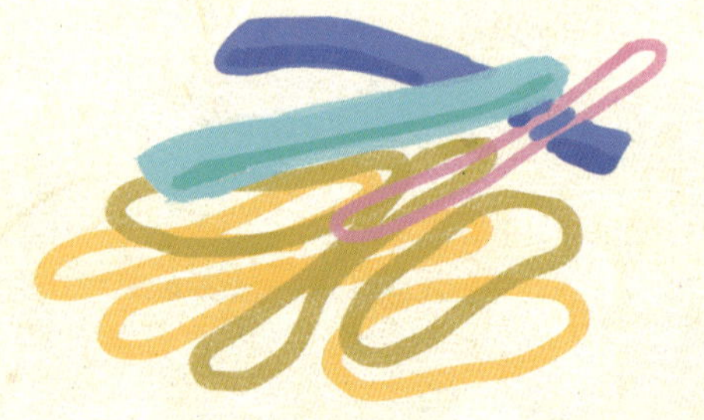

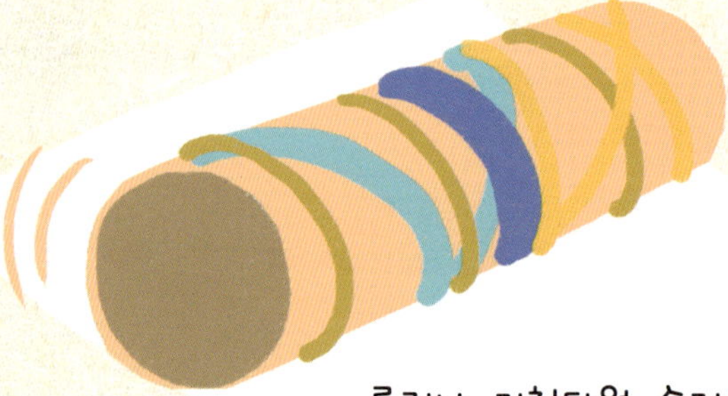

롤러나 키친타월 속지(키친타월을 다 쓰고 남은 원통 속지)에 고무줄을 감은 다음 물감을 묻히고 굴려서 표현해요.

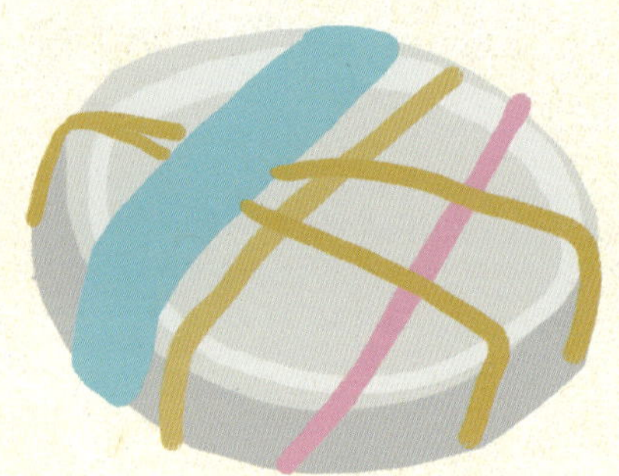

병뚜껑에 고무줄을 감아요. 물감을 묻히고 찍어서 표현해요.

넓은 사각형 트레이에 종이를 넣고 물감을 묻힌 고무줄을 팅겨서 표현해요. 어떤 그림이 될지 궁금하지요?

고무줄도 감정이 있다고요?
고무줄들이 무슨 생각을 하고
있는지 맞춰 보세요.
생각 풍선에
어떤 말을 써 볼까요?

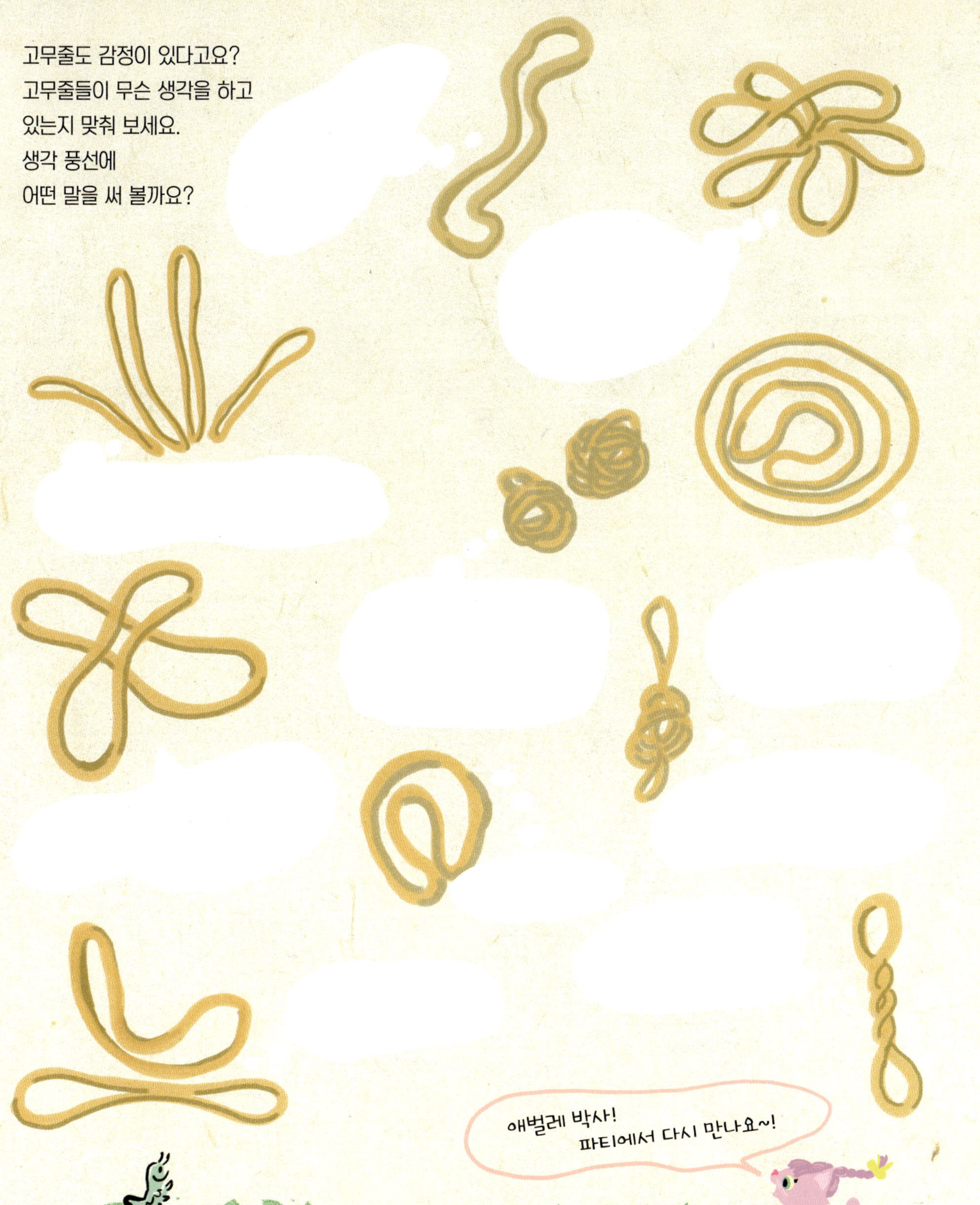

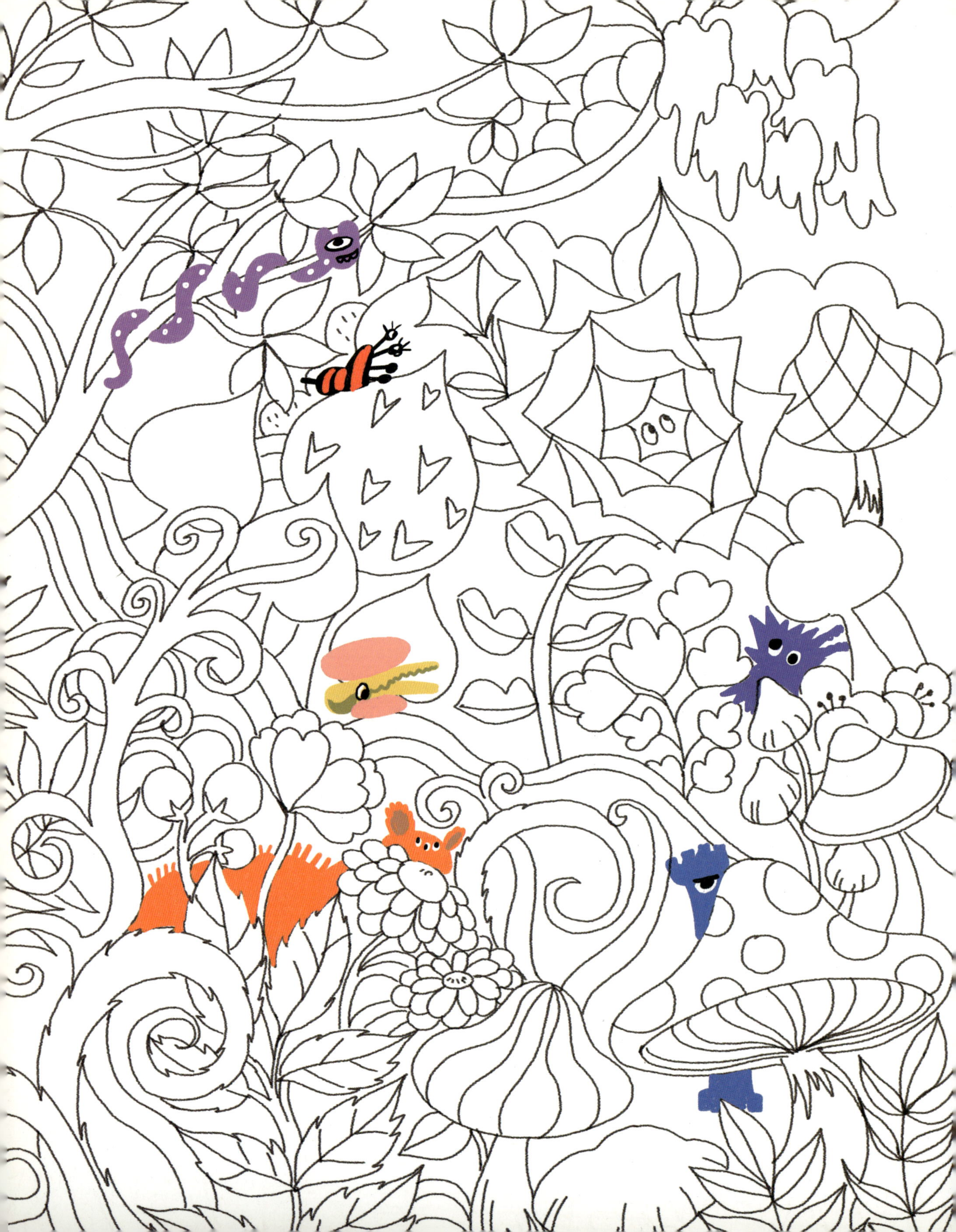

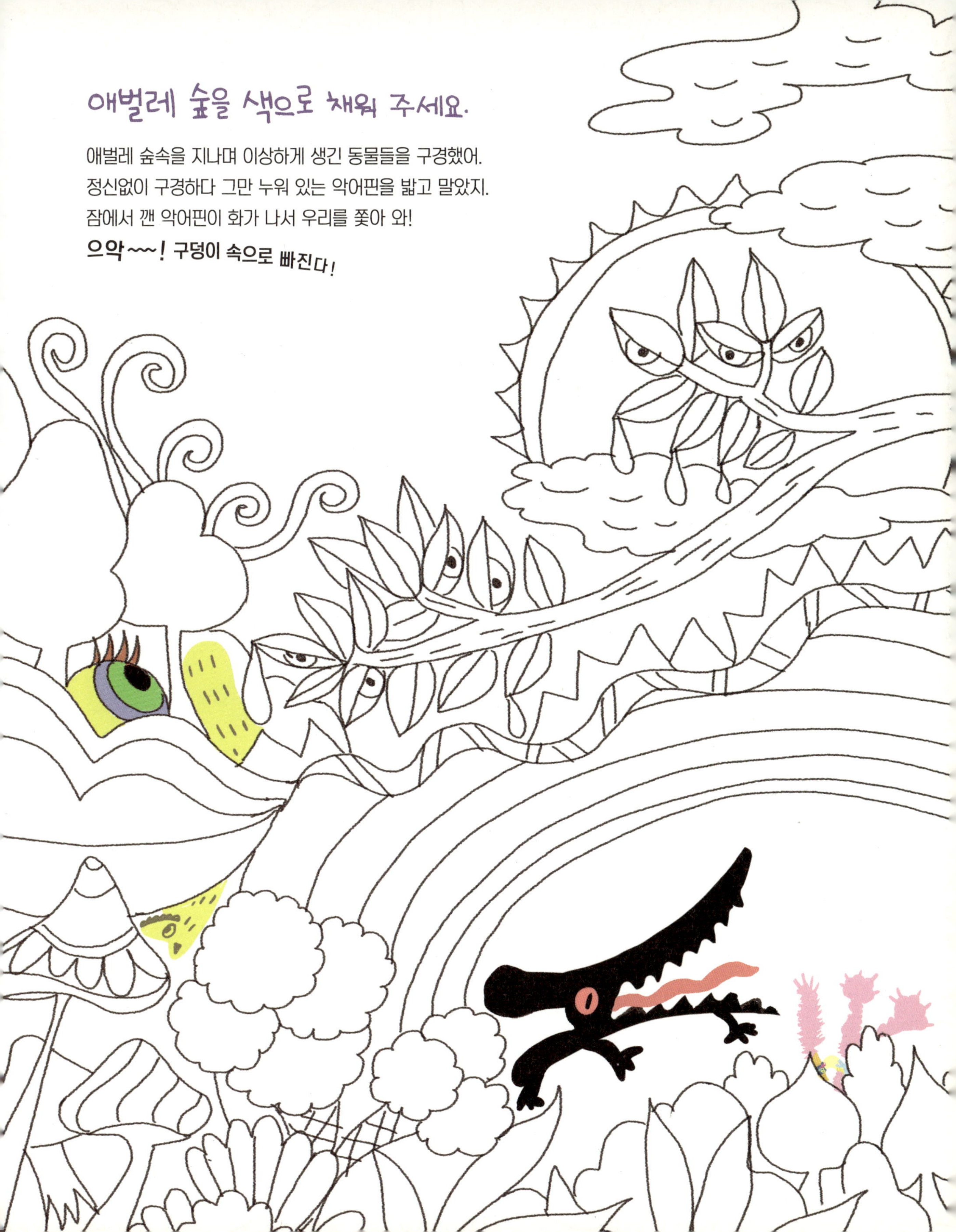

애벌레 숲을 색으로 채워 주세요.

애벌레 숲속을 지나며 이상하게 생긴 동물들을 구경했어.
정신없이 구경하다 그만 누워 있는 악어핀을 밟고 말았지.
잠에서 깬 악어핀이 화가 나서 우리를 쫓아 와!
으악∼∼! 구덩이 속으로 빠진다!

서로서로 사이좋게!
친구랑 놀며 스타일링 하기
멋지게 변신한
친구 얼굴을 그려 보아요~!

좀 더 업그레이드 된 헤어스타일에 도전해 볼까요?
친구나 언니, 동생이랑 서로서로 예쁘게 꾸며 주세요.
묶고 땋고 올리고, 또 멋진 헤어액세서리로
장식하면서 신 나게 놀아요.

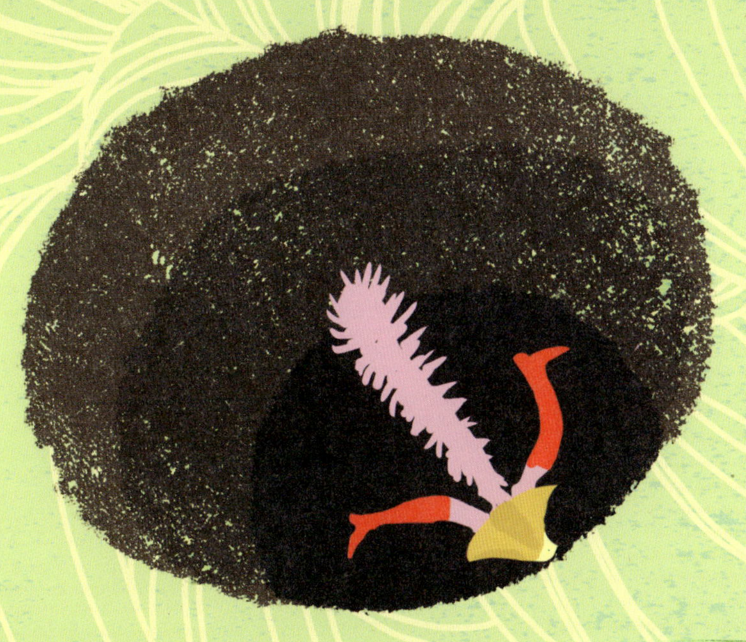

지하 미로에서
탈출하자

아이고, 이럴 줄 알았어!
어렵고 힘든 길일
거라고 했잖아요.
네? 뭐라고요?
손님 혼자 길을 찾을 수
있다고요?

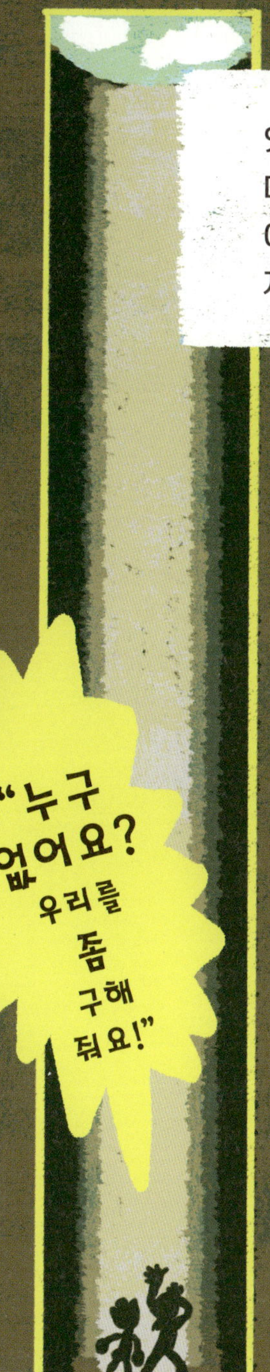

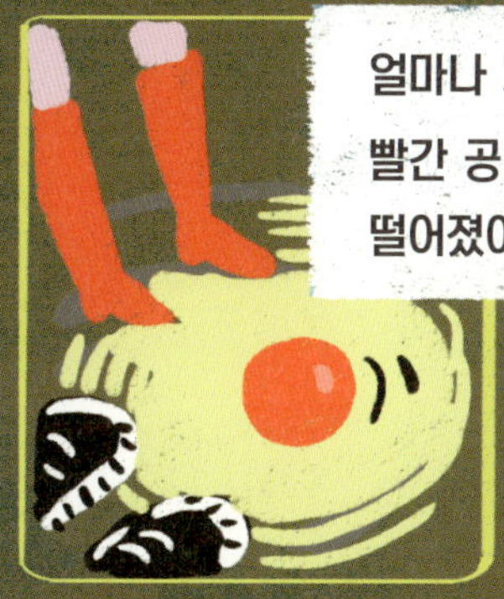

엇! 여긴 또 어디지?
미로에서 겨우 탈출했다 했더니
이번엔 수상한 우물 같은 곳에 갇히고 말았어.
계단도 사다리도 없어.

얼마나 지났을까?
빨간 공 하나가 바닥으로 **툭** 하고
떨어졌어.

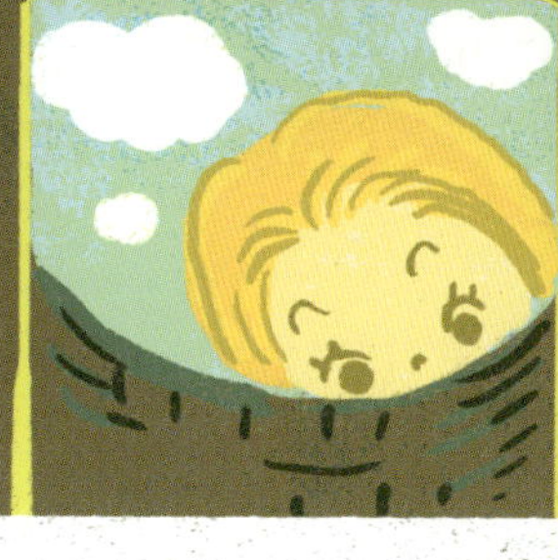

그리고 아주
큰 얼굴이 나타났지.

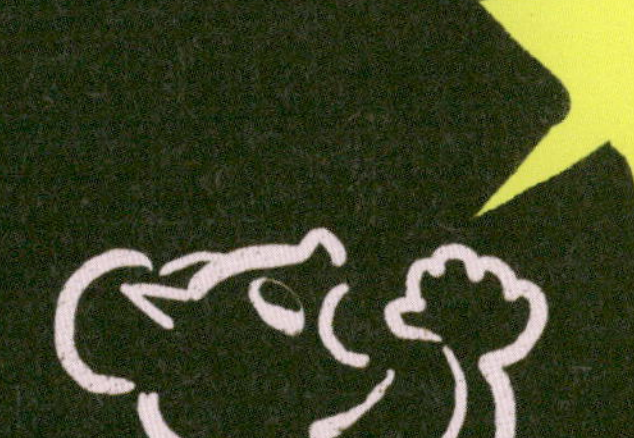

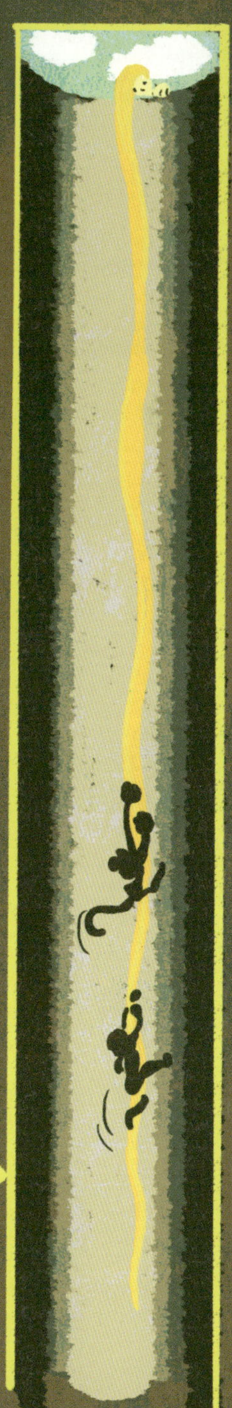

라푼젤의 헤어 세척하기

우리는 라푼젤의 머리를 타고 우물을
빠져 나왔어.
라푼젤의 머리를 더럽혔으니 깨끗하게
감겨 주기로 했어.

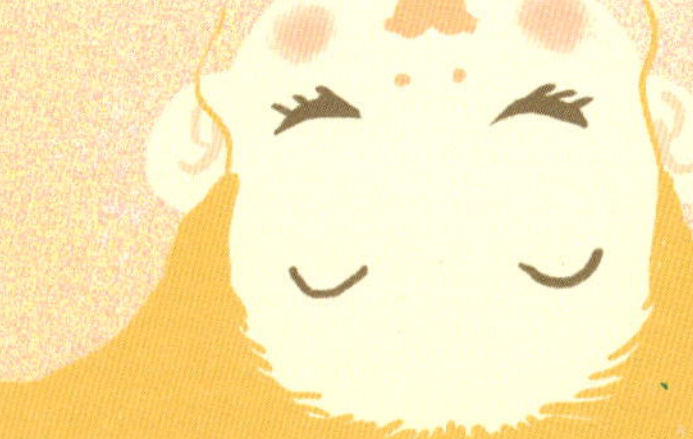

빗질하기!

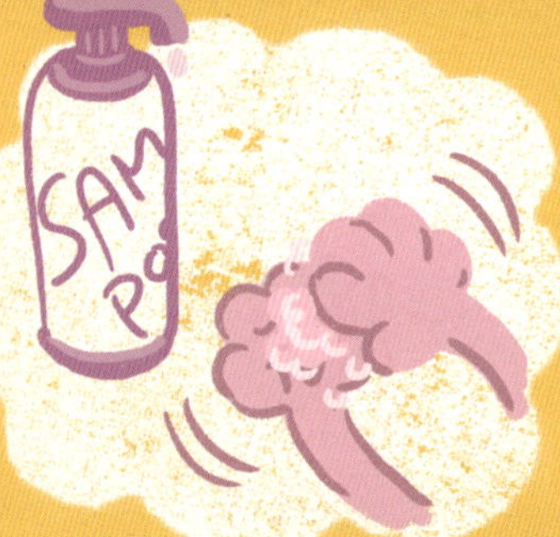

샴푸~!

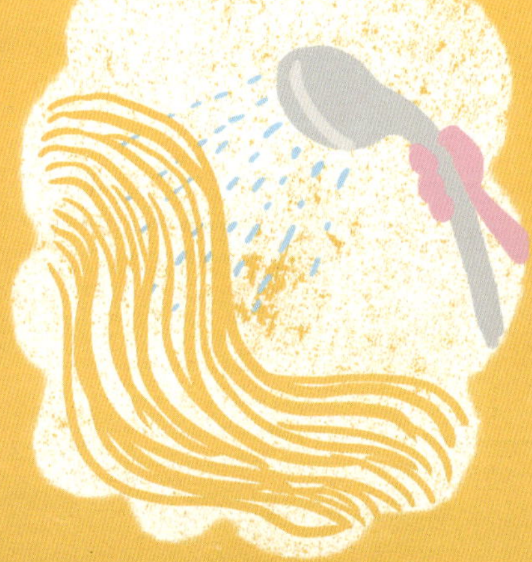

1 머리를 감기 전에 먼저 빗질해
먼지를 털어내요.

2 머리카락의 주성분은 단백질! 뜨거운
물이 아닌 미지근한 물로 감아야 해요.

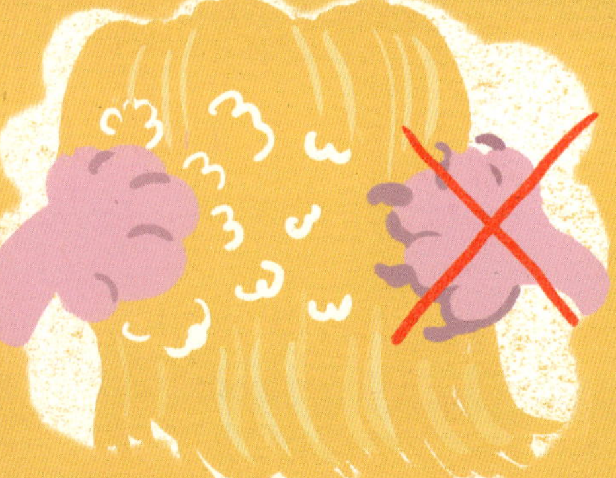

3 자신의 머리카락 상태에 맞는 샴푸를
골라요. 샴푸를 손바닥에 적당히 덜
고 두 손을 비벼 거품을 내요. 거품
으로 머리를 감는 게 좋아요.

4 두피를 손가락으로 마사지하듯
문질러요.

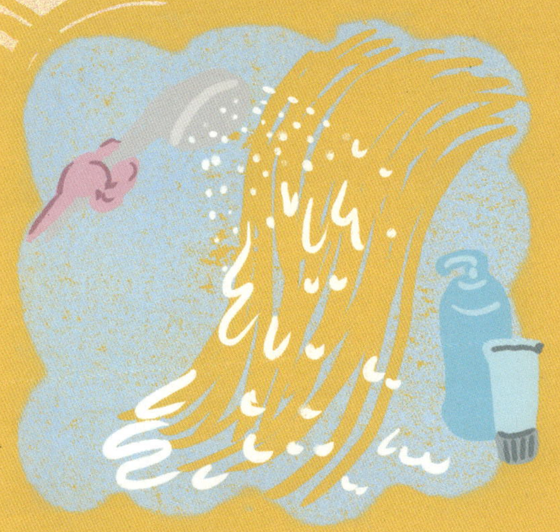

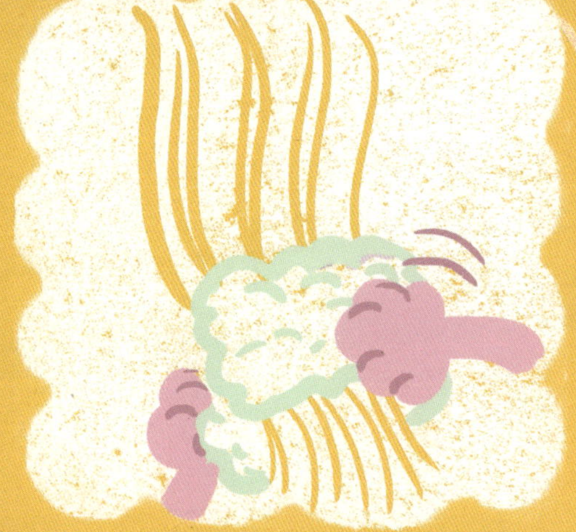

5 물로 여러 번 헹궈요.

6 젖은 머리카락을 수건으로 비비거나 바로 빗질을 하면 머리카락이 늘어나고 약해져요. 수건으로 머리카락을 꼭꼭 누르듯 물기를 없애요.

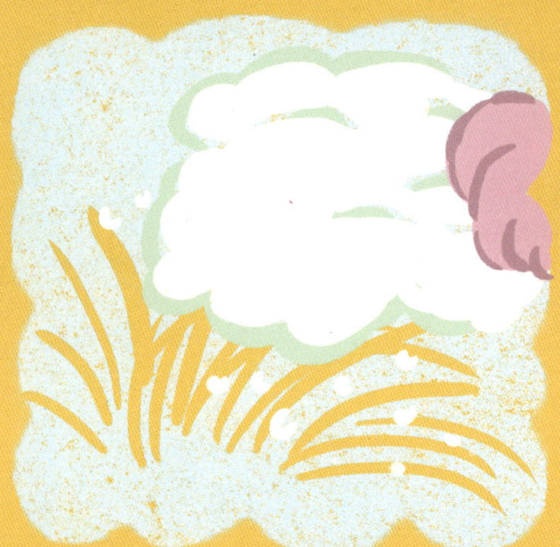

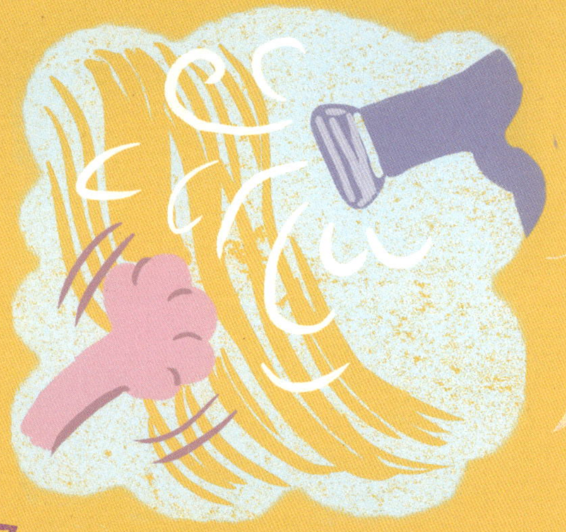

두피와 머리 뿌리를 잘 말리지 않으면 냄새가 날 수 있어요. 수건으로 머리카락이 시작되는 부분을 꼼꼼히 말려요.

7 헤어드라이어로 말릴 때는 차가운 바람이 좋아요.

라푼젤은 파티에 가고 싶지만 헤어스타일이 고민이래요.
음...! 아, 이건 어때요?
자신감이 "up"하고 솟는 아찔한 업스타일 말이에요!

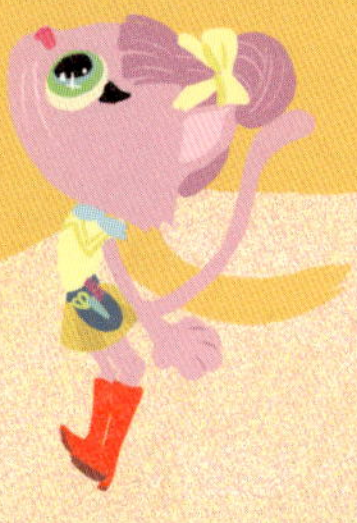

59

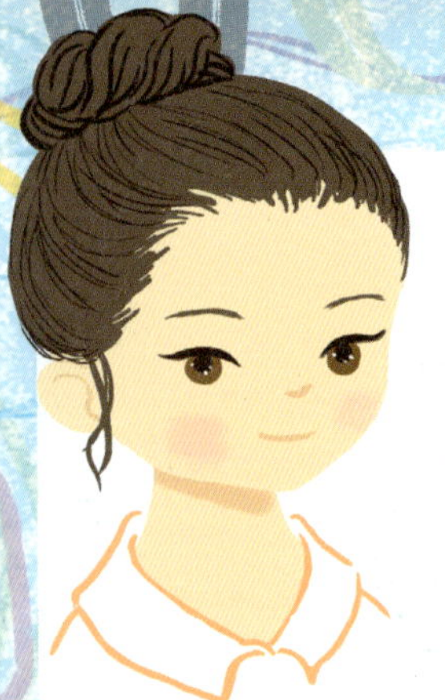

멋지게 올리는 업스타일

1장에서 마음껏 나누고 묶고 땋아 보았으니 이제 좀 더 과감한 스타일에 도전해 보세요.
파티 스타일로도 다양하게 활용하는 업스타일이에요.

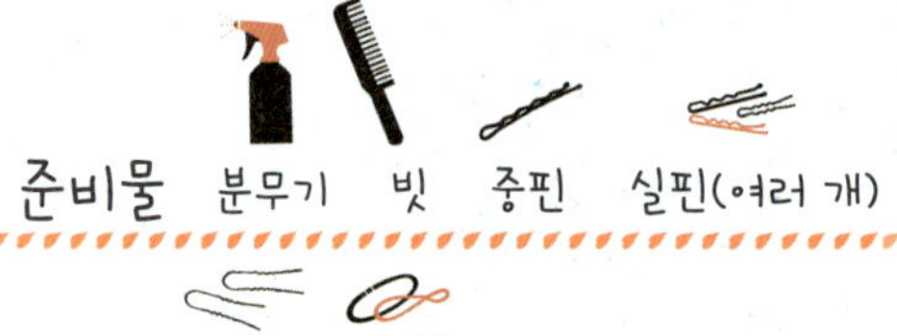

빙글빙글 업스타일

포니테일 스타일을 다시 꼬아 올리는 방법이에요.
묶은 부분을 중심으로 빙글빙글 돌려 안정적으로 고정시켜요.

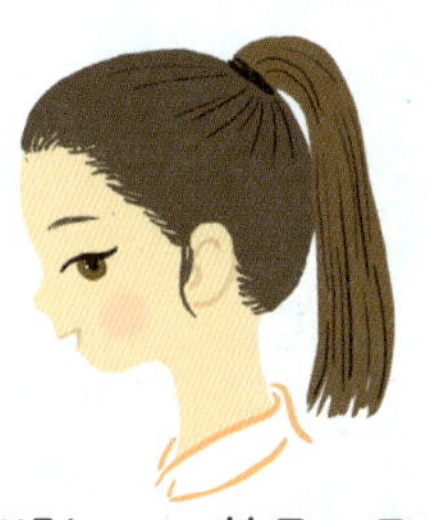

1 빗질하고 분무기로 물을 살짝 뿌려 머릿결을 정리해서 정수리 쪽에 포니테일로 묶어요.

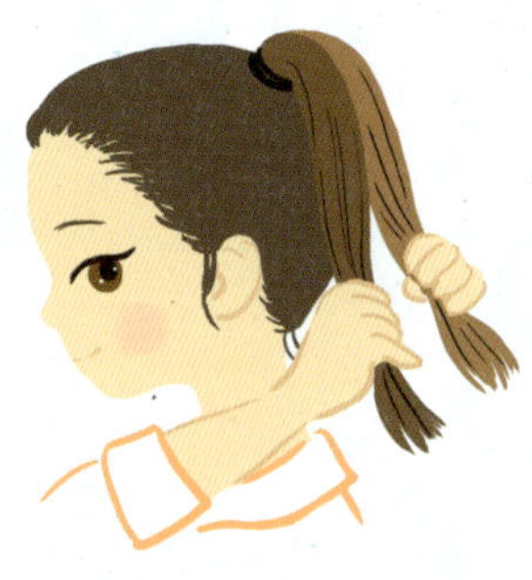

2 묶은 머리카락을 두 갈래로 나누어요.

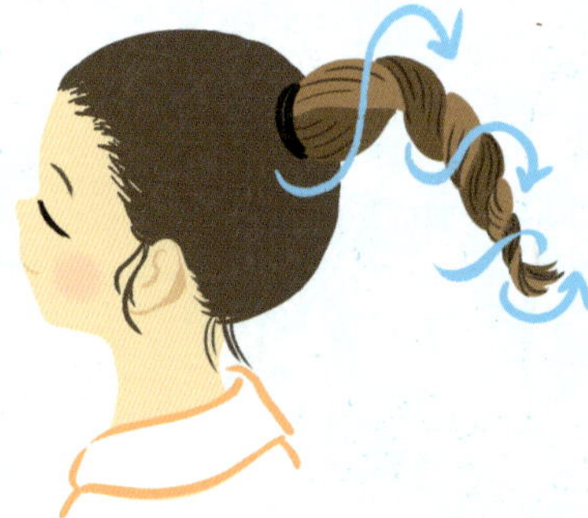

3 두 갈래를 서로 엇갈려 끝까지 꼬아요. 끝부분이 풀어지지 않도록 고무줄로 묶어놓아도 좋아요.

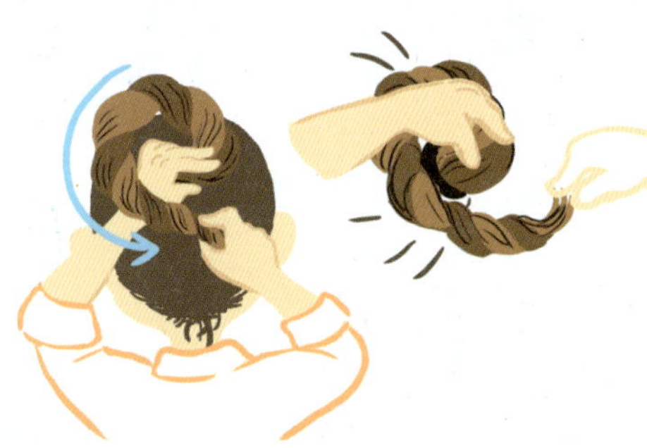

4 한 손으로 포니테일 중심(고무줄로 묶은 부분)을 두피 쪽으로 눌러 잡고, 다른 한 손으로 꼬아놓은 머리채를 빙글빙글 돌린 다음 풀어지지 않도록 단단하게 잡아요.

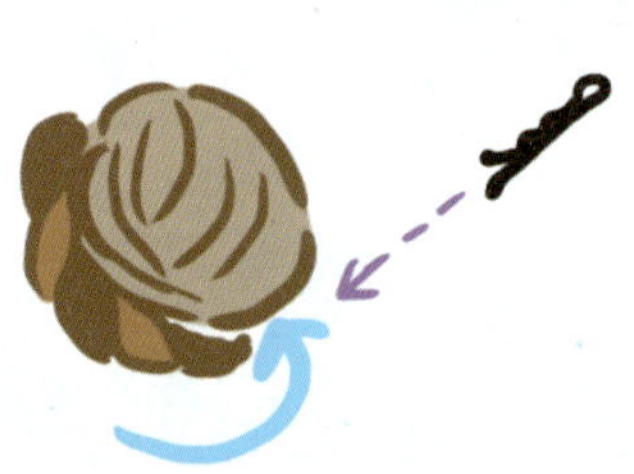

5 돌리고 남은 머리카락 끝을 아래쪽으로 쑥 집어넣어 실핀 또는 중간 크기의 핀으로 고정시켜요.

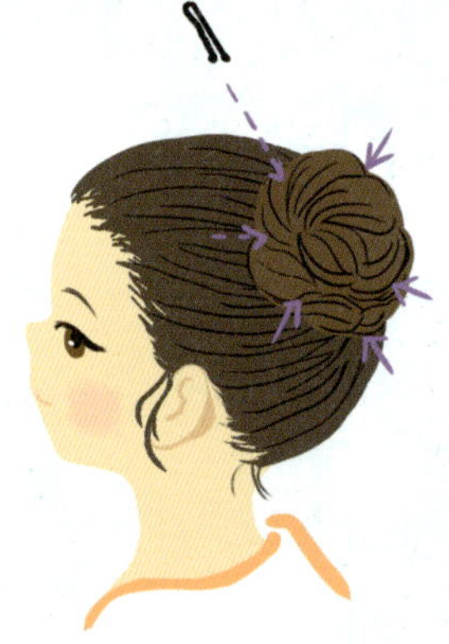

6 손으로 만져가며 끝이 풀어지지 않도록 말아 올린 곳 둘레를 여러 개의 실핀이나 U핀으로 고정시켜요.

달팽이 업스타일

'빙글빙글 업스타일'과 비슷해요. 단, 두 가닥으로 나누어 꼬지 않고 한데 모은 머리채를 돌려가며 올려 완성해요.

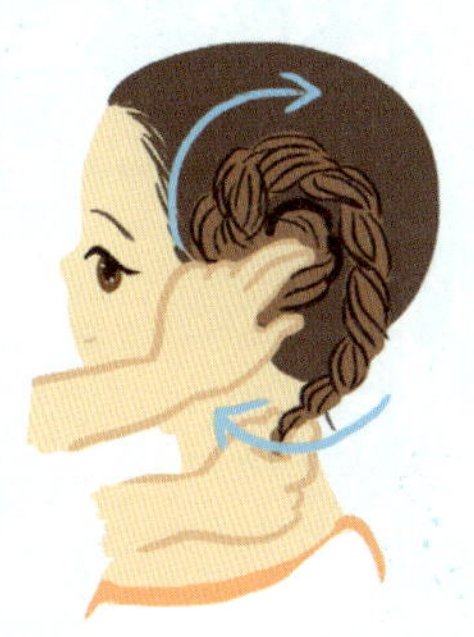

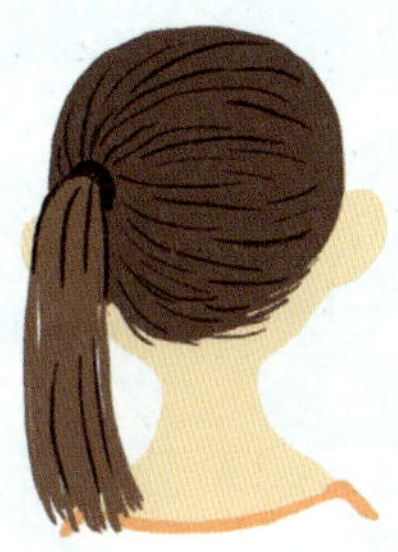

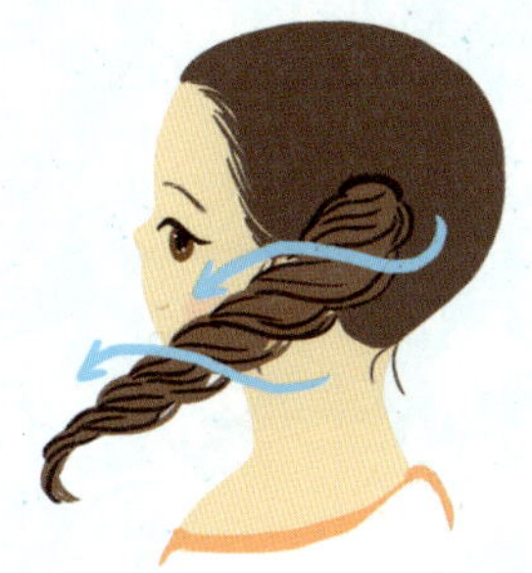

1 빗질하고 분무기로 물을 살짝 뿌려 머릿결을 정리한 다음 한쪽으로 모아요. 귀 뒤쪽이나 귀 위쪽에 포니테일 하는 것이 예뻐요.

2 머리채 끝을 잡고 얼굴 쪽을 향해 전체를 빙글빙글 돌려 꼬아요. 같은 방향으로 계속 돌려요.

3 한쪽 손의 엄지와 검지는 고무줄로 묶은 곳을 눌러 중심을 잡고, 나머지 손가락으로 돌려놓은 머리카락이 풀리지 않게 눌러요.

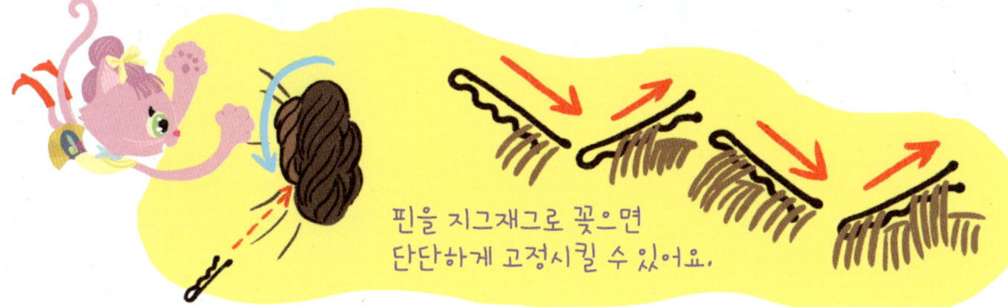

4 끝부분을 아래쪽으로 숨겨 실핀 또는 중간 크기의 핀으로 고정시켜요. 머리카락 끝부분과 두피 쪽의 머리카락에 핀이 동시에 꽂히도록 해야 풀리지 않아요.

5 말아 올려놓은 둘레를 따라 실핀을 여러 개 꽂아 모양을 잡아요. 액세서리로 장식해 꾸미면 더욱 예뻐요.

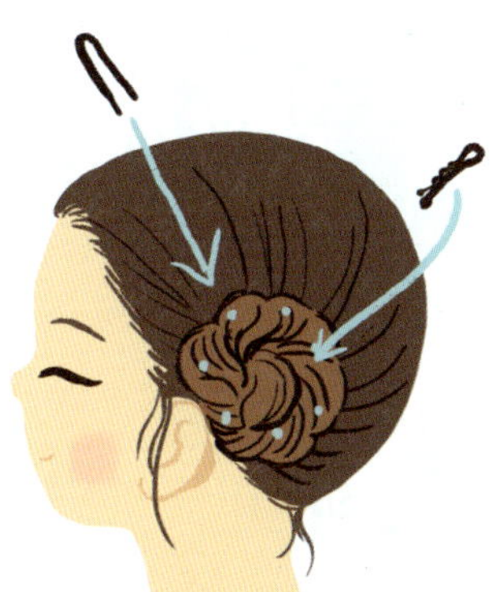

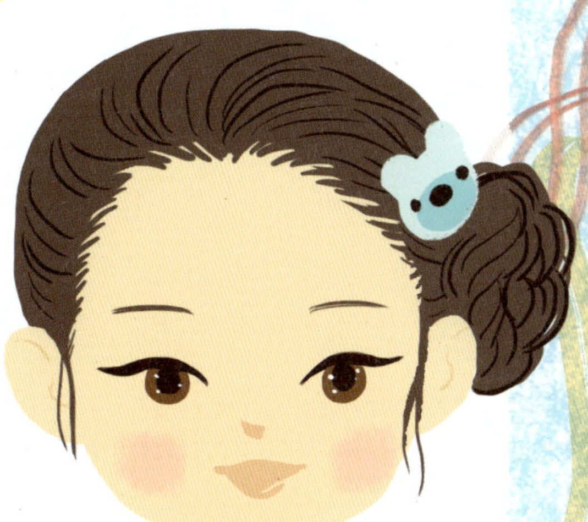

꽈배기 업스타일

세 줄 땋기를 응용한 업스타일이에요.
땋아 올린 모양이 꽈배기와 비슷하지요?

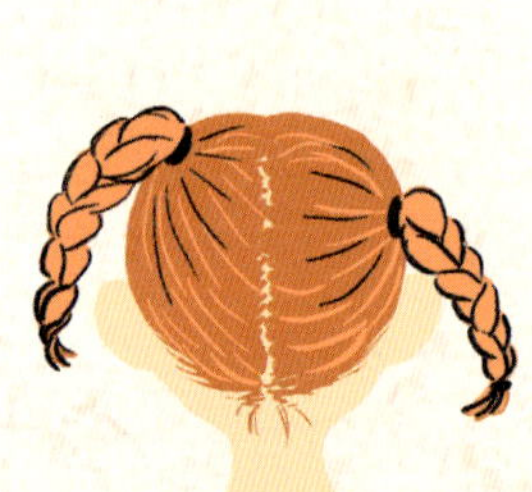

1 머릿결을 정리한 다음 양
   갈래로 나누어요. 한 쪽은
   정수리 위쪽에, 반대쪽은
   정수리 아래쪽에 묶어요.

2 고무줄로 묶인 부분은 뿌리
   백 코밍(p.47 참고) 해요.

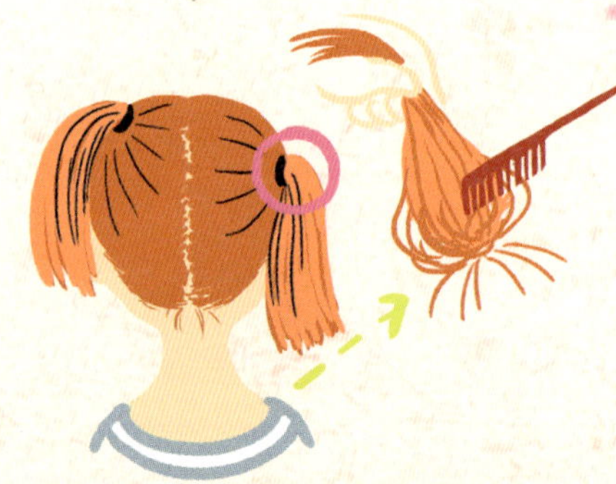

높게 묶는 곳은 귀 앞쪽으로,
낮게 묶는 곳은 귀 뒤쪽으로 묶어요.

3 양쪽 가닥 모두 끝까지 세
   줄 땋기를 해서 고무줄로
   묶어요.

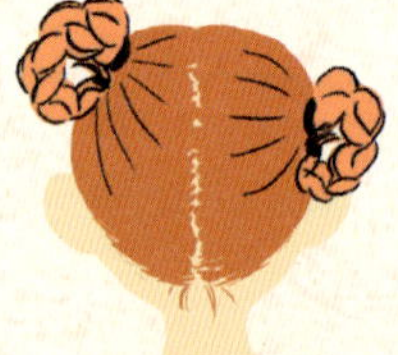

4 땋은 머리채를 둥글게 말아
   1에서 묶은 고무줄에 각각
   끼워 고정시켜요.

숱이 많거나 긴 머리일 경
우에는 고무줄 3~4cm 아
래에 핀으로 고정시켜요.

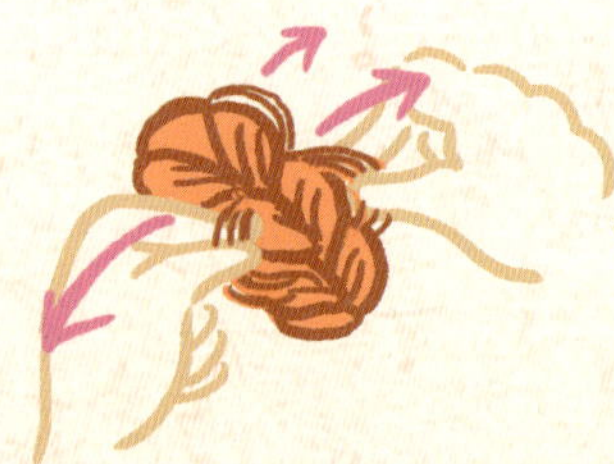

5 땋아 말아놓은 부분의 가장자리를
   그림과 같이 양쪽으로 조금씩 펼쳐
   자연스럽게 모양내요.

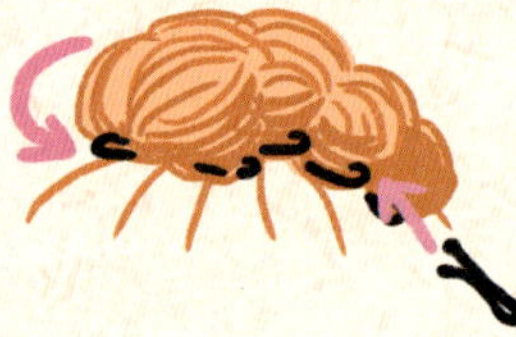

6 5에서 펼친 머리카락과 두피 쪽 머리
   카락에 실핀을 꽂아 함께 고정시켜요.

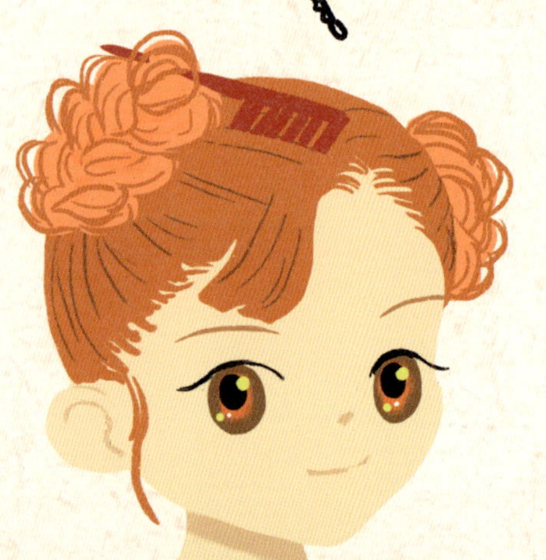

7 거울을 보면서 꼬리빗의 꼬리
   쪽으로 땋은 부분을 살살 만져
   모양을 잡아요.

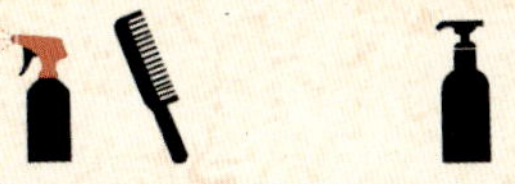

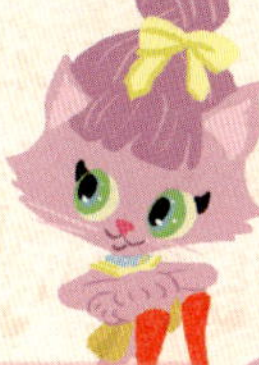

언니처럼 우아한 업스타일

드레스나 한복에도 잘 어울려요.
예쁜 핀으로 포인트를 주세요.

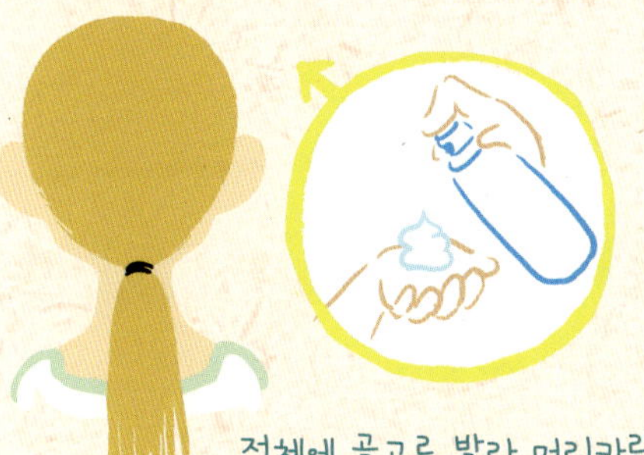

1 빗질하고 분무기로 물을 살짝 뿌려 머릿결을 정리한 다음 끈적이지 않는 헤어에센스를 발라요.

2 뒤통수 아래쪽에 포니테일(p.22 참고) 해요.

전체에 골고루 발라 머리카락을 뒤로 깔끔하게 넘겨요.

고무줄 바로 윗부분에 양손 검지를 넣어 구멍을 만들어요.

3 한 손으로 구멍 사이를 벌려 포니테일 한 부분을 잡아요.

4 머리채를 구멍 아래에서 위로 통과시켜요.

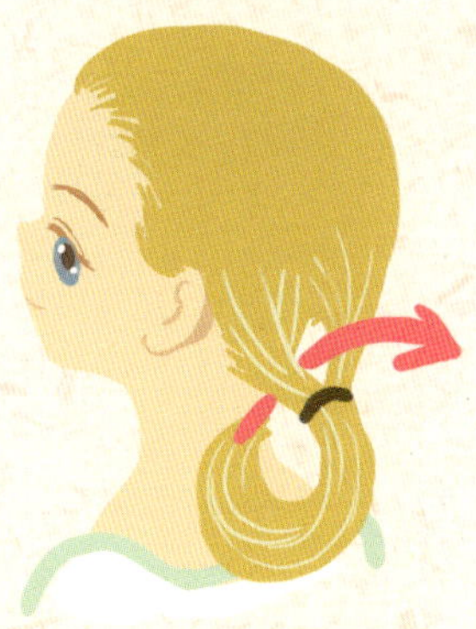

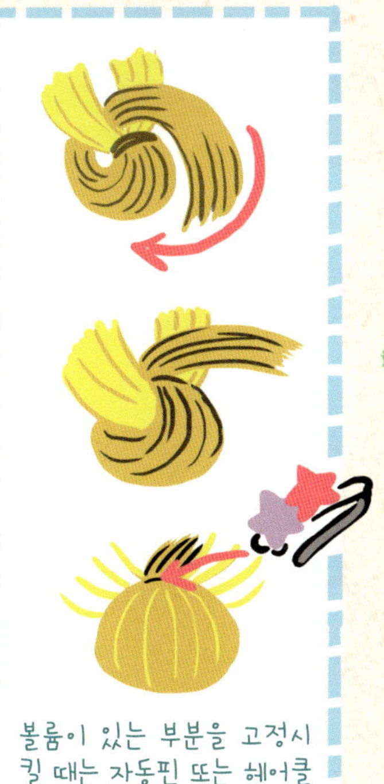

5 머리카락 끝이 처음 묶은 곳에 올 때까지 돌린 다음 아래쪽 머리카락까지 함께 자동핀으로 고정시켜요.

볼륨이 있는 부분을 고정시킬 때는 자동핀 또는 헤어클립을 이용해요.

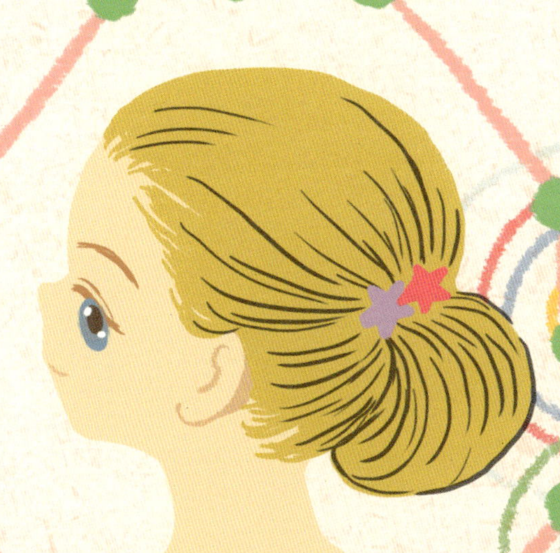

양말 번 bun 만들기

낡은 양말을 재활용해 '번'을 만들어볼까요?
풍성하게 볼륨 있는 업스타일을 할 때 필요한 도구예요.

1 목이 긴 양말을 준비해요. 자신의
머리카락과 비슷한 색깔의 양말이면
더 좋아요.

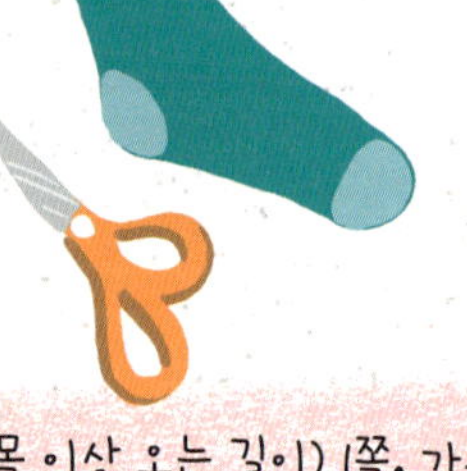

준비물　양말(발목 이상 오는 길이) 1쪽, 가위

2 가위로 발가락 부분을 잘라요.

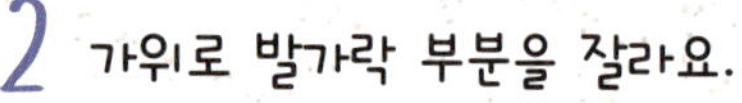

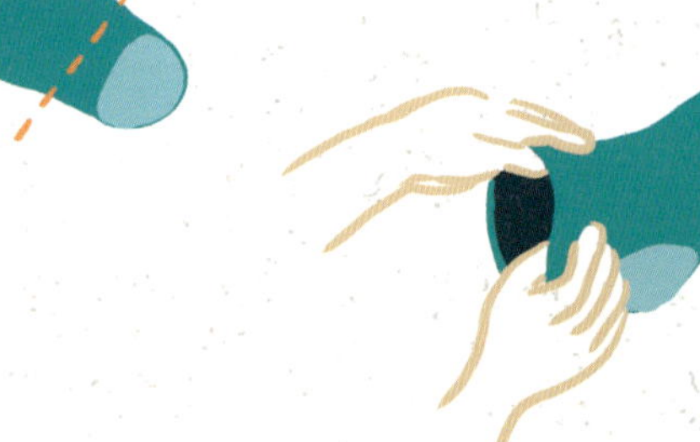

3 자른 부분을 잡고 뒤집을
준비를 해요.

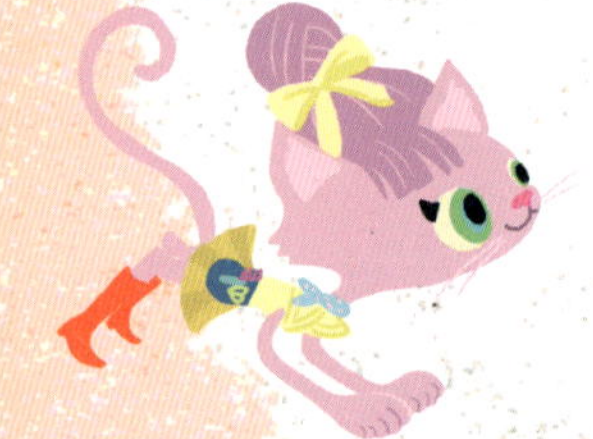

4 돌돌 말아 뒤집어요.

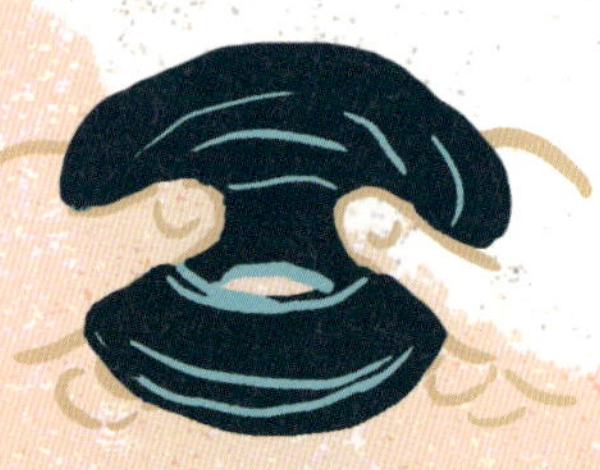

5 양말의 발목 입구 부분까지 접어
2~3cm 두께가 되도록 말아놓아요.

만두 업스타일

준비물 양말 번 고무줄 실핀

직접 만든 양말 번으로 근사한 업스타일을 완성해 보세요.
번을 활용해 동그란 모양으로 간편하게 올릴 수 있어요.

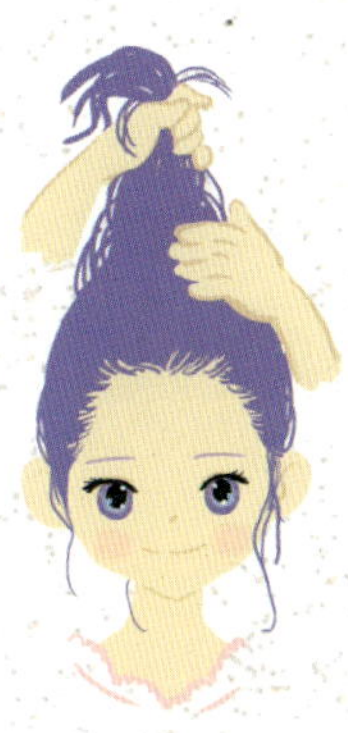

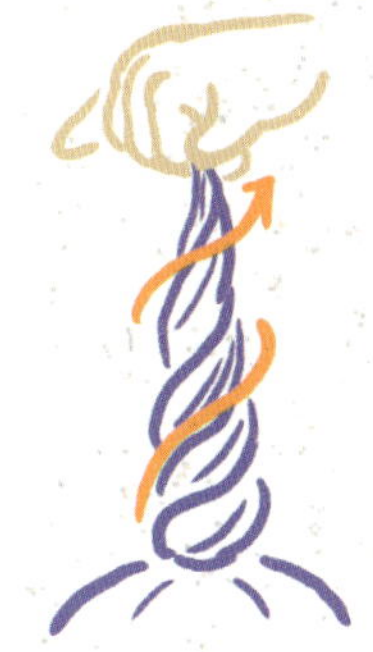

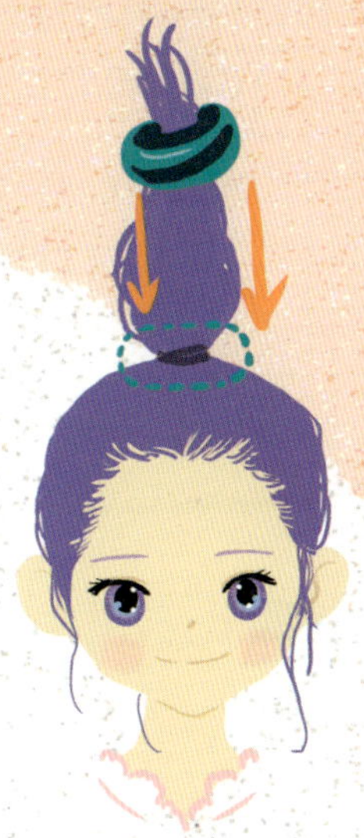

1 손으로 머리를 빗어 올려 정수리 쪽에 묶어요. 잔머리가 있거나 구불구불한 머릿결도 괜찮아요.

2 묶은 머리를 한 방향으로 3~4번 비틀어요.

3 비튼 머리채를 번 구멍에 통과시켜요. 번이 고무줄로 묶은 곳에 오도록 내려요.

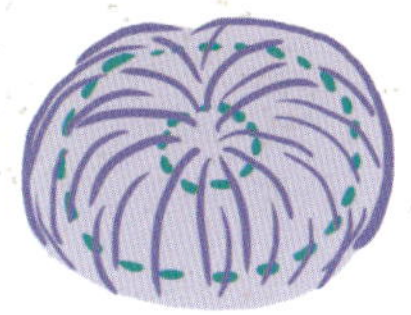

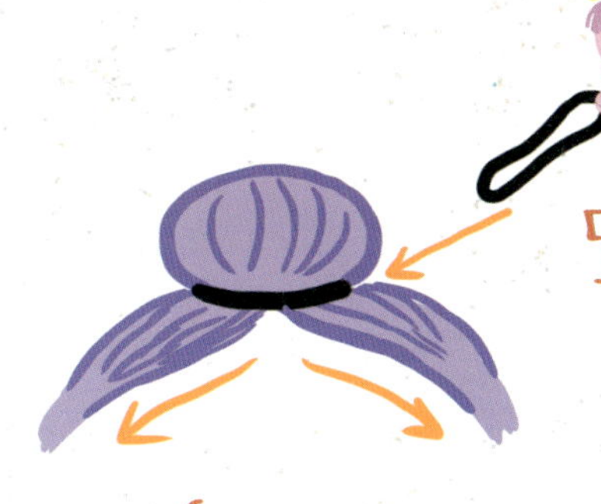

4 번이 보이지 않도록 머리카락을 골고루 펼쳐 만두 모양이 되도록 해요.

5 번 아래쪽을 고무줄로 묶어 고정시켜요.

6 번을 감싸고 남은 머리카락을 두 갈래로 나누어요.

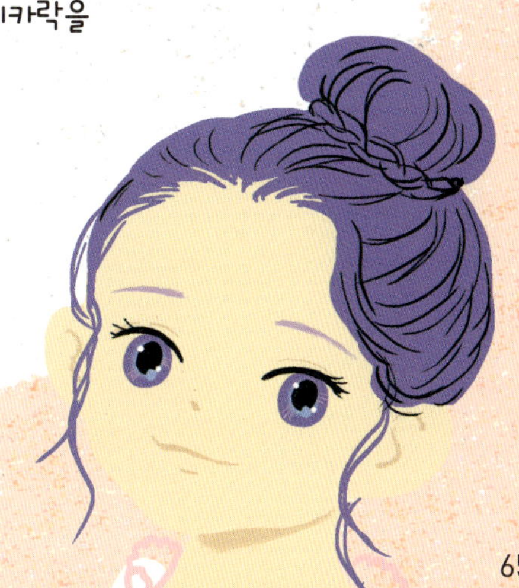

7 남은 머리카락을 꼬아서 번 주위로 빙글빙글 돌려요.

8 끝부분을 번 아래에 숨기고 실핀을 꽂아 고정시켜요.

접시꽃 뒷머리 장식 핀

준비물 뒤꽂이 핀대, 폼폼 2개, 비즈, 낚싯줄, 여러 가지 무늬의 마스킹테이프, 색종이, 트레이싱페이퍼(기름종이), 바늘, 가위

1 트레이싱페이퍼를 지름 15cm 1장, 지름 20cm 1장으로 잘라 준비해요.

2 색종이는 지름 6cm로 자른 다음 가장자리에 칼집을 내요.

3 여러 가지 마스킹테이프로 잘라놓은 트레이싱페이퍼를 꾸며요.

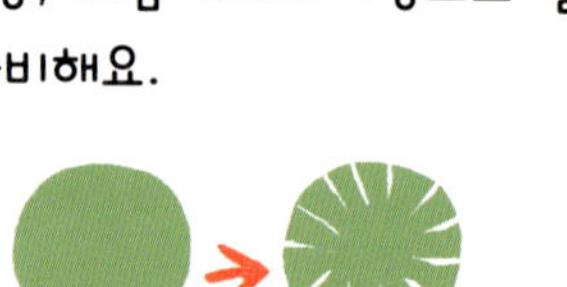

4 낚싯줄을 25cm 길이로 잘라 바늘에 꿰고 비즈를 먼저 끼워 묶어요.

5 바늘로 폼폼, 색종이, 꾸며놓은 트레이싱페이퍼 등을 차례로 꿰어요. 줄을 잘 잡아당긴 다음 마지막에 폼폼을 꿰어 매듭짓고 낚싯줄을 길게 잘라요.

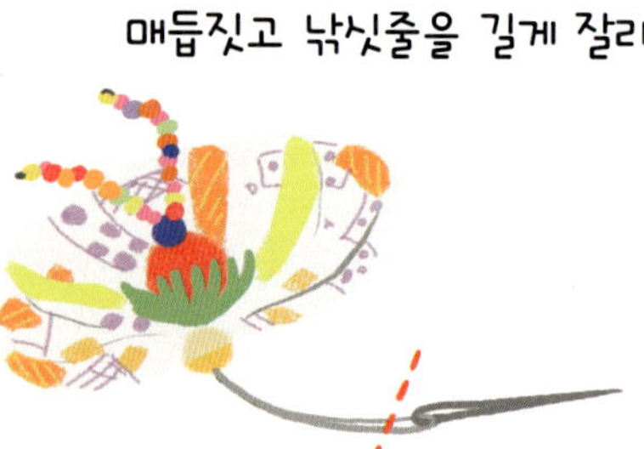

6 5의 낚싯줄을 뒤꽂이 핀대에 묶어 고정시키면 뒷머리 장식 핀 완성!

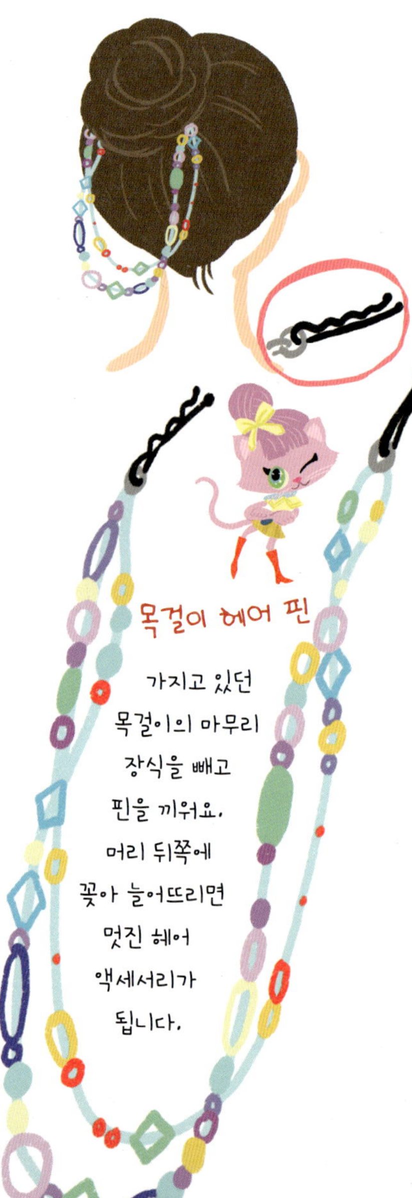

목걸이 헤어 핀

가지고 있던 목걸이의 마무리 장식을 빼고 핀을 끼워요. 머리 뒤쪽에 꽂아 늘어뜨리면 멋진 헤어 액세서리가 됩니다.

초커 스타일 목걸이

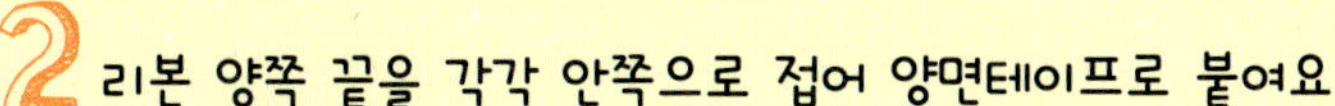

1 벨벳 또는 골지 리본을 준비해 목둘레의 2.5배 길이로 잘라요.

2 리본 양쪽 끝을 각각 안쪽으로 접어 양면테이프로 붙여요.

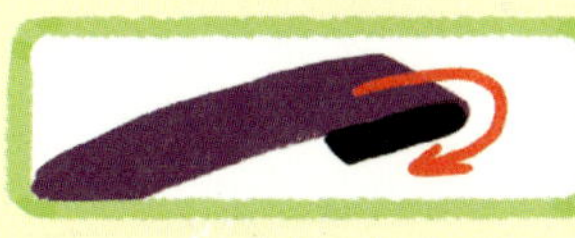

이때 접는 폭이 1cm를 넘지 않도록 하세요.

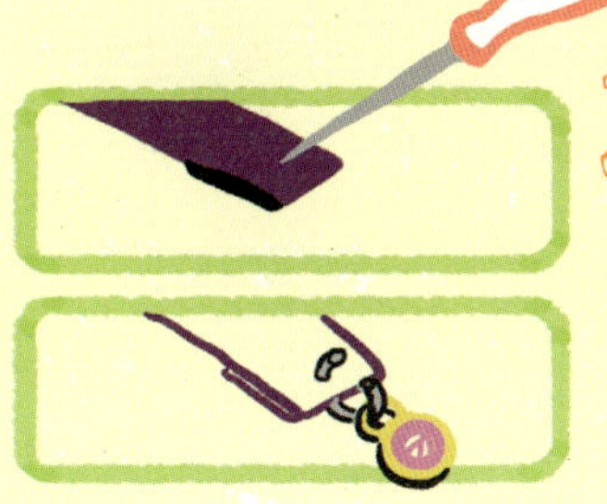

3 접어 붙인 곳에 송곳으로 구멍을 뚫어 0링과 비즈를 연결하고 펜치로 0링을 눌러 오므려요.

4 리본 양쪽 끝에 같은 방법으로 비즈를 달아 장식하고 목에 둘러 예쁘게 묶어요.

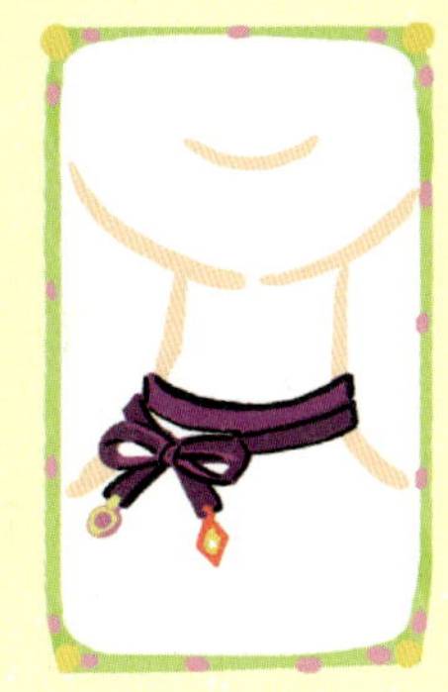

스트로 장식 목걸이

색색의 스트로, 조각 펠트 또는 색도화지, 가죽 줄 또는 우레탄 줄, 가위, 송곳

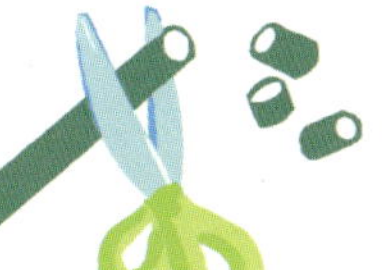

음료수를 먹고 남은 스트로를 깨끗이 씻어 말려 사용해도 돼요. 길이는 마음대로!

1 여러 가지 색깔 스트로를 준비해 적당한 길이로 잘라요.

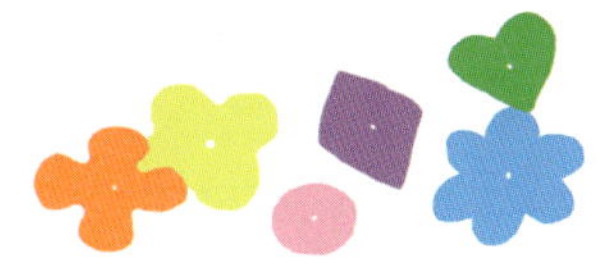

2 여러 가지 색깔 조각 펠트 또는 색도화지를 잘라 모양을 만들어요. 가운데에 송곳으로 구멍을 뚫어요.

3 가죽 줄이나 우레탄 줄에 스트로와 펠트, 색도화지 조각 등을 자유로운 순서로 통과시켜 목걸이를 만들어요.

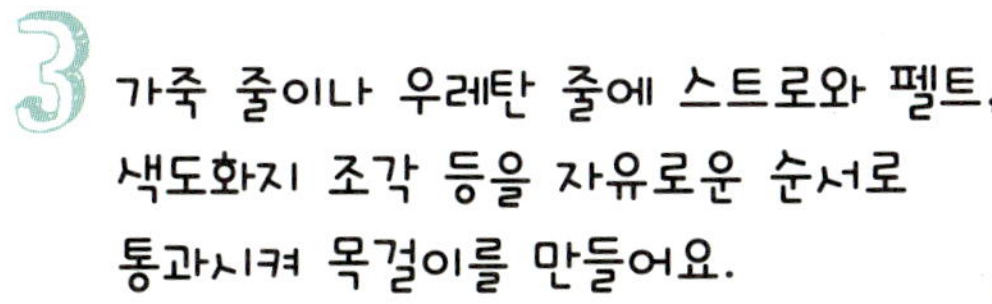

그림과 같이 줄 한 쪽 끝을 반대쪽에 연결해 묶으면 목걸이의 길이를 마음대로 조절할 수 있어요.

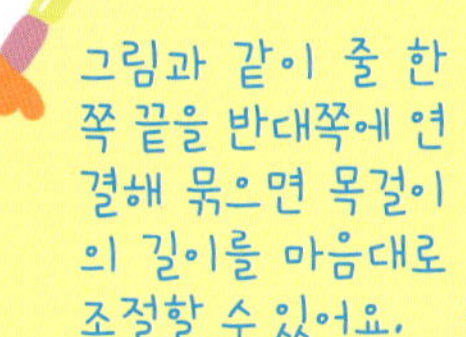

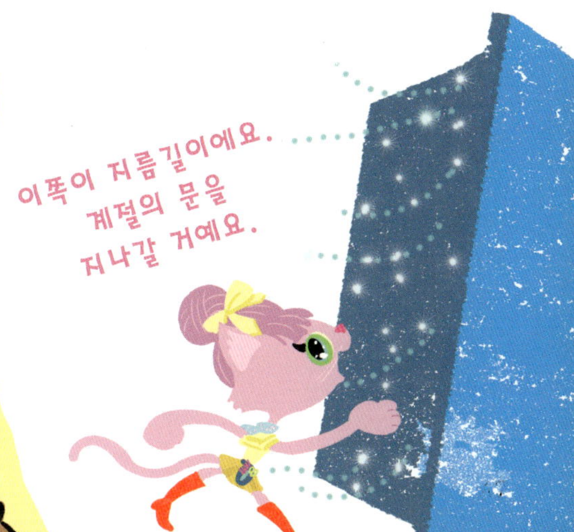

친구랑 함께하는
겨울 헤어스타일

겨울의 문이 열렸어요.
온통 눈꽃이에요.
앨리스와 나는 털모자를 쓰고 눈밭을 굴러요.

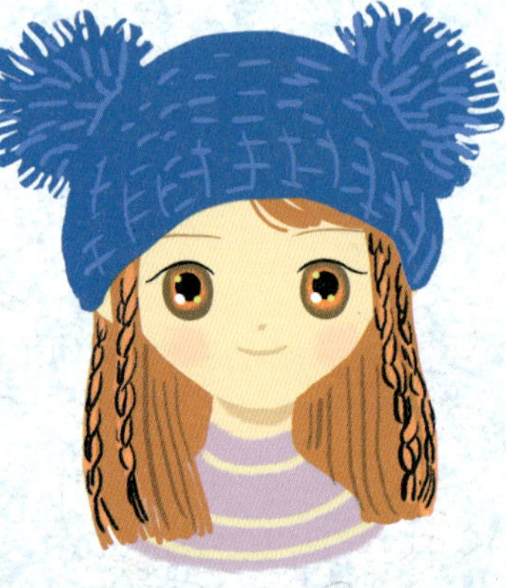

베레모 스타일

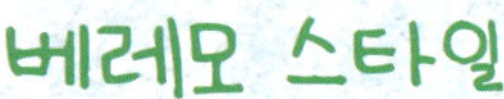
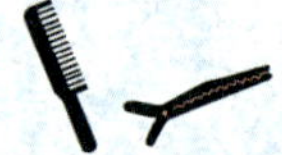
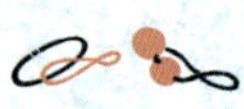

준비물 빗 집게 고무줄 또는 슈슈

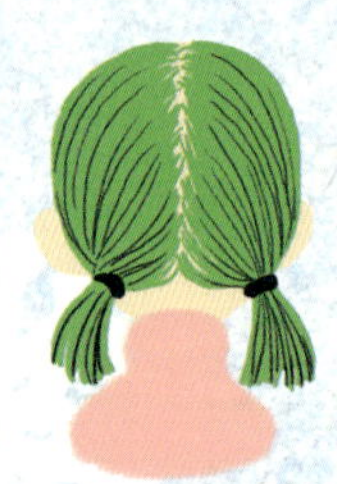

방울 달린 털모자 스타일

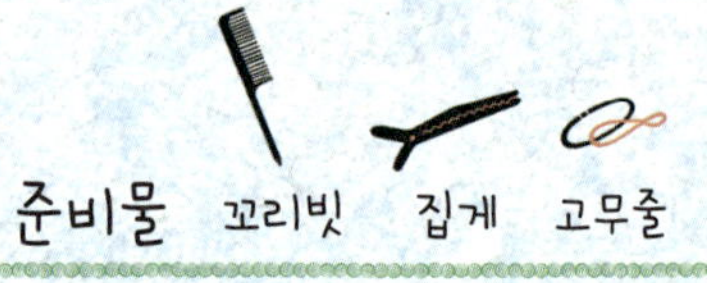

준비물 꼬리빗 집게 고무줄

1 세로 나누기(p.16 참고)로 양 갈래 가르마를 타고 귀 아래로 각각 나누어 고무줄로 묶어요.

1 꼬리빗 끝으로 머리카락을 여러 가닥으로 나누고 스타일링 할 부분을 집게로 고정시켜요.

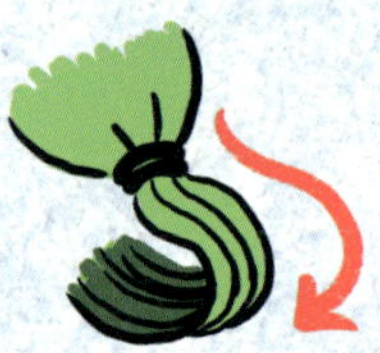

2 묶어놓은 머리카락 끝을 잡고 얼굴 바깥쪽으로 한 번 꼬아 돌려요. 끝부분이 바깥쪽으로 향하게 해요.

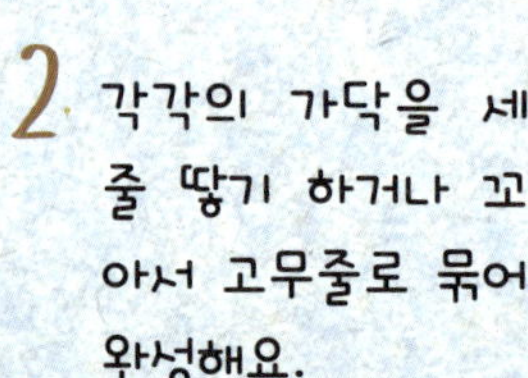

2 각각의 가닥을 세 줄 땋기 하거나 꼬아서 고무줄로 묶어 완성해요.

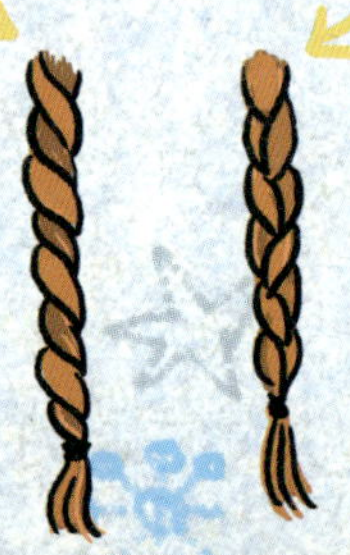

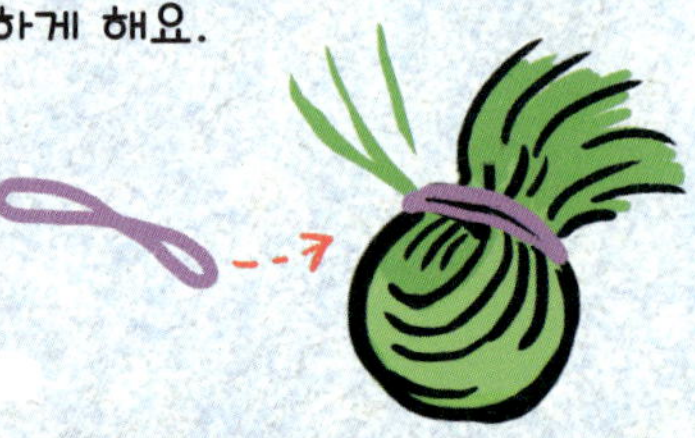

3 고무줄이나 슈슈로 묶어 마무리해요.

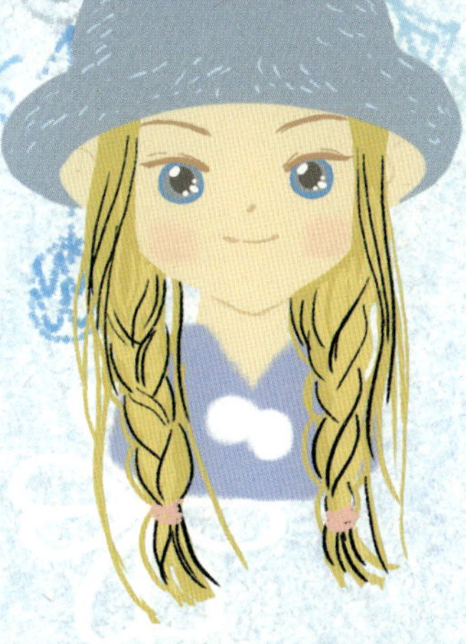

페도라 스타일

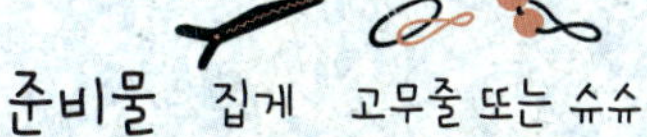

준비물 집게 고무줄 또는 슈슈

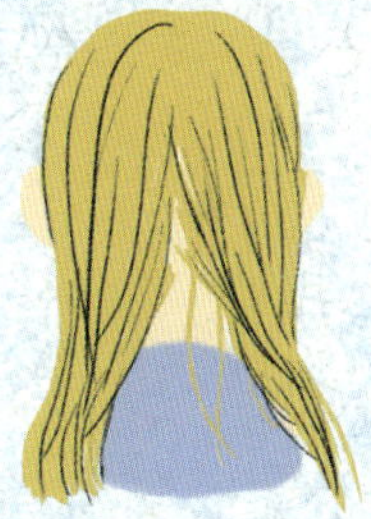

1 잔머리를 살짝 남기며 손으로 자연 스럽게 빗어 두 갈래로 나눠요.

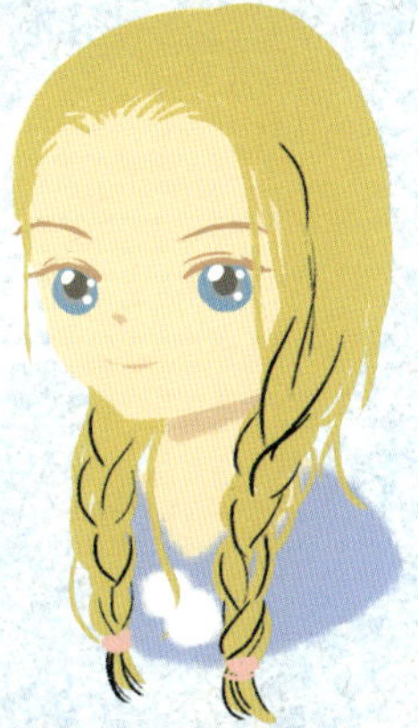

2 나누어놓은 두 가닥 모두 얼굴 쪽 으로 내린 다음 각각 지네 땋기 (p.48 참고) 해요. 고무줄이나 슈 슈로 묶어 마무리해요.

큼직한 털모자 스타일

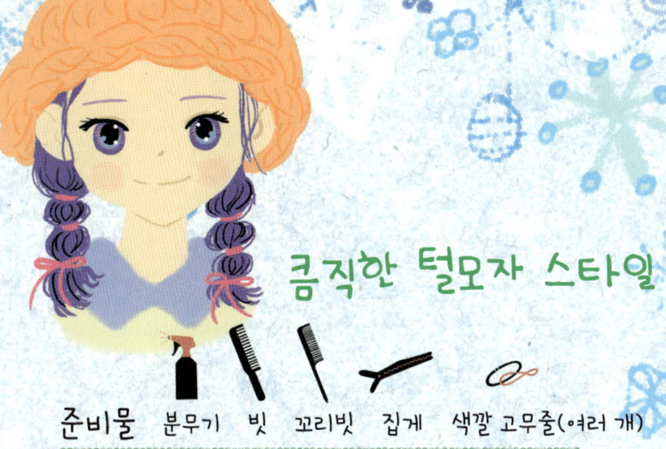

준비물 분무기 빗 꼬리빗 집게 색깔 고무줄(여러 개)

1 분무기로 물을 살짝 뿌리며 빗어 머릿결을 정리한 뒤 양 갈래로 나누어요. 귀 뒤쪽에 서 양 갈래로 묶어요.

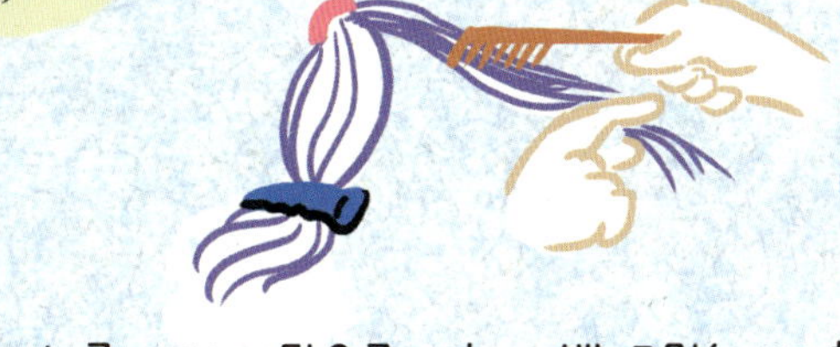

2 머리채를 여러 가닥으로 나누어 백 코밍(p.47 참고) 해서 부풀려요.

3 부풀린 머리를 한데 모으고 중간 중간을 색깔 고무줄로 묶어 장식해요.

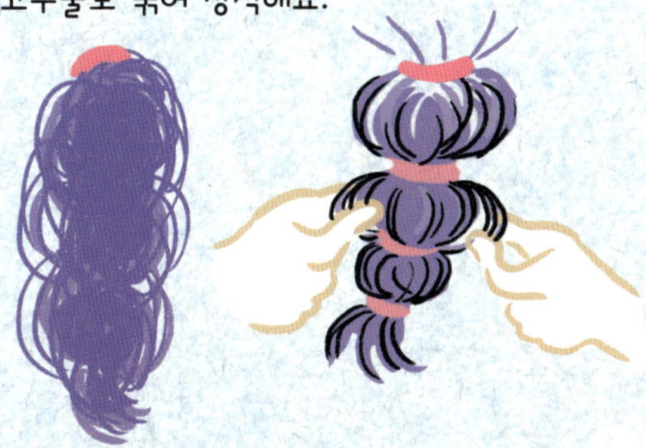

4 고무줄과 고무줄 사이 머리카락을 공처럼 모양 잡아 완성해요.

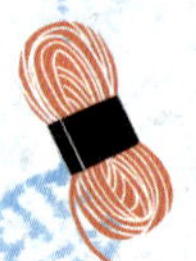

크리스마스 모자 만들기

낡고 지겨워진 털모자를 리폼해서 크리스마스에 어울리는 모자를 만들어 봐요.

리본 장식 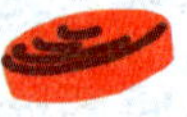

리본을 적당한 길이로 자르고 양쪽을 말아 고리 모양으로 잡아요. 양쪽 끝을 교차시켜 리본 모양으로 묶어요. 색실이나 낚싯줄 등으로 털모자에 묶어 장식해요.

옷핀 장식

옷핀에 비즈를 끼워 넣은 장식용 옷핀을 모자에 달아요.

포일 방울 장식

털실에 포일을 감아 동그랗게 말아요. 털실을 묶어 장식해요.

쿠킹포일을 털실에 감으면 철사 역할을 해서 원하는 모양을 만들기 좋아요.

천 장식 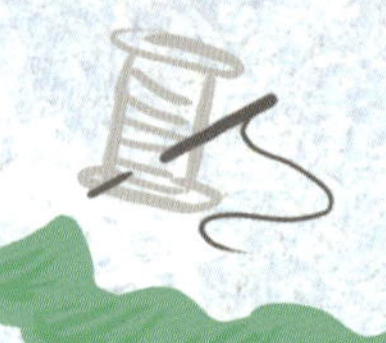

주름진 천을 모자너비의 1.5배 크기로 잘라 준비해요. 모자에 천을 바느질해 붙여요.

털실 방울 장식 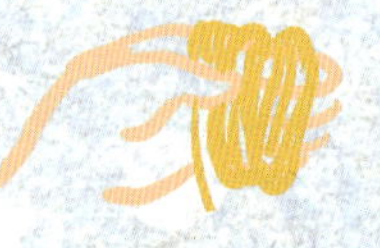

엄지손가락으로 털실을 잡고 네 손가락에 털실을 감아요.

많이 감을수록 동그랗고 예쁜 모양이 돼요.

다 감고 남은 털실은 잘라내고 동그랗게 감은 털실을 손가락에서 빼내요. 털실 가운데를 묶어 나비 모양을 만든 다음 양쪽 끝을 가위로 잘라요. 그림과 같이 털실을 벌려가며 동그란 방울을 만들어요.
완성된 털실 방울을 모자에 달아 보세요.

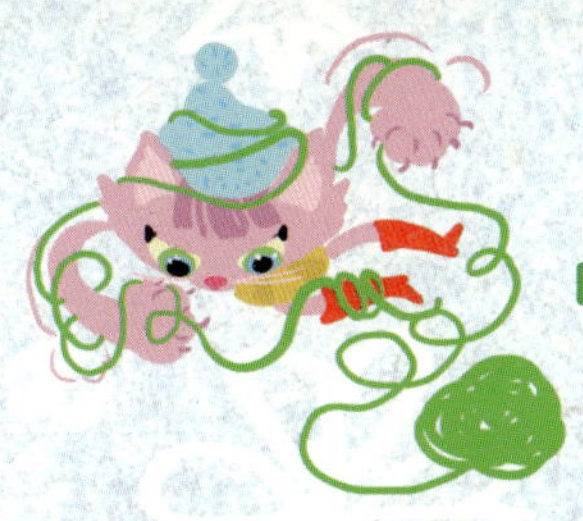

털실을 이용한 보헤미안 스타일

엄마가 뜨개질 하고 남은 색색의 털실을 이용해 스타일링 해요.
뒷머리는 친구랑 서로 도와주면 예쁘게 완성할 수 있어요.

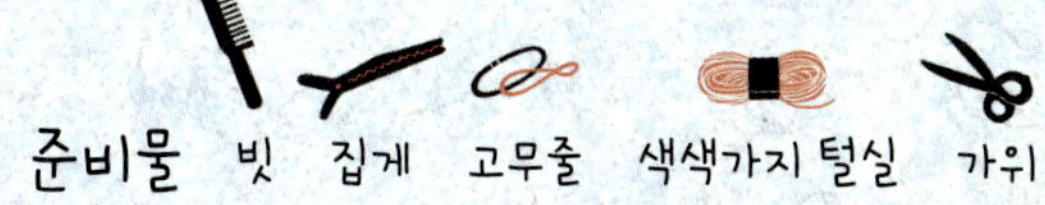

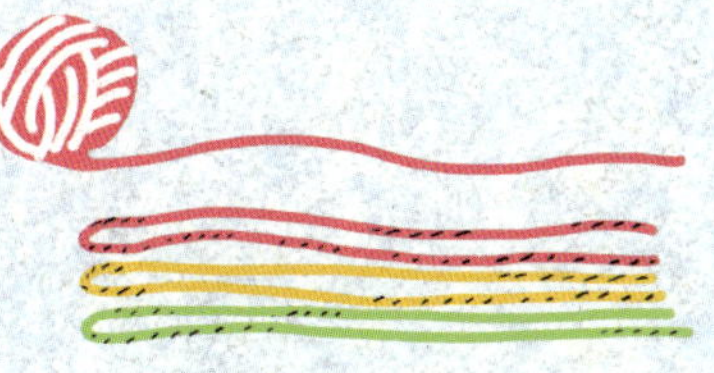

1 가지런히 빗질해 머릿결을 정리해요. 털실을 머리카락의 2.5배 길이로 자른 다음 반으로 접어놓아요.

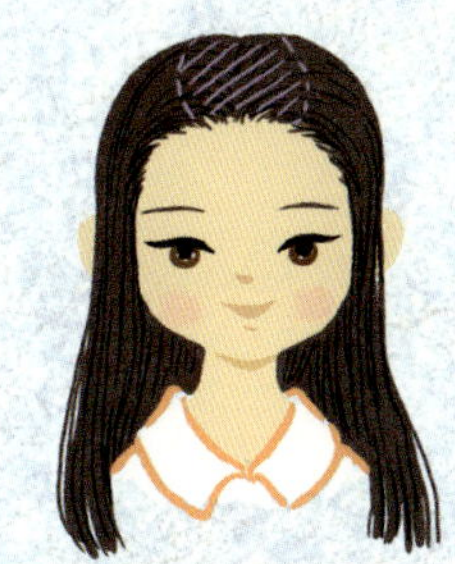

2 이마에서 정수리 쪽의 머리카락(표시한 부분)을 모아 올려 집게로 고정시켜요.

머리카락의 뿌리에 가깝게 묶어요. 털실이 흘러내리면 뿌리 백 코밍(p.47 참고)을 해서 고정시켜요.

3 꼬리빗으로 아래쪽에 남은 머리카락 일부를 떠서 털실 1줄로 꽉 묶어요.

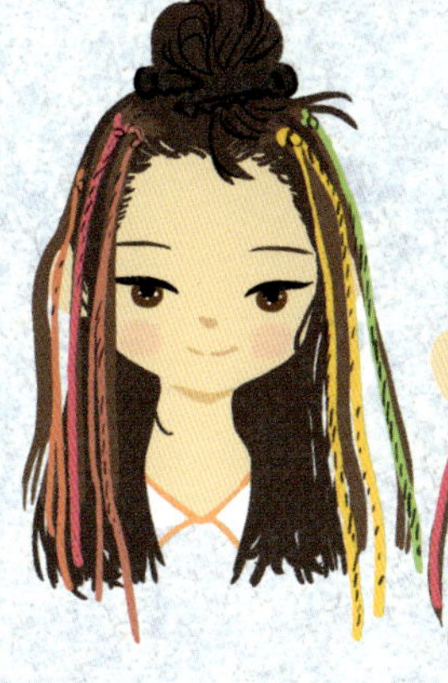
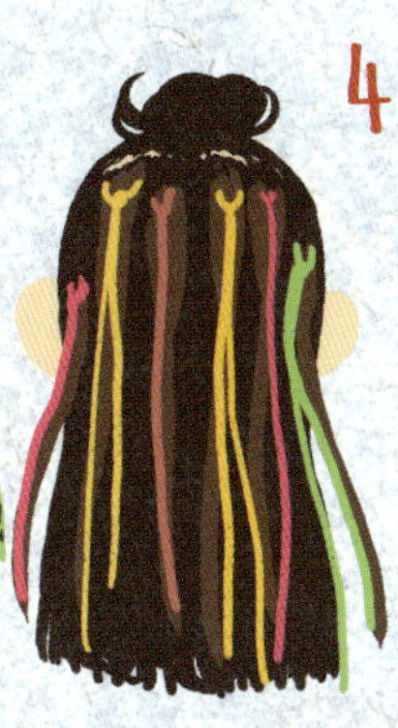

4 전체적으로 빙 둘러가며 군데군데 털실로 묶어요.

5 집게로 고정시켰던 부분을 풀어요.

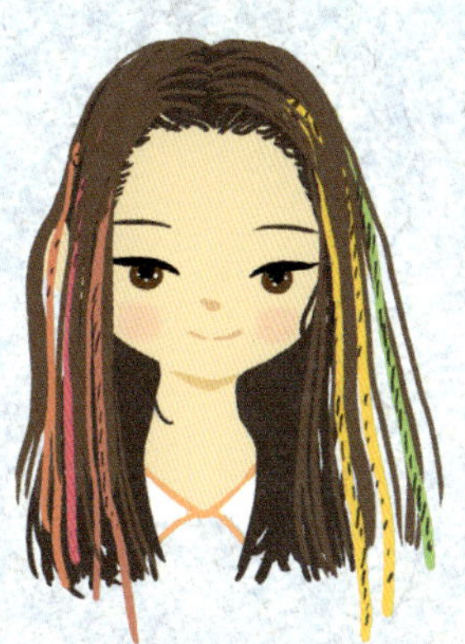

7 끝부분에 삐져나온 털실은 가위로 잘라 깔끔하게 마무리해요.

6 털실로 묶은 부분과 함께 한쪽으로 머리채를 모아 내려 세 줄 땋기 해요.

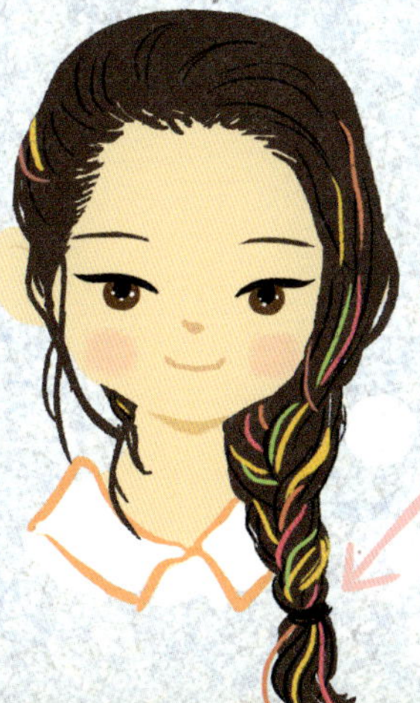
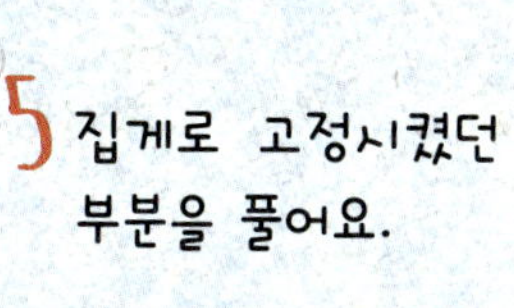

따뜻한 바람이 솔솔 불어오네요. 봄의 문이 열렸어요. 어서 이리 오세요!

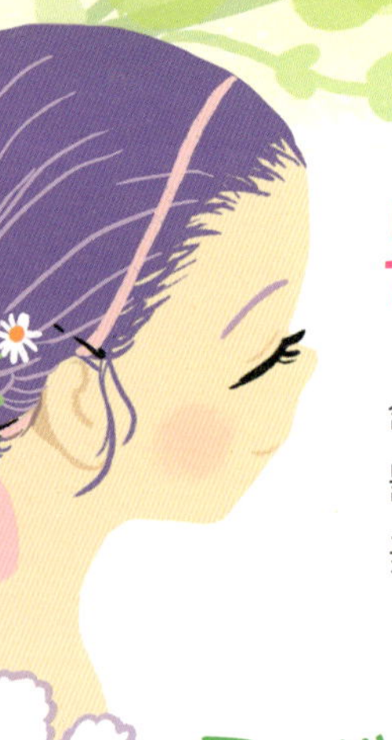

봄, 봄, 봄! 봄꽃 헤어스타일

살랑살랑 봄바람이 불고 꽃들이 피어나는 봄이에요. 봄꽃으로 예쁜 머리 장식을 만들어 볼까요? 머리 위에 화관을 살포시~, 꼬마숙녀라면 한 번쯤 꿈꿔온 일이지요? 친구랑 들꽃을 찾아 꾸며 보세요. 내 머리 위에도 봄이 왔네요.

꽃다발로 꾸미기

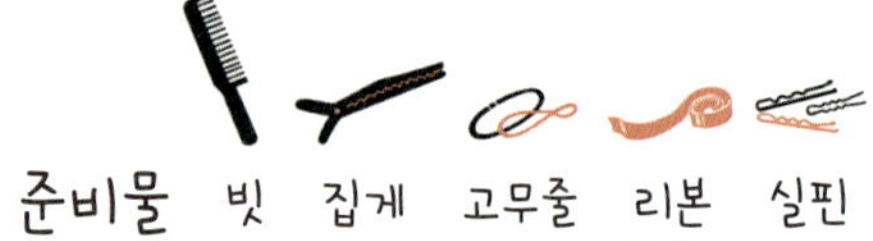

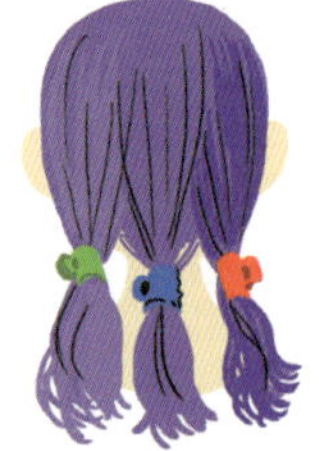

1 빗질로 머릿결을 정리하고 머리카락 전체를 뒤로 넘겨 목덜미 쪽에서 세 갈래로 나눈 다음 집게로 고정시켜요.

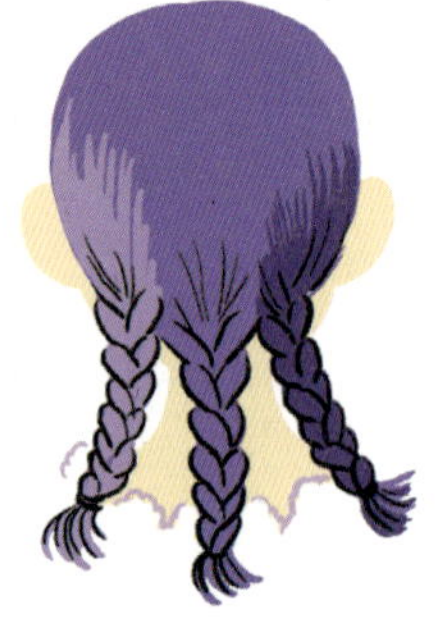

2 세 가닥을 각각 세 줄 땋기 해서 고무줄로 묶어요.

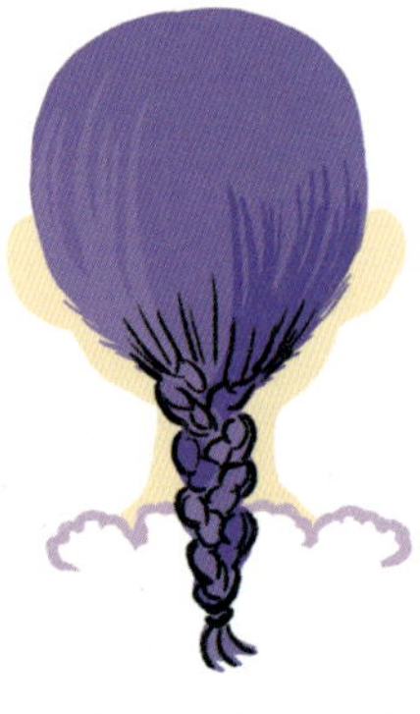

3 땋아놓은 각각의 가닥으로 다시 세 줄 땋기 하고 고무줄로 묶어요.

4 준비한 리본을 헤어밴드처럼 머리 위쪽부터 감아 아래쪽에서 리본 묶기 해요. 양쪽 관자놀이에 실핀을 꽂아 리본을 고정시켜요.

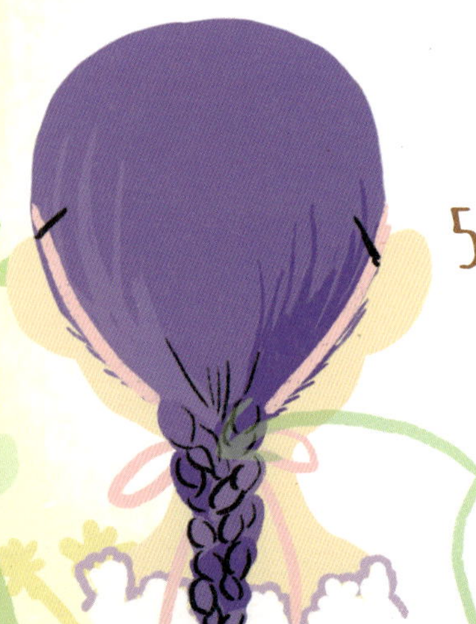

5 땋은 머리카락 사이에 꽃을 꽂아 예쁘게 완성해요.

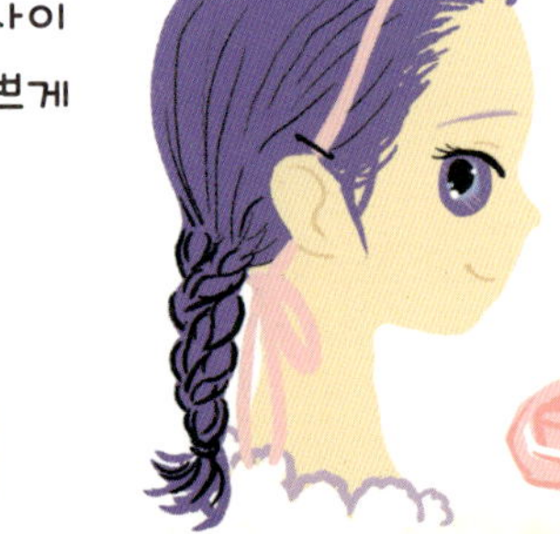

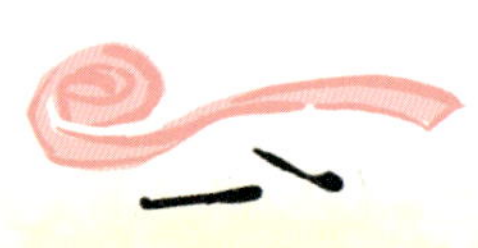

화관으로 꾸미기

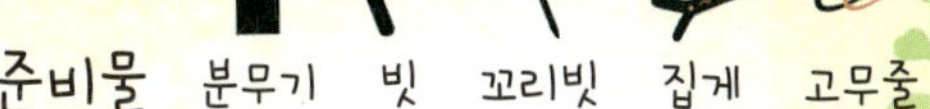

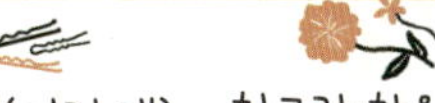

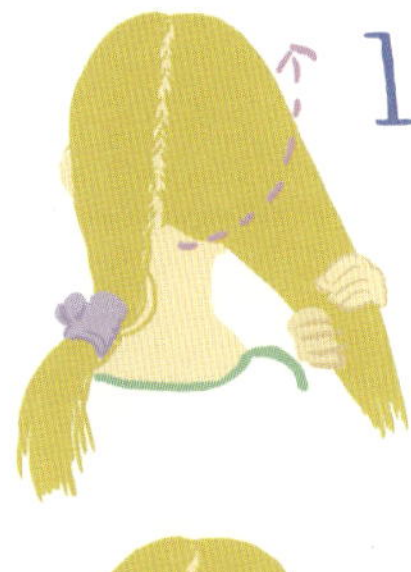

1 가지런히 빗질하고 분무기로 물을 살짝 뿌려 머릿결을 정리해요. 세로 나누기 (p.16 참고)로 가르마를 타고 한쪽 가닥은 집게로 고정시켜요.

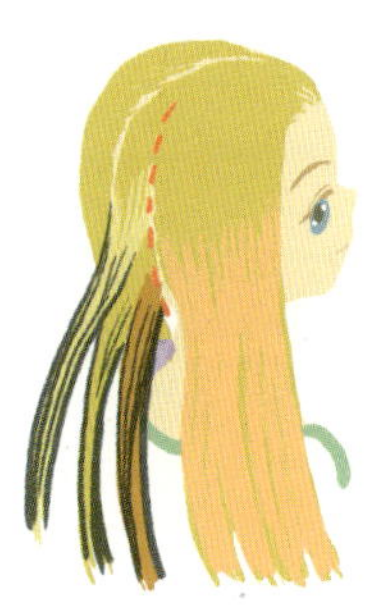

2 뒷머리에서 얼굴 앞쪽으로 헤어라인을 따라 땋을 거예요. 가르마를 중심으로 2~3cm 너비로 머리카락을 잡아 세 갈래로 나누어요.

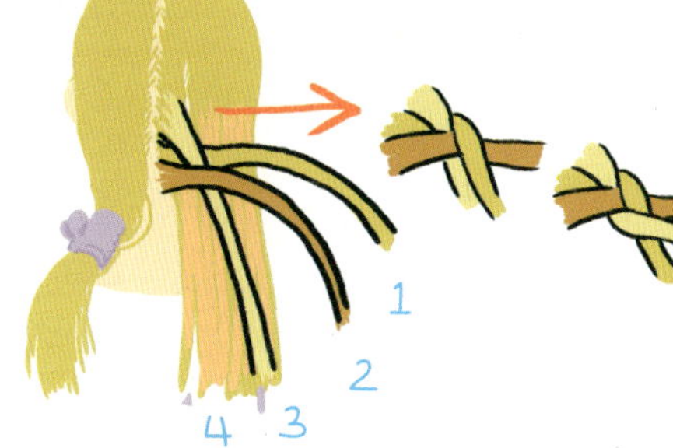

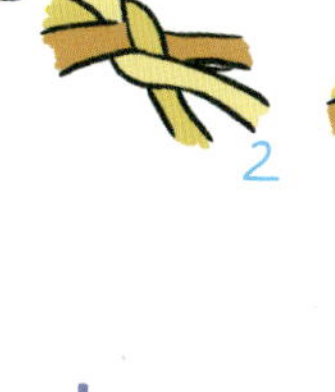

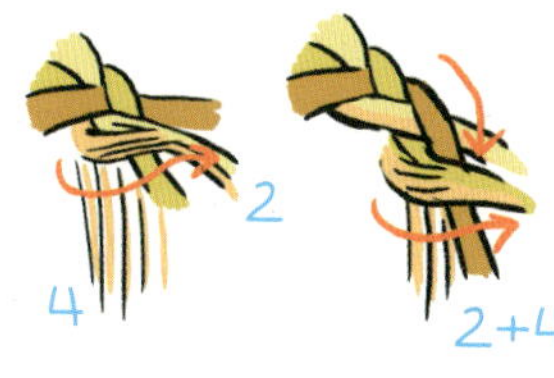

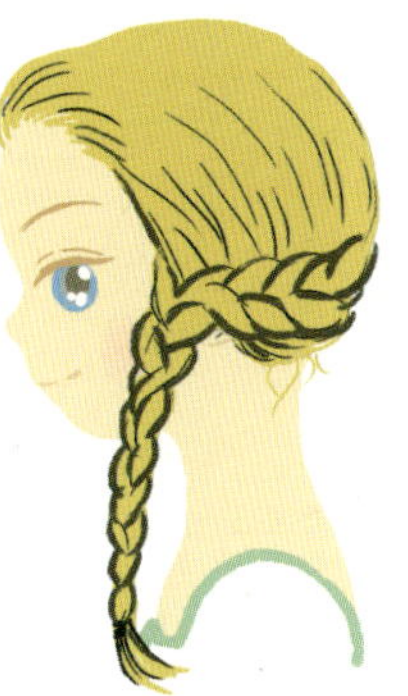

3 나눈 가닥은 얼굴을 향해 세 줄 땋기 해요.

4 이때 2번 위치로 간 가운데 가닥은 4번 머리카락을 조금씩 더 가져와 함께 땋아요.

5 뒷머리를 모두 가져와 땋고 남은 부분은 세 줄 땋기로 땋아 내리고 고무줄로 묶어요.

6 집게로 집어놓았던 반대쪽도 같은 방법으로 땋은 다음 양 갈래를 머리 위쪽에서 교차시켜요.

7 머리카락 끝부분은 땋은 머리카락 속에 숨기고 여러 군데에 실핀을 꽂아 고정시켜요.

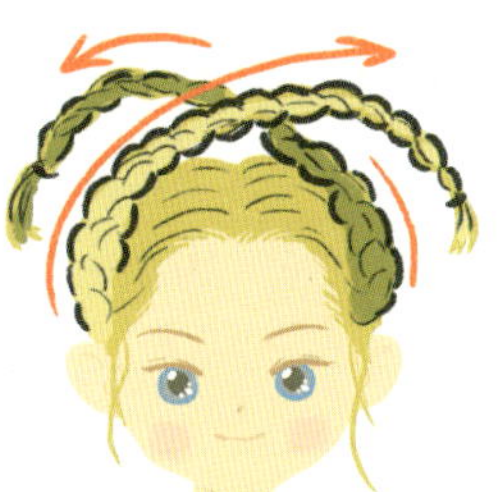

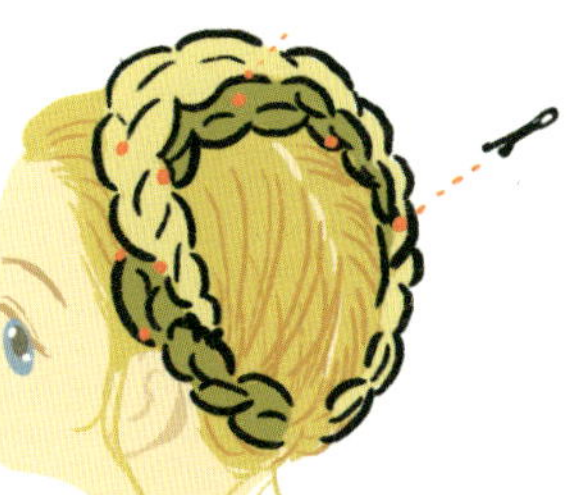

8 땋은 머리카락 사이사이에 꽃을 끼워 넣어 화관을 완성해요.

꽃 장식 만들기

나무에 새싹들이 피어나요.
예쁜 꽃들로 머리를 장식하고 싶어요.
그런데! 내가 꽃을 꺾으려 하자 앨리스가 소리쳤어요.

아코디언 꽃

준비물 색종이 또는 색도화지, 꽃철사, 가위

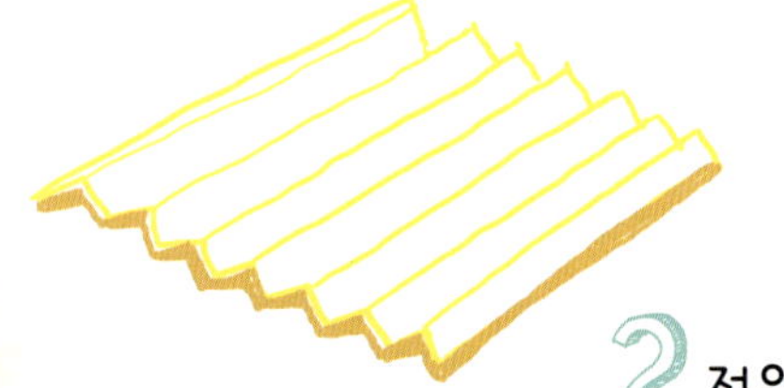

1 종이를 아코디언 접기 해요.

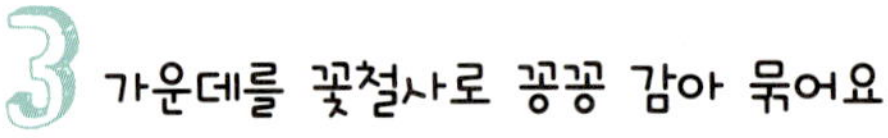

2 접은 종이의 양쪽 끝을 잘라 뾰족하게 모양내요.

3 가운데를 꽃철사로 꽁꽁 감아 묶어요.

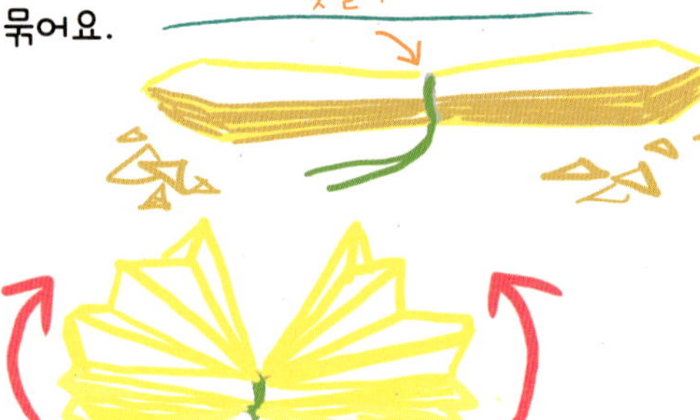

4 양쪽 종이를 펴서 꽃 모양을 만들어요.

꽃잎을 하나하나 붙여서 만드는 방법도 있어요!

수술 만들기

준비물 색종이, 꽃철사, 꽃테이프, 칼, 가위

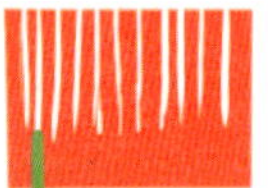

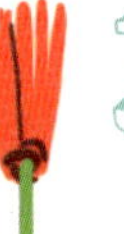

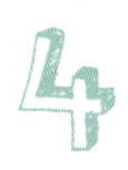

1 색종이를 가로 2cm, 세로 2cm 크기로 잘라요. 아랫부분 0.5cm만 남기고 나머지 부분은 자를 대고 촘촘하게 칼집을 내요.

2 꽃철사를 6~7cm 길이로 잘라 그림과 같이 종이 한쪽 끝에 놓아요.

3 철사와 함께 종이를 돌돌 말아 수술 모양을 만들어요.

4 꽃테이프로 말아 놓은 부분을 감싸 고정시켜요.

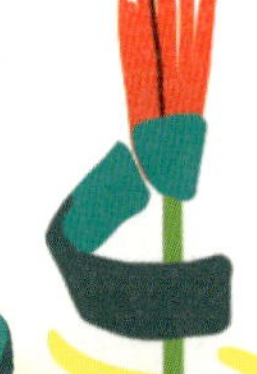

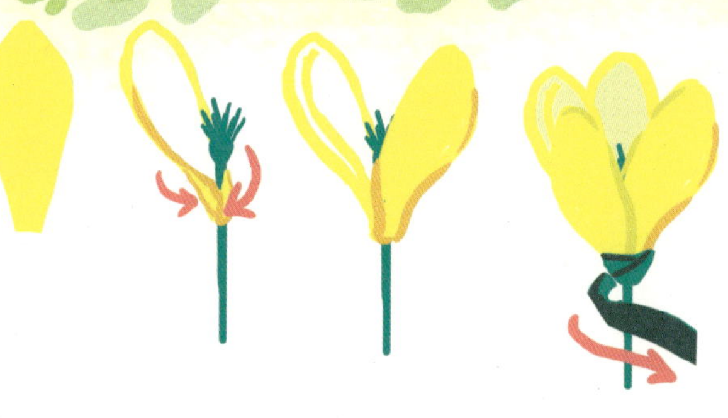

종이 꽃잎으로 하나하나 수술을 감싸 붙이면 더욱
자연스러운 모양의 꽃이 돼요!
꽃잎 여러 장이 겹쳐지면 꽃테이프로 마무리하세요.

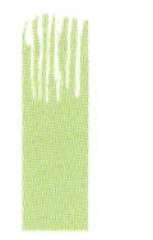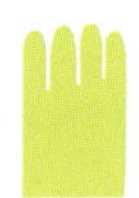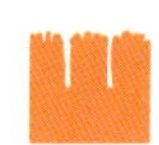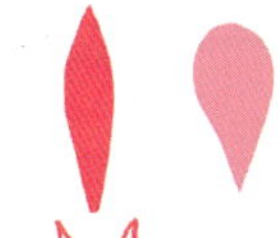

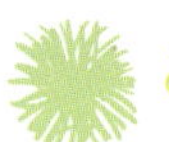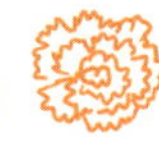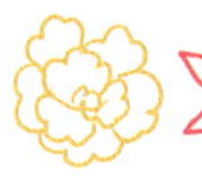

화관 만들기

 만들어놓은 종이꽃, 꽃철사 또는 공예용 철사, 리본

3 준비한 여러 가지 꽃을
철사에 자리 잡고 꽃테
이프로 감싸 고정시키
면 돼요.

1 철사를 머리 둘레에 맞춰
잘라요.

2 철사의 가운데에서부터 꽃을 붙여
장식해요.

4 빙 둘러 꽃을 붙인 다
음 철사의 양쪽 끝이
맞닿도록 동그랗게 구
부려 끝과 끝을 꽃테이
프로 감아 고정시켜요.

5 리본을 달아 예쁘게 마
무리해요.

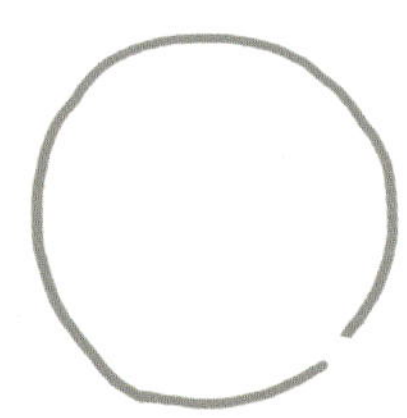

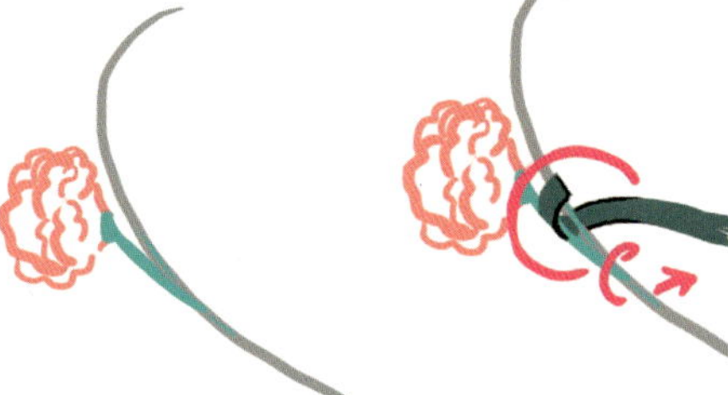

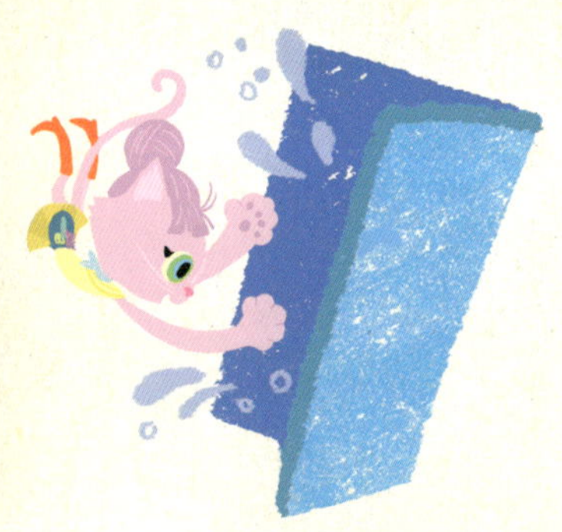

HOT! 뜨거운 여름엔 COOL~ 헤어스타일

더운 여름엔 뭐니 뭐니 해도 시원한 게 최고예요. 여름을 시원하게 만드는 쿨한 헤어스타일은
어떤 것이 있을까요? 시원한 파도 소리를 떠올리며 친구랑 함께 추억을 만들어요.

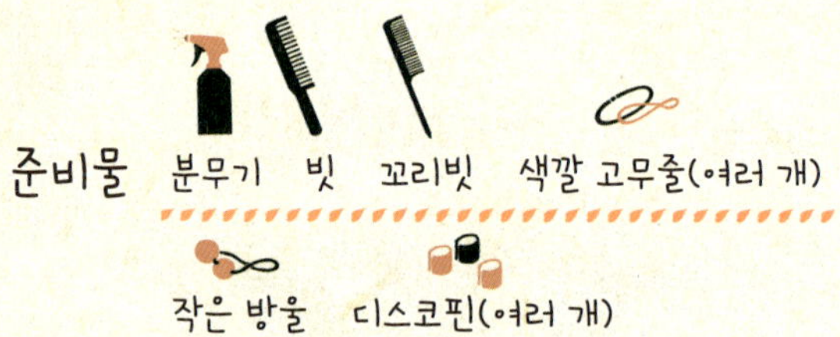

야구모자 헤어스타일

1 분무기와 빗으로
머릿결을 정리해
포니테일 해요.

2 꼬리빗을 이용해 포니테일
한 머리카락을 조금씩 떠
서 스타일링 해요.

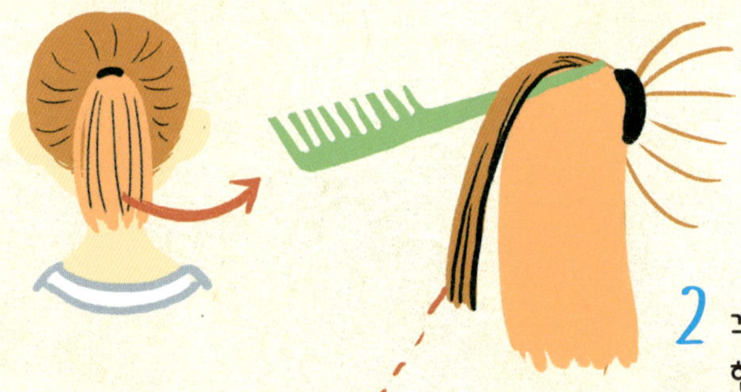

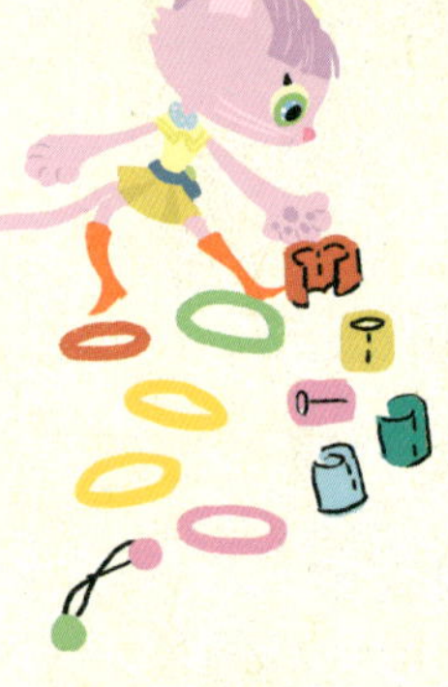

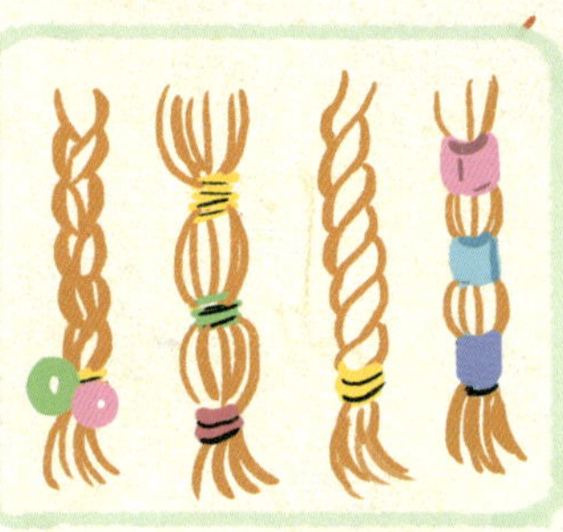

3 각각의 가닥은 세 줄 땋기 해 방울로 묶거나 중간 중간
고무줄이나 디스코핀으로 묶기, 꼬아서 묶기 등등으로
그림처럼 예쁘게 꾸며요. 모자 뒤쪽에 난 구멍으로 포
니테일 한 머리채를 빼내 깔끔하게 정리해요.

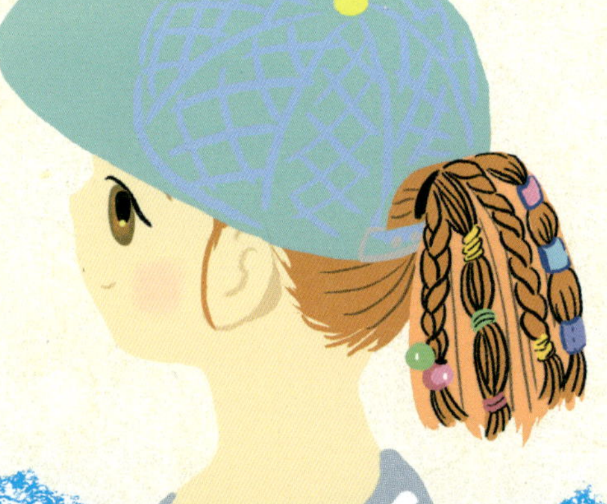

소라껍질로 꾸미기

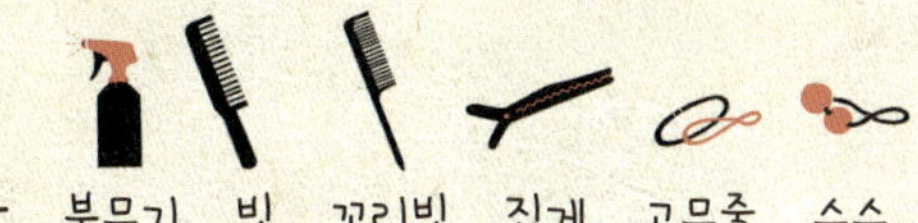

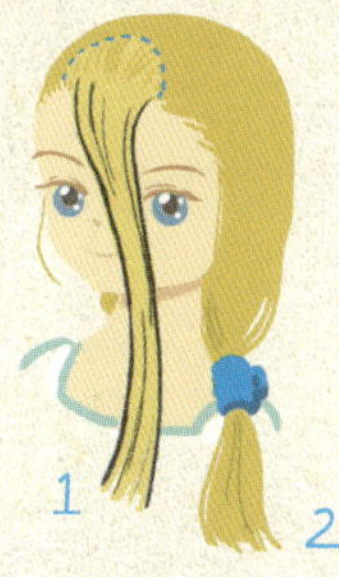

1 가지런히 빗질하고 분무기로 물을 살짝 뿌려 머릿결을 정리해요. 이마와 정수리 부분 앞머리(1)를 나누고 나머지 머리(2)는 한쪽 옆으로 모아 내려 집게로 고정시켜요.

2 나누어놓은 앞머리는 세 줄 땋기 해 집게로 고정시켜요.

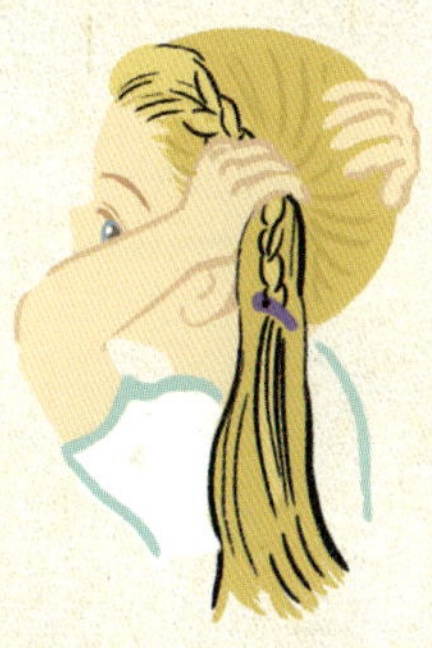

3 땋은 머리와 남겨놓았던 머리(2)를 합쳐 얼굴 옆쪽에 올려 묶어요.

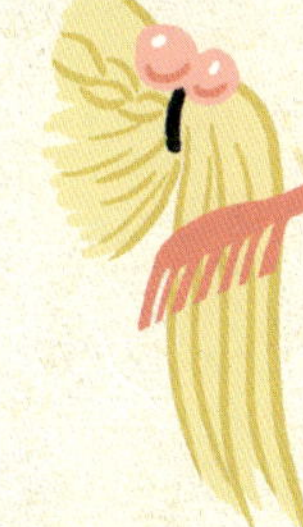

4 집게를 빼고 묶은 머리채 전체를 잘 빗어요.

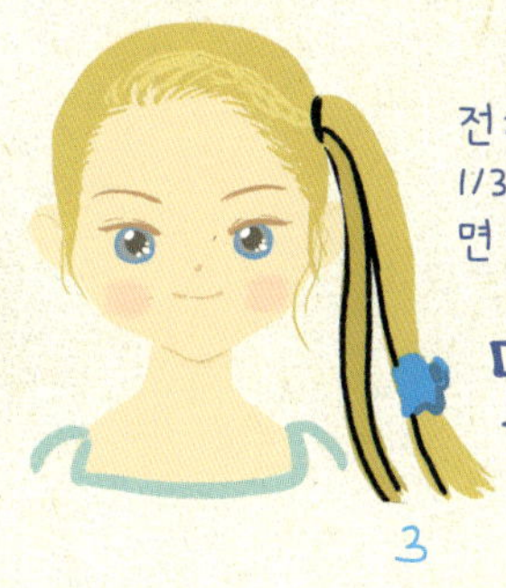

전체 머리숱의 1/3 정도를 빼내면 알맞아요.

5 포니테일 한 머리카락 아래쪽에서 일부를 빼내고 나머지는 집게로 고정시켜요.

6 빼낸 머리(3)를 세 줄 땋기 해 집게로 고정시켜요.

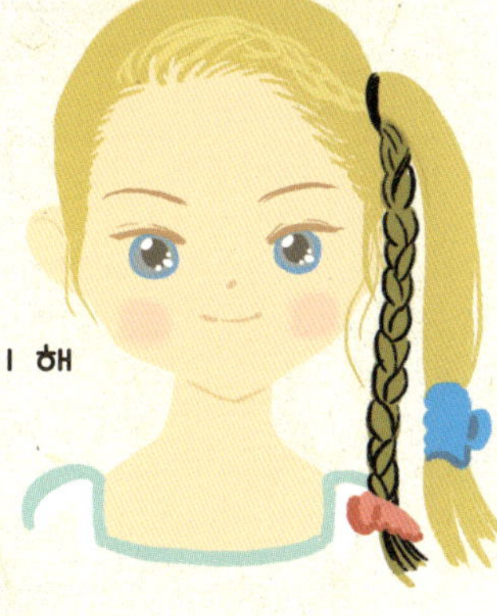

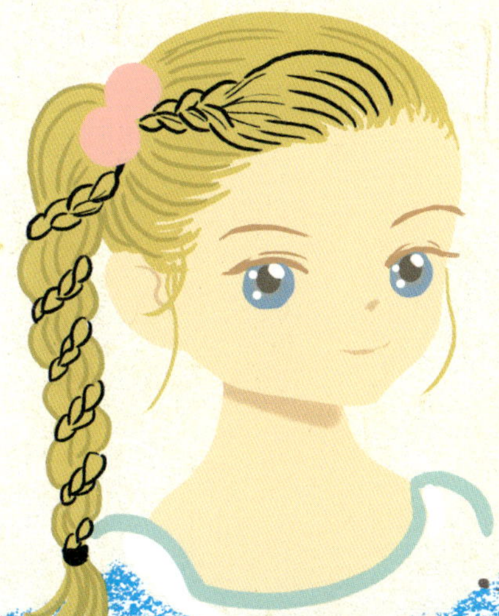

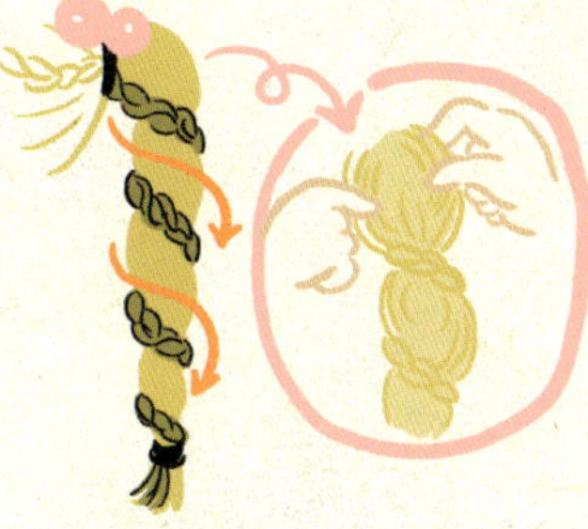

7 포니테일 한 머리채를 잡고 땋은 가닥과 서로 감싸듯이 사선으로 꼬아요. 끝을 합쳐 고무줄로 묶고 중간 중간 머리카락을 조금씩 빼내 그림처럼 모양 잡아요.

4가지 색깔 리본으로 꾸미기

머리카락 전체를 넷으로 나누어 묶어 머릿속까지
시원해지는 스타일이에요!

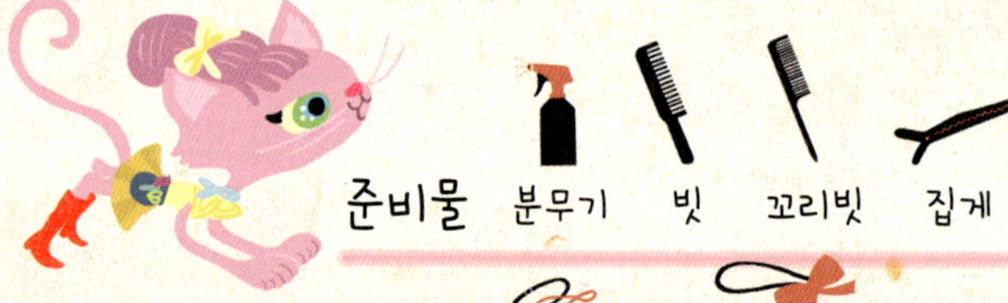

1 가지런히 빗질하고 분무기
로 물을 살짝 뿌려 머릿결
을 정리해요.

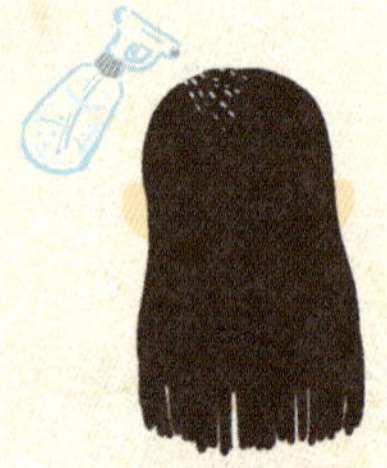

2 먼저 가운데 가르마를 타서
세로 나누기(p.16 참고) 하
고 양 갈래는 각각 집게로
고정시켜요.

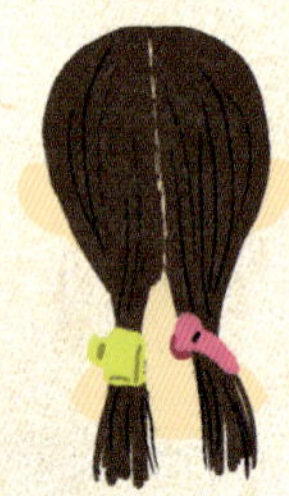

3 한쪽 집게를 풀어 귀 시작점부터
정수리 부근까지 가르마를 탄 다음
가로 나누기(p.17 참고) 해 집게
로 고정시켜요. 반대쪽도 같은 방
법으로 나누고 집게로 고정시켜요.

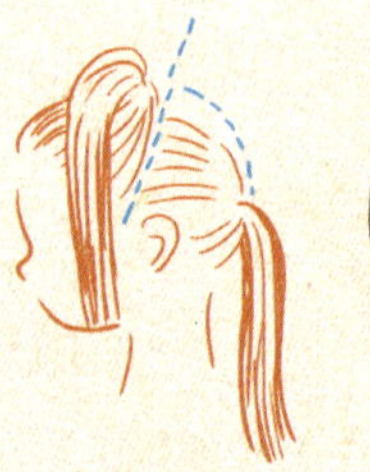

4 3, 4 구획부터 하나씩
묶어요.

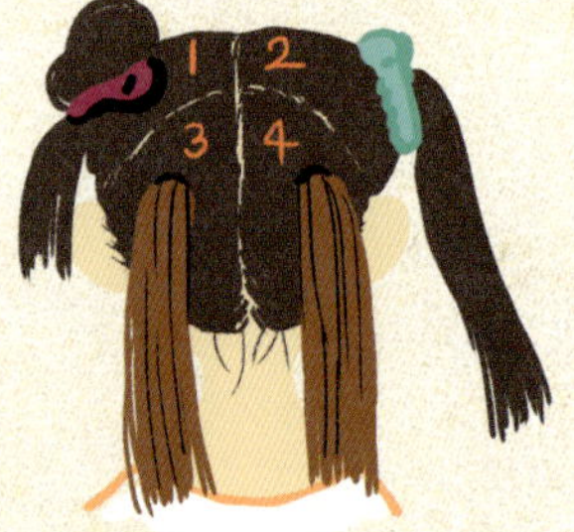

5 위아래가 나란하고 좌우 대칭이 되
는 위치에 네 곳을 모두 묶어요.

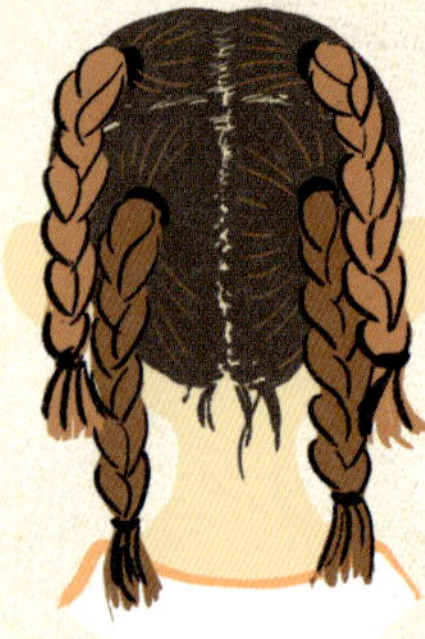

6 네 가닥 모두 세 줄 땋기 해 고무줄로 묶어요.

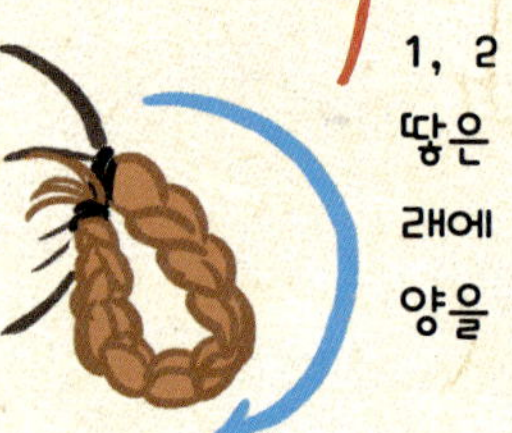

7 1, 2 구획부터 스타일링 해요.
땋은 머리카락 끝을 고무줄 아
래에 끼워 넣어 둥근 고리 모
양을 만들어요.

8 리본 달린 고무줄로
위를 한 번 더 묶어
예쁘게 꾸며요.

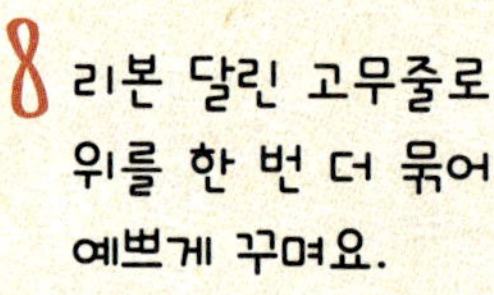

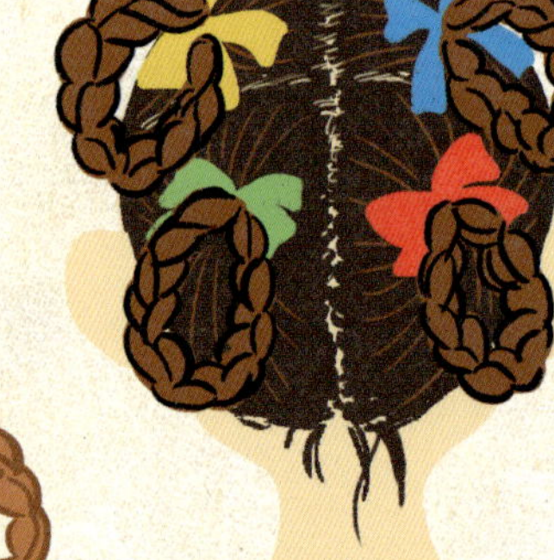

준비물 분무기 빗 꼬리빗 고무줄
실핀 장식 핀 3개

폭죽 헤어

팡! 팡! 여름밤 폭죽놀이가 떠오르는 스타일이에요!
머리카락 끝을 백 코밍 해서 화려하지요.

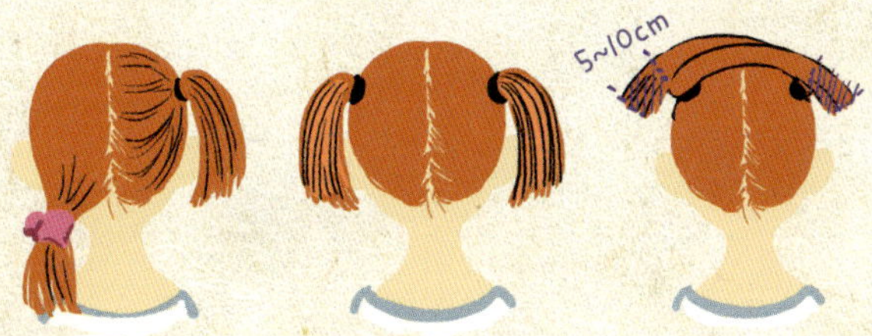

1 가지런히 빗질하고 분무기로 물을 조금 뿌려
머릿결을 정리해요. 세로 나누기(p.16 참고)
한 다음 한쪽은 집게로 고정시키고 다른 한
쪽은 옆머리에 올려 묶어요.

2 양쪽 모두 묶고 각각 세 줄 땋기 해 고무줄로 묶어요.

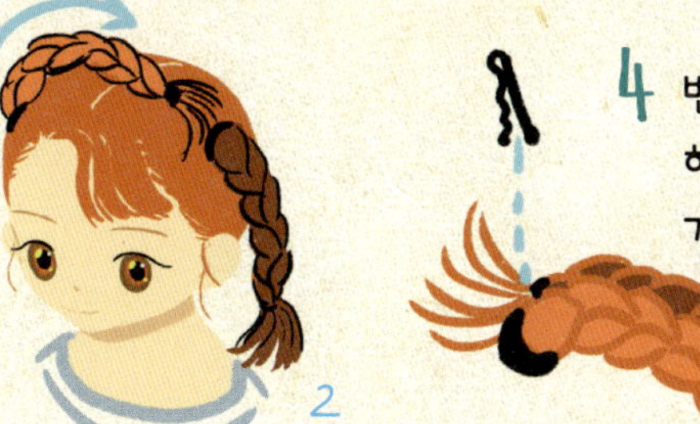

3 한쪽 땋은 가닥을 반대쪽 머리
묶은 곳 앞으로 넘겨 실핀으로
고정시켜요.

4 반대쪽도 같은 방법으로
해 정수리 쪽에서 양 갈래
가 교차하도록 해요.

5 머리카락 끝부분을 각각
백 코밍(p.47 참고)
해서 부풀려요.

이 모양이 흐트러지지 않도
록 하려면 헤어스프레이를
살짝 뿌려 주세요.

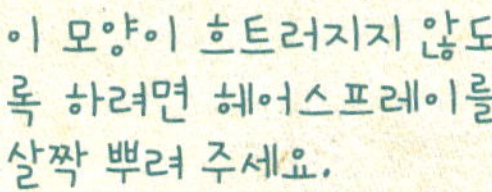

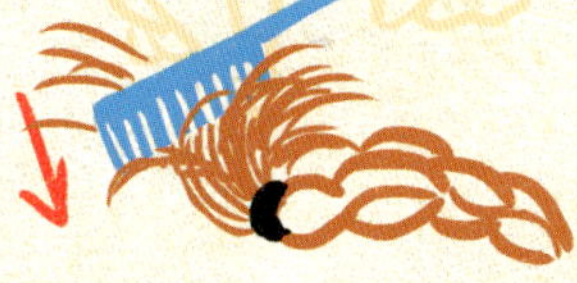

6 고무줄이 보이지 않도록 양쪽에 예쁜
핀을 꽂아요. 앞머리가 있으면 뒤로
넘겨 핀으로 장식해 완성하세요.

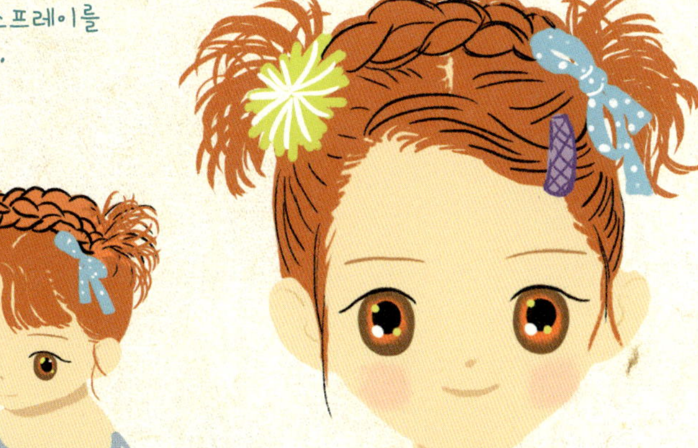

헤어밴드 만들기

그물 헤어밴드

준비물 그물 모양 리본(폭 6cm), 8자 고무줄, 마스킹테이프, 가위

1 그물 모양 리본을 40cm 길이로 잘라요.

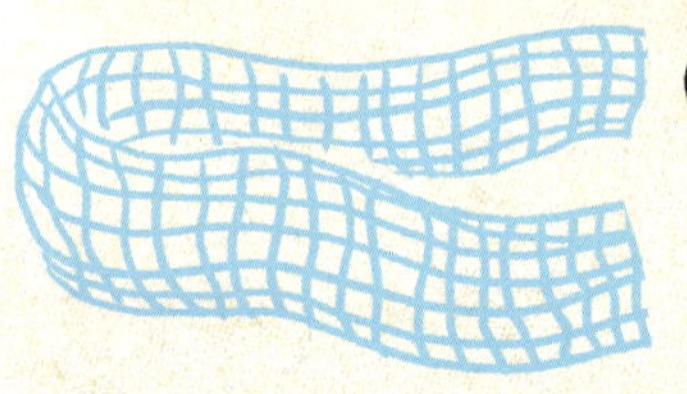
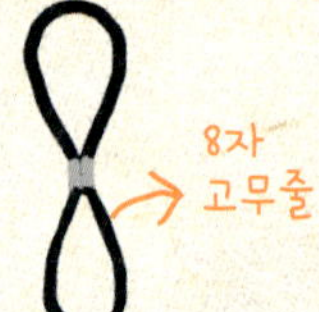

2 리본 양쪽 끝에 8자 리본의 양쪽 끝을 각각 대고 리본으로 감싸요.

3 마스킹테이프로 감아 고정시켜요.

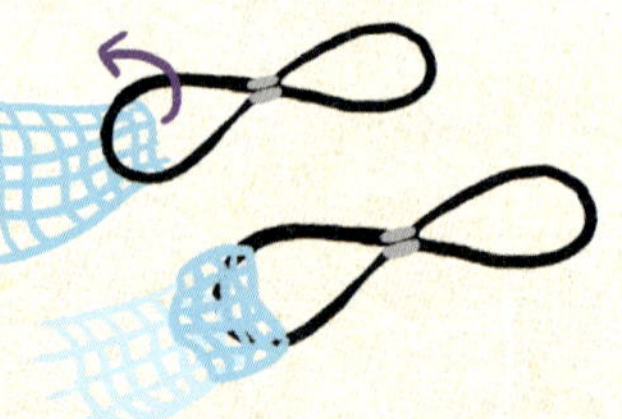

심플한 헤어밴드가 심심하다면 시원한 장식을 만들어 꾸며 볼까요?

열대어 장식 만들기

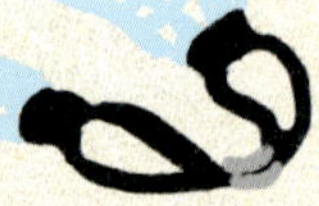

준비물 조각 펠트, 망사 천, 스팽글, 반짝이 풀, 글루건, 일자 모양 핀대 1개, 실, 바늘, 가위

1 펠트를 물고기 모양으로 오려 2장 준비해요. 망사 천은 지느러미 모양으로 잘라요.

2 물고기 모양 펠트 1장에 핀대를 바느질해 고정시켜요.

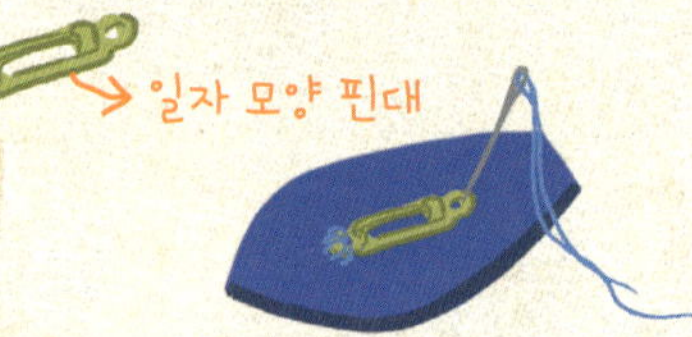

3 또 다른 물고기 모양 펠트에 글루건으로 망사 지느러미를 붙여요.

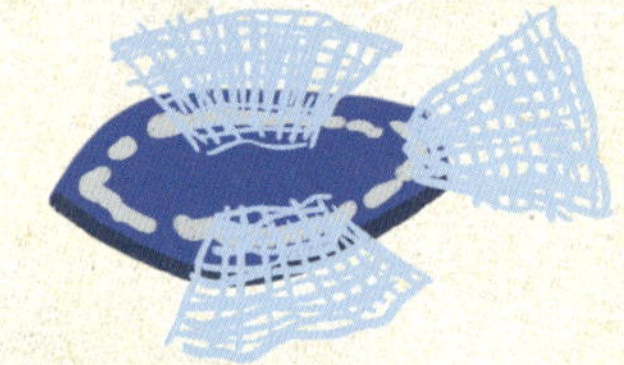

4 2장의 펠트를 마주 붙여요. 글루건을 이용하면 돼요.

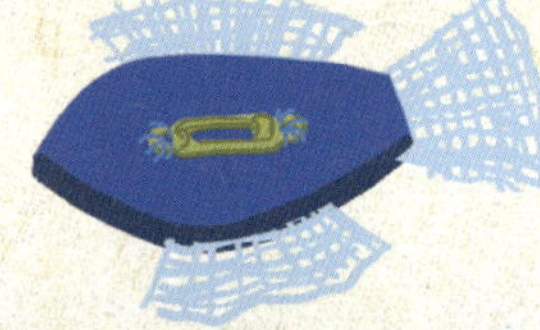

5 앞면이 될 물고기 모양 펠트를 반짝이 풀로 꾸며요. 풀이 마르기 전에 스팽글을 붙여 화려한 비늘을 만들어요.

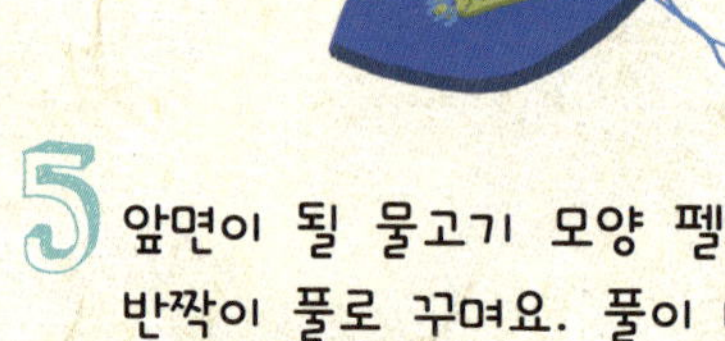

6 풀이 완전히 마르면 만들어 놓은 그물 헤어밴드에 붙여 장식해요.

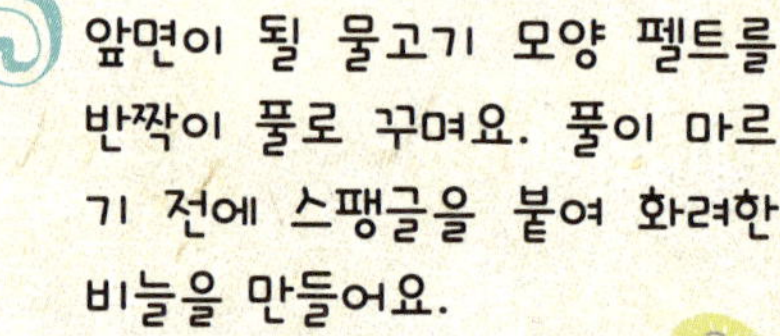

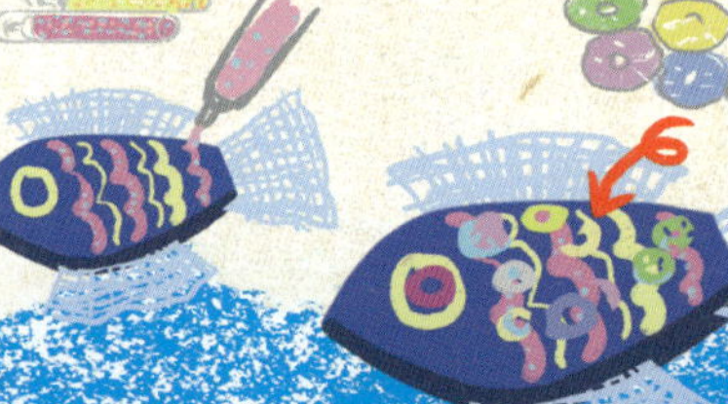

레이스 헤어밴드

1 너비가 있는 레이스 리본을 준비해 35~40cm 길이로 잘라요.

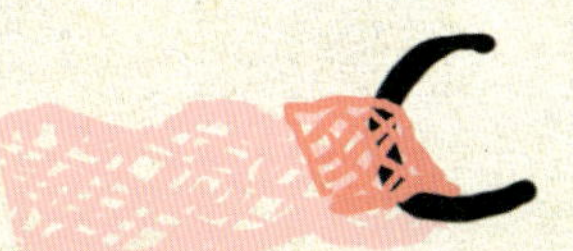

2 리본 양쪽 끝에 8자 리본 고무줄의 양쪽 끝을 각각 대고 리본으로 고무줄을 감싸요.

3 낚싯줄로 묶거나 실로 꿰매면 완성!

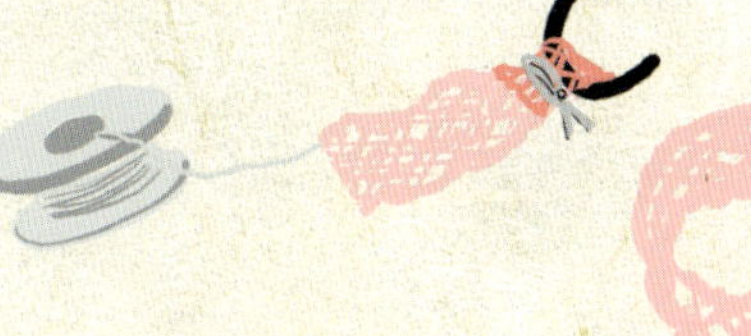

양면테이프가 있으면 고정시켜도 좋아요.

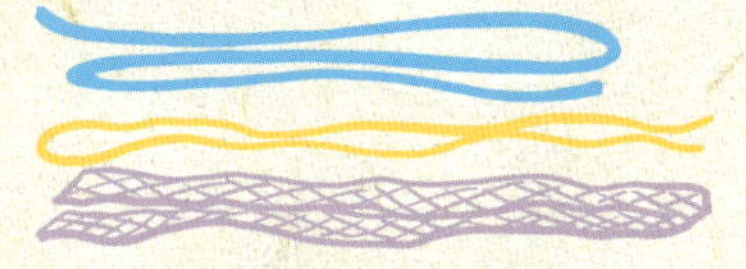

세 줄 땋기 헤어밴드

1 세 종류 천 또는 리본을 준비해요. 각각 35cm 길이로 잘라요.

2 세 줄을 모아 링 고무줄 한곳에 묶어요.

3 마스킹테이프로 2에서 묶은 곳을 감싸 붙여요.

4 길게 세 줄 땋기 해요. 3과 같이 링 고무줄에 고정시켜요.

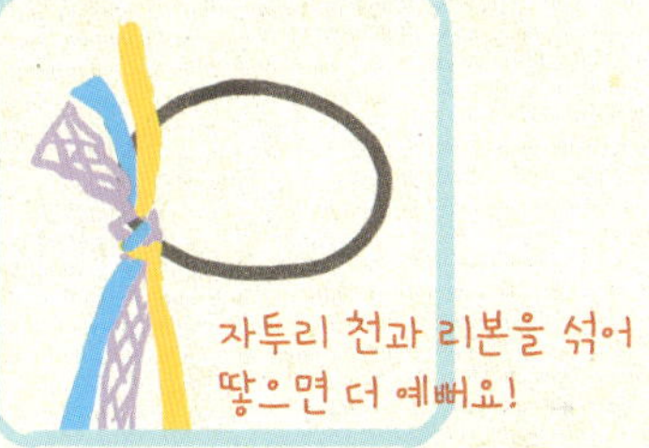

자투리 천과 리본을 섞어 땋으면 더 예뻐요!

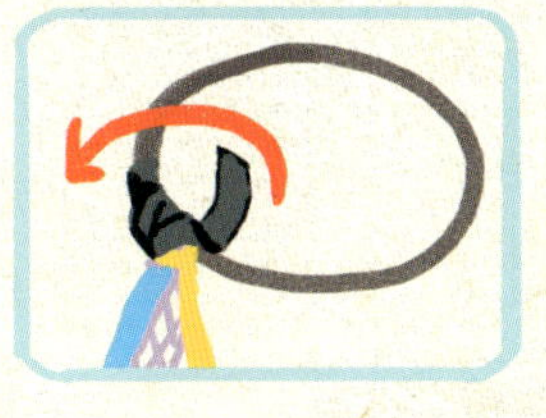

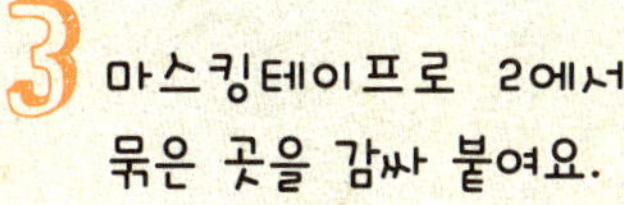

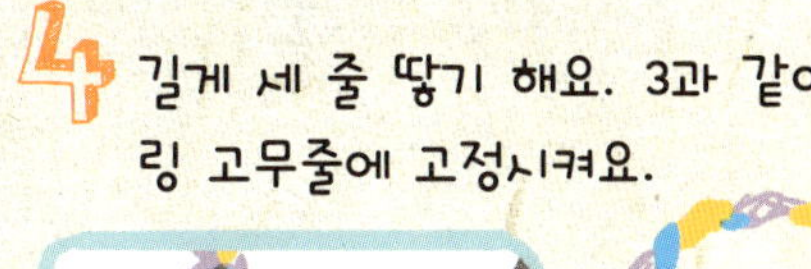

강이나 바닷가에서 주운 자갈돌로 인형을 만들어 보아요!

강이나 바다에 갔을 때 주워 온 돌맹이로 인형을 만들어 보세요. 물감으로 그림을 그리거나 예쁘게 색칠해서 간직하고 싶은 나만의 인형을 만들어요.

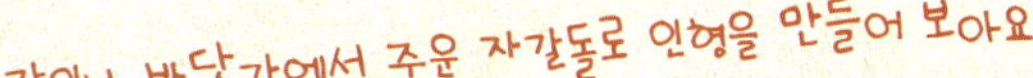

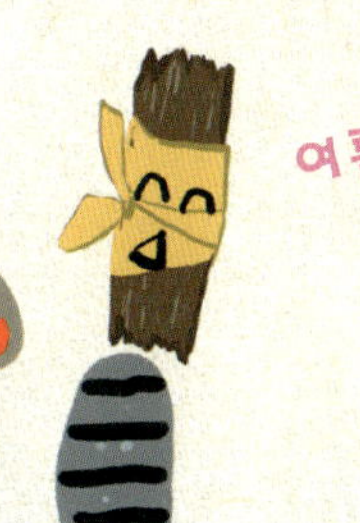

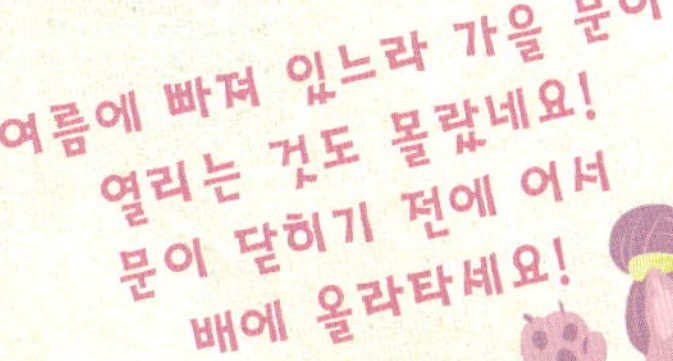

여름에 빠져 있느라 가을 문이 열리는 것도 몰랐네요! 문이 닫히기 전에 어서 배에 올라타세요!

가을이 오면~ 감성 소녀 헤어스타일

울긋불긋 낙엽이 물든 가을이에요. 신 나게 뛰놀던 여름이 지나고 나니 어쩐지 감성이 풍부해져요. 특별한 헤어스타일로 분위기 한 번 바꿔 볼까요?

가을나무 헤어스타일

1 가지런히 빗질하고 분무기로 물을 살짝 뿌려 머릿결을 정리해요.

2 양쪽 관자놀이 부분의 머리카락을 각각 3등분해 여섯 갈래로 나누어요.

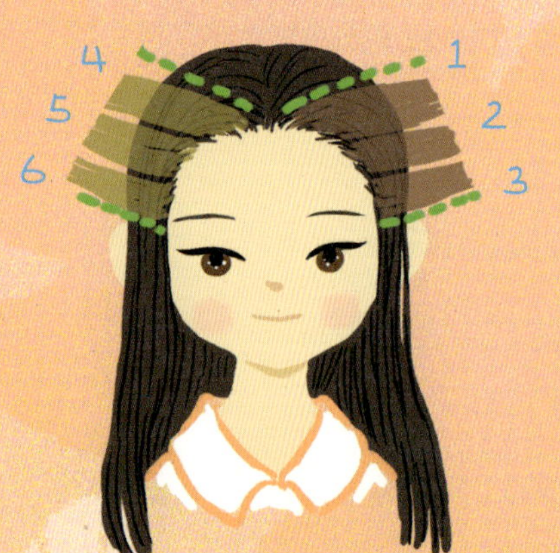

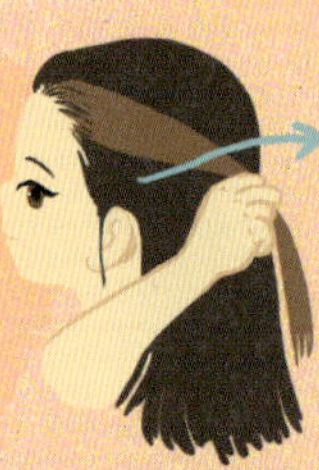

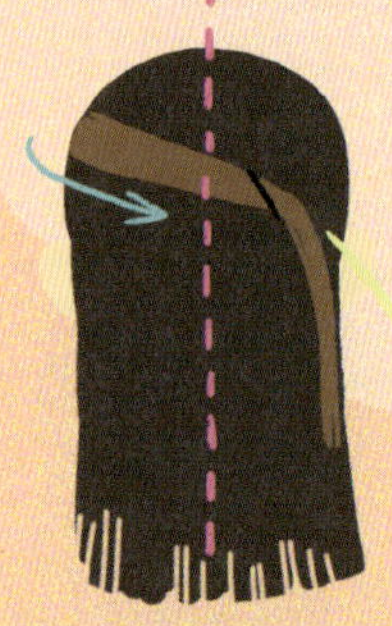

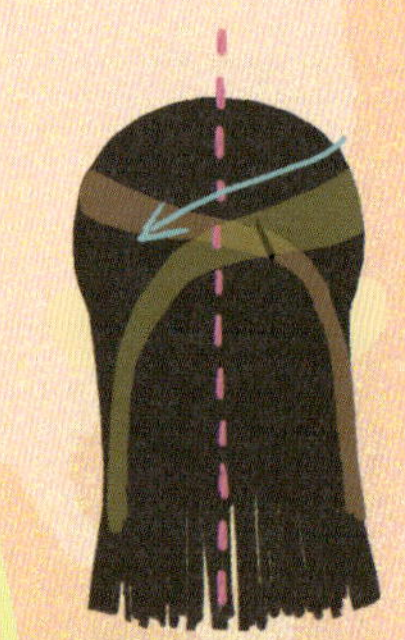

3 1번 가닥을 뒤로 돌려 실핀으로 고정시켜요.

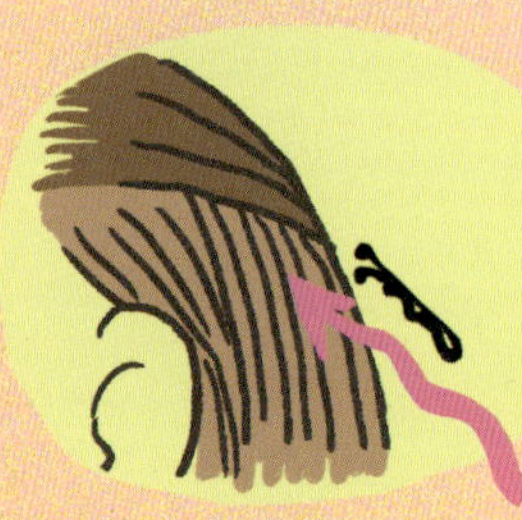

핀은 아래에서 위로 찔러 꽂아요. 일자로 꽂으면 빠지기 쉬우니 사선으로 꽂도록 해요.

4 4번 가닥을 뒤로 돌려 3에서 꽂은 핀을 덮고 실핀으로 고정시켜요.

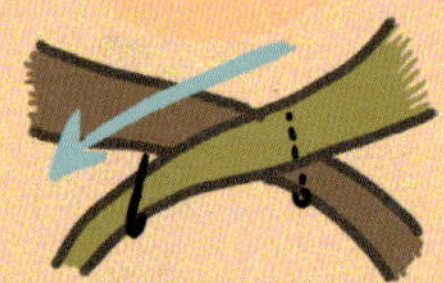

스프레이 없이 핀 고정시키기 - 바느질 하듯이 위아래로 움직이며 꽂아요.

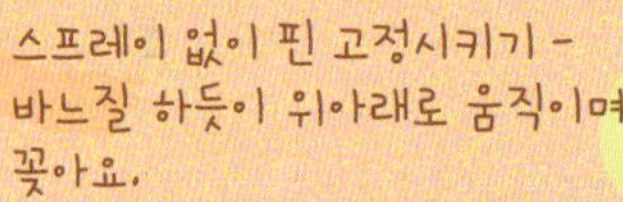

5 다시 2번 가닥을 뒤로 돌려 4에서 꽂은 핀을 덮고 실핀으로 고정시켜요.

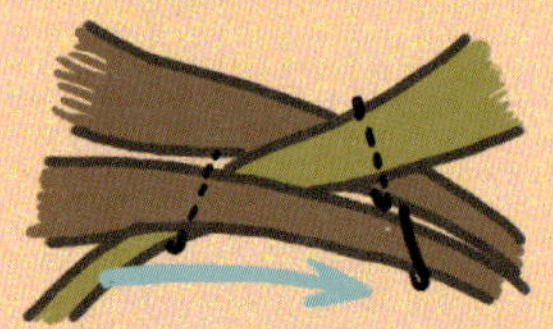

핀은 사선으로 꽂아요.

6 남은 가닥도 같은 방법으로 반복해서 모양내고 마무리해요.

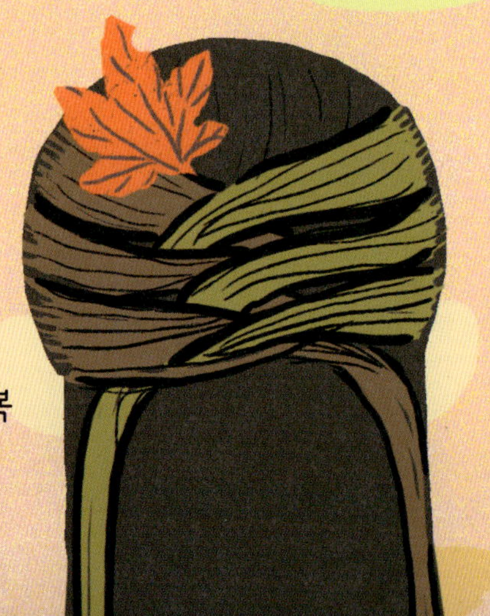

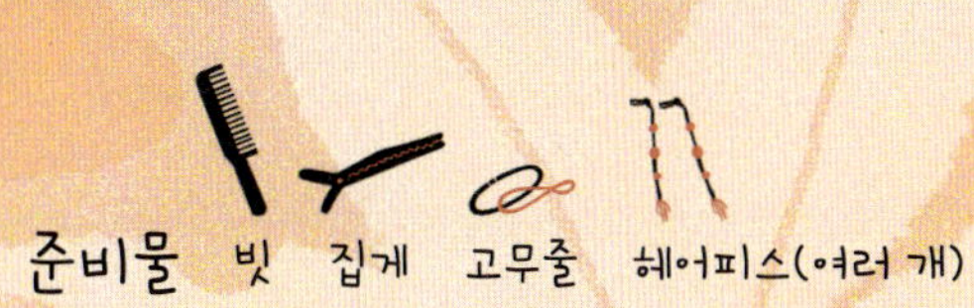

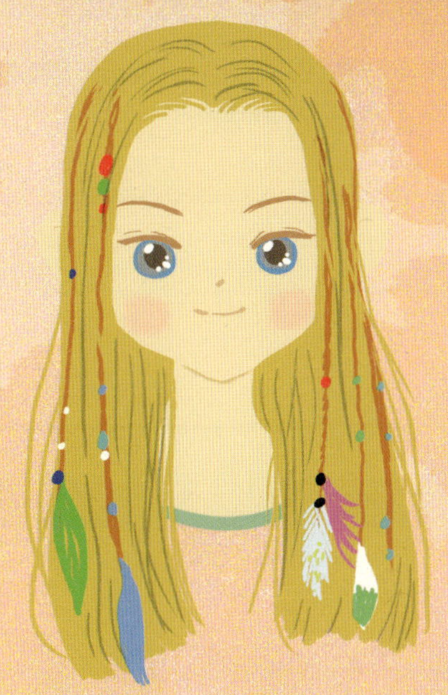

히피 헤어스타일

1 빗질로 머릿결을 정리해
   요. 이마에서 정수리까지
   그림처럼 양쪽으로 가르마
   를 타고 나눈 머리카락을
   가운데로 모아요.

2 나누어놓은 머리카락이 흐
   트러지지 않도록 비틀어서
   앞머리 쪽에 집게로 고정시
   켜요. 나머지 머리도 스타
   일링 할 부분을 제외하고는
   집게를 꽂아두세요.

3 양쪽 가르마 아래에서 각각
   너비 1~1.5cm 정도로 머
   리카락을 잡아요.

4 빼서 잡은 양 갈래를 뒤통
   수 가운데에서 모아 쳐지지
   않도록 당겨 묶어요.

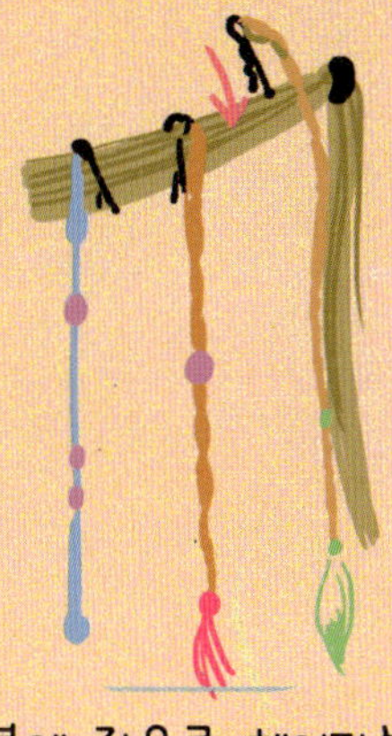

5 묶은 부분에 좌우로 헤어피스를 원하는
   개수만큼 꽂아요.

6 앞머리 쪽에 꽂아놓았던 집게를 빼서 머
   리카락으로 헤어피스 위를 자연스럽게
   덮어요. 아래쪽에 꽂았던 집게도 빼고 마
   무리해요.

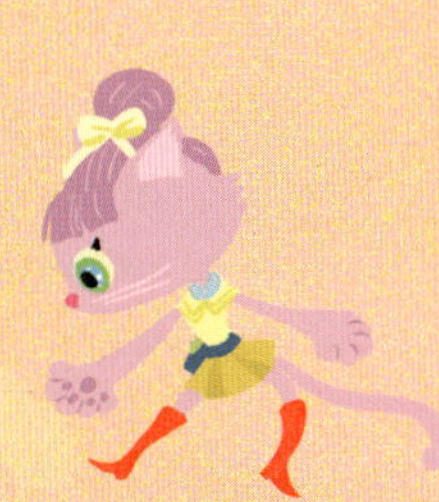

저는 가을이 제일 좋아요!
어떤 계절보다 화려한 색
들이 넘쳐나요.
여기 떨어진 낙엽으로
머리를 꾸며 볼까요?

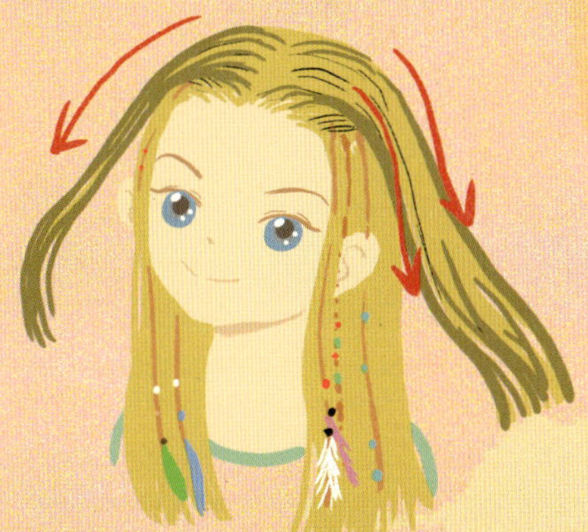

히피 스타일 액세서리 만들기

깃털 장식 헤어피스

1 준비한 줄을 머리카락 길이의 2배가 되도록 잘라요. 같은 길이로 3줄을 준비해요.
서로 다른 종류의 줄을 준비해도 좋아요.

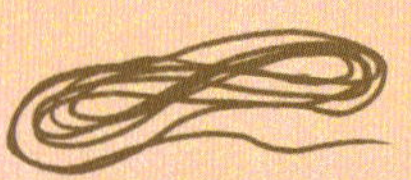

준비물 실핀 또는 중핀, 가죽 또는 면 소재 줄, 비즈, 깃털 또는 나뭇잎, 물감, 붓, 압정 3개, 마스킹테이프, 가위

2 압정 3개를 테이블에 나란히 꽂고 1줄씩 걸쳐요. 줄의 중심 부분 (가운데 접힌 부분)이 압정 머리 쪽에 있도록 해요.

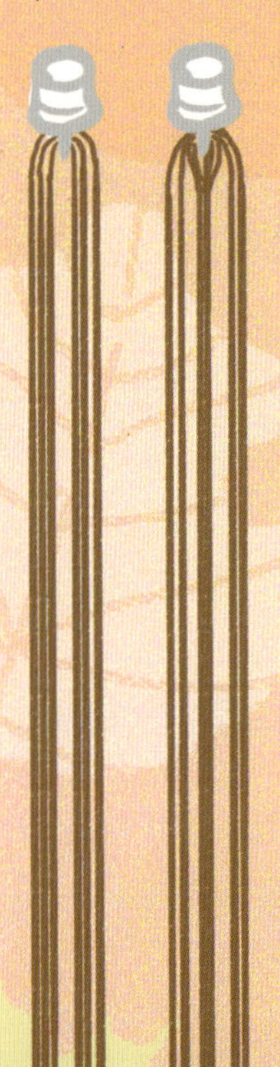

3 6개의 줄을 2줄씩 세 줄로 나누어 세 줄 땋기 해요. 땋아가며 중간 중간 비즈를 끼워 넣어요.

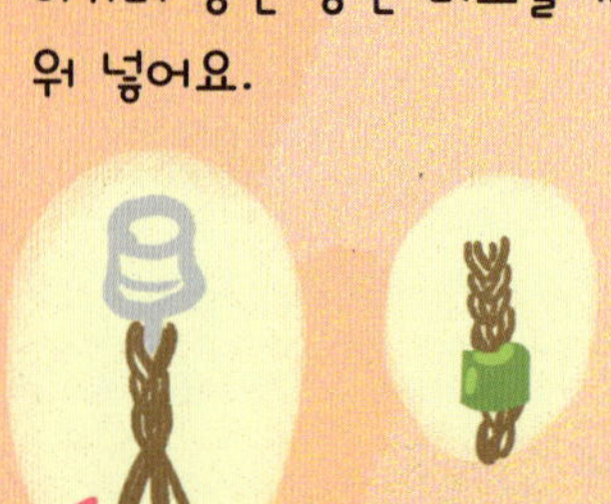

4 다 땋고 나면 줄 끝에 깃털을 끼워 넣고 묶어요.

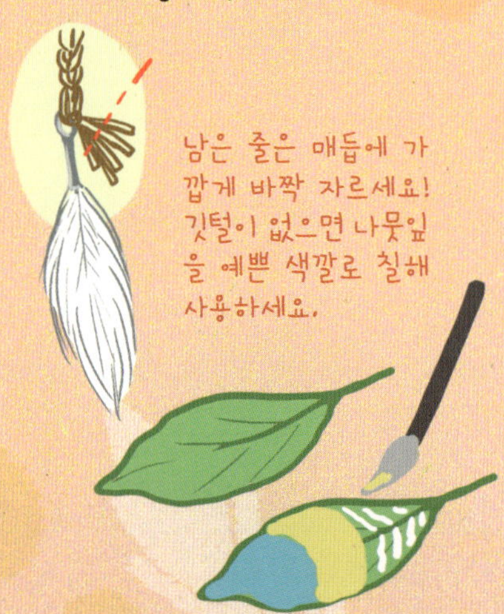

남은 줄은 매듭에 가깝게 바짝 자르세요! 깃털이 없으면 나뭇잎을 예쁜 색깔로 칠해 사용하세요.

5 마스킹테이프로 4의 끝부분을 감싸 마무리해요.

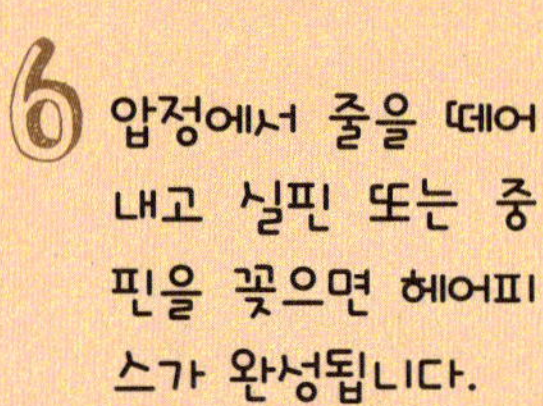

6 압정에서 줄을 떼어내고 실핀 또는 중핀을 꽂으면 헤어피스가 완성됩니다.

구슬 장식 헤어피스

준비물 실핀 또는 중핀, 시드비즈, 원통형 또는 원형 비즈, 우레탄 줄

1 우레탄 줄을 머리 길이에 맞게 잘라요.

2 한쪽 줄 끝을 실핀 머리에 묶어요.

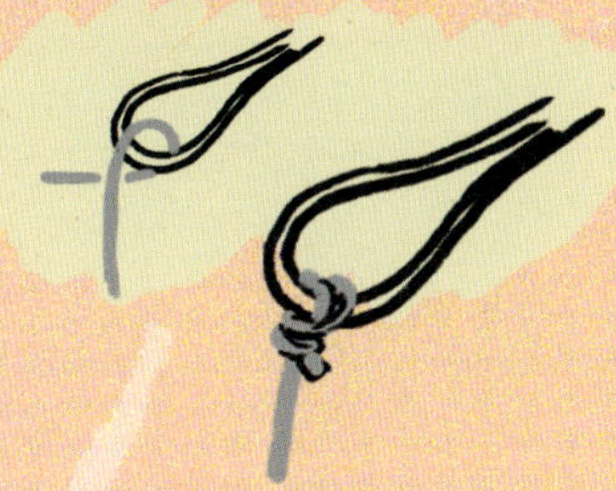

3 여러 가지 구슬을 마음대로 줄에 꿰요.

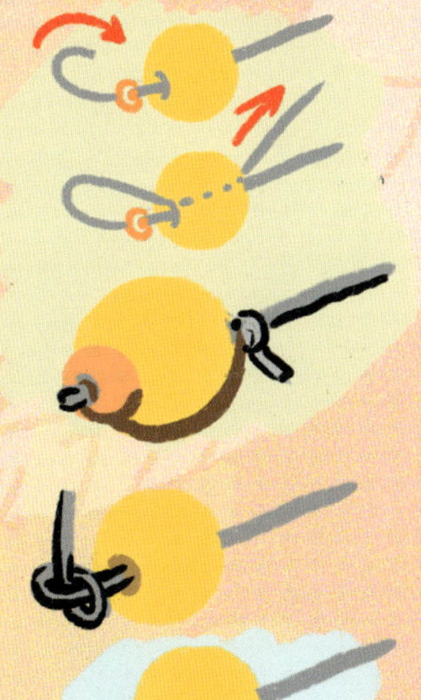

4 줄 끝을 마무리하는 방법이 2가지 있어요.
큰 비즈에 작은 시드비즈를 끼운 다음 줄 끝을 다시 큰 구슬로 되돌아 통과시켜 매듭짓는 거예요.
또 다른 방법은, 구슬을 끼운 줄 끝을 여러 번 매듭지어 묶어 마무리하는 거예요.
쉬운 방법을 선택하세요.

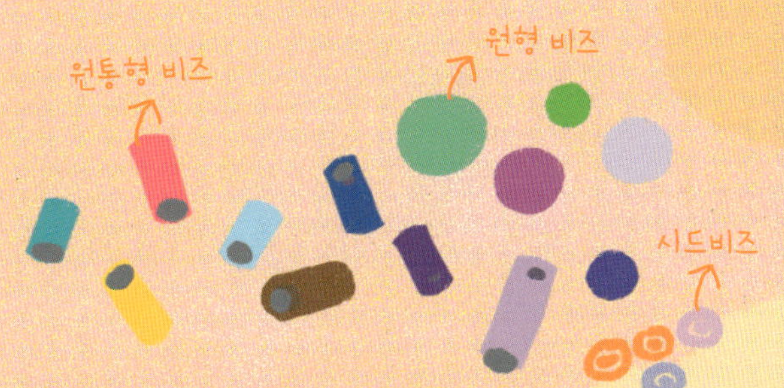

우리는 겨울 문이 열리기 전에 마지막 초대 손님이
사는 곳으로 향했어.
킁킁! 어디서 맛있는 냄새가 나!

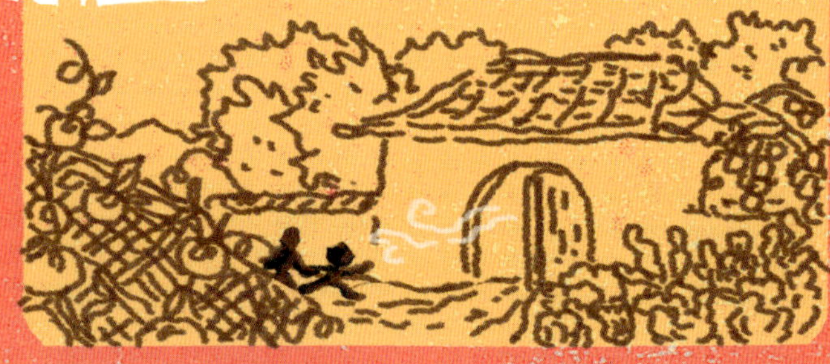

배에서 꼬르륵~ 소리가 났지.
식탁 위에 음식이 가득 차려져 있었어.
하나만 살짝 집어 먹으면 안 될까?

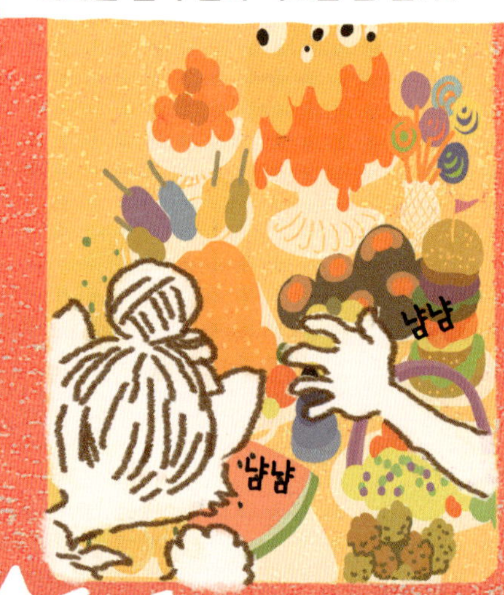

음식을 맛있게 먹고 있는데 어디선가
우렁찬 목소리가 들렸어.

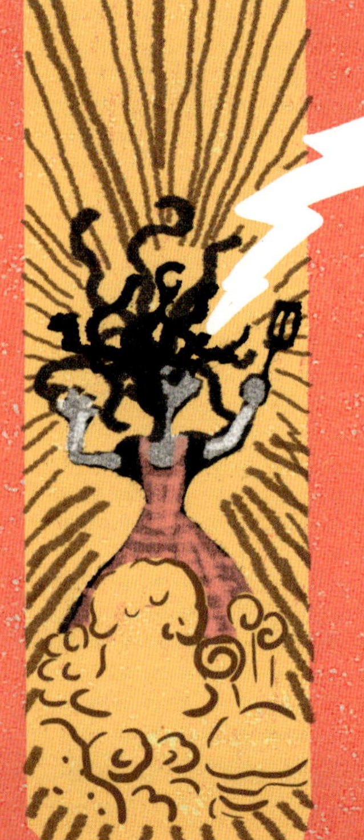

누구야! 누가 생쥐처럼
들어와 훔쳐 먹고 있는 거야?
이건 내 머리들이 먹을 음식이라고!

맛있는 냄새를 맡으니 참을 수가
없었어요.
여왕님이 가면무도회를 연대요.
메두사님을 모시고 가려고
여기까지 힘들게 왔어요.
그러니 제발 용서해 주세요.

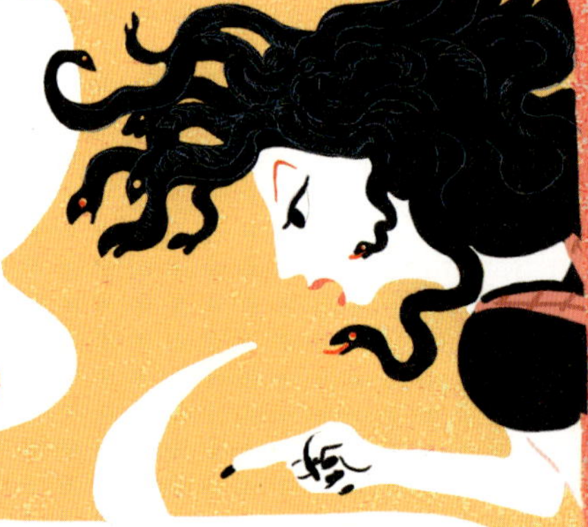

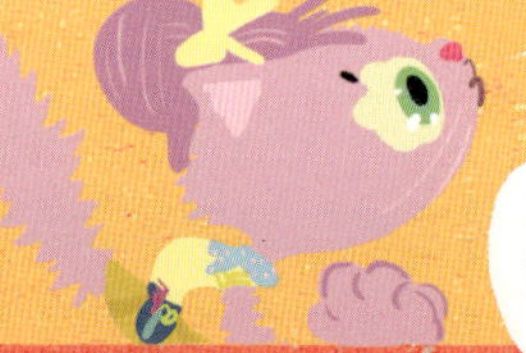

머리카락에게 밥 먹이기

머리카락이 좋아하는 음식은 어떤 것일까요?

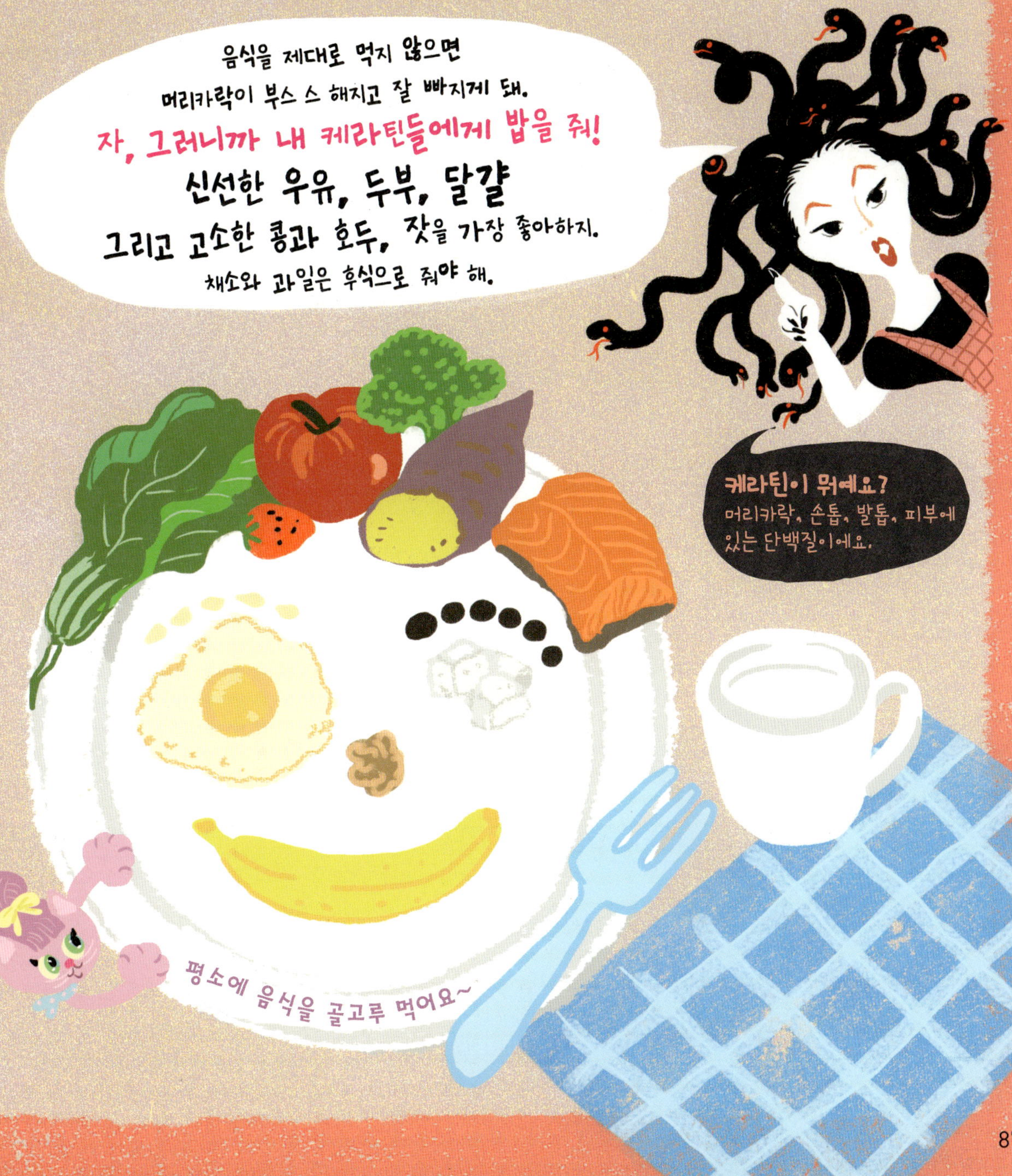

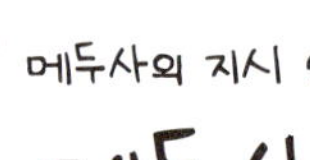

메두사의 손톱을 꾸며라!
셀프 네일 아트

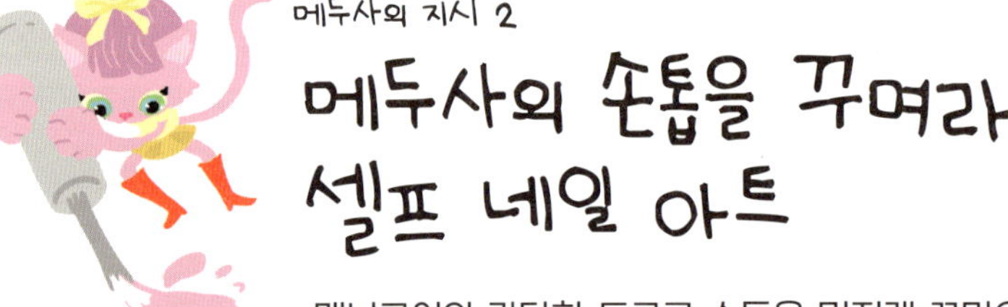

매니큐어와 간단한 도구로 손톱을 멋지게 꾸며요.
손톱을 색칠하고 그림을 그려 넣으며 네일 아티스트가 되어 보세요.
도구를 이용하면 더욱 멋지게 꾸밀 수 있어요.

네일아트에 필요한 도구

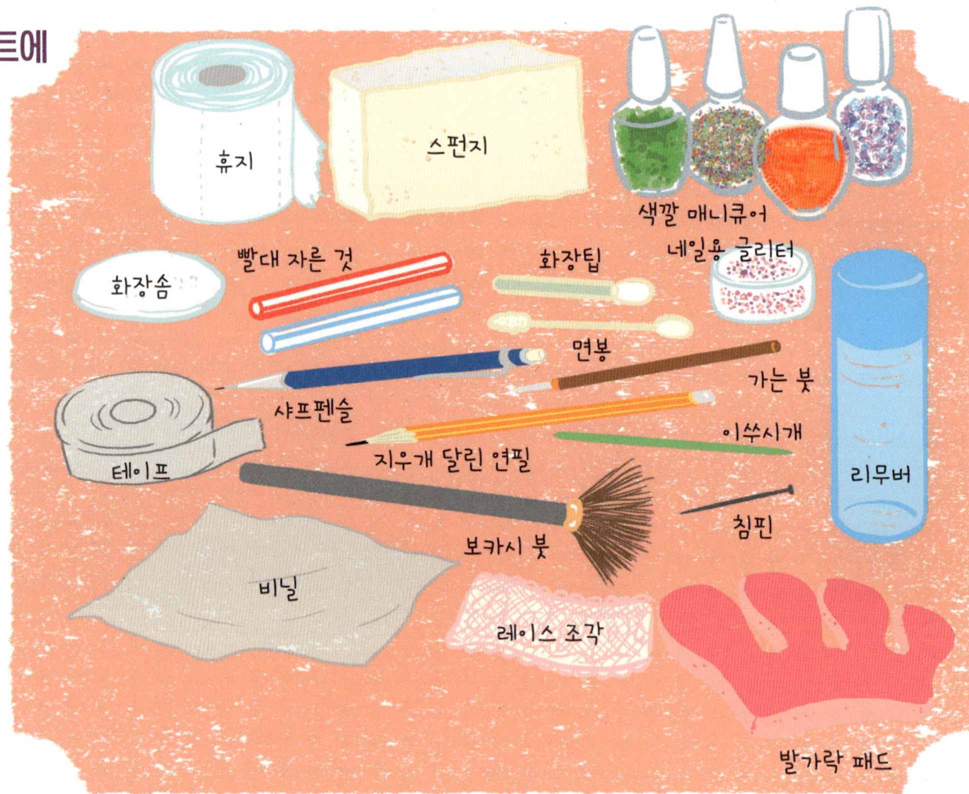

간단한 도구 만들기

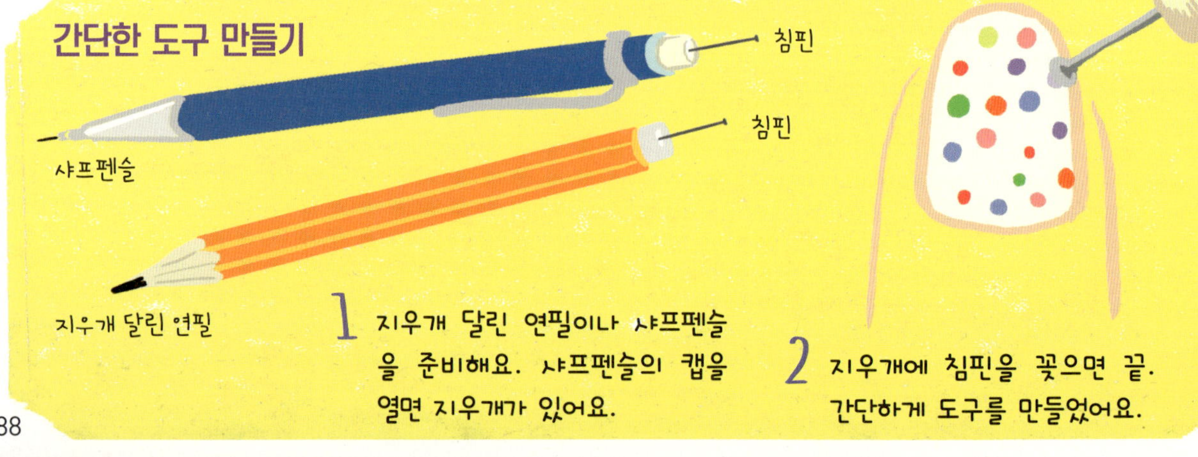

1 지우개 달린 연필이나 샤프펜슬을 준비해요. 샤프펜슬의 캡을 열면 지우개가 있어요.

2 지우개에 침핀을 꽂으면 끝. 간단하게 도구를 만들었어요.

그림 그리기   도트봉(면봉), 침핀, 이쑤시개, 마스킹 또는 스카치테이프

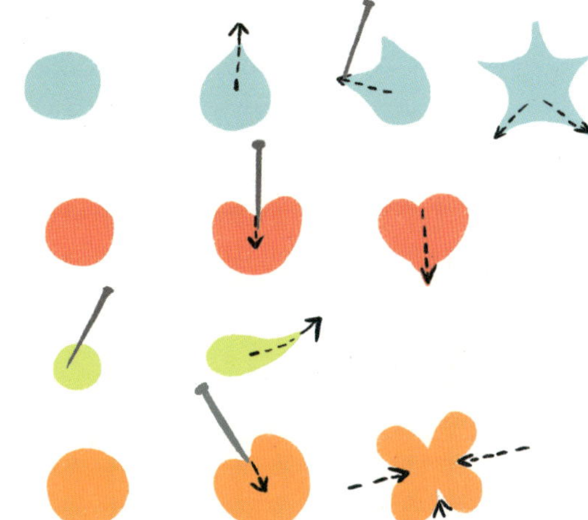

- 매니큐어의 찐득한 성질을 이용해
  재미있는 그림을 그릴 수 있어요.

- 움직이는 해골 네일이에요. 다섯 손가락이
  모여 하나의 그림이 되죠.
  덜그럭~ 덜그럭~ 해골이 움직여요.

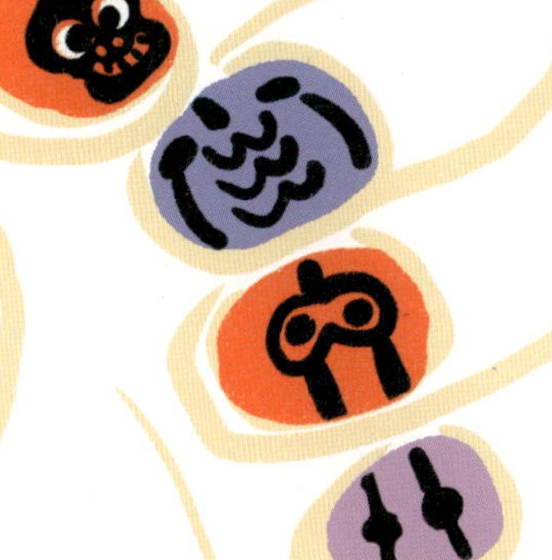

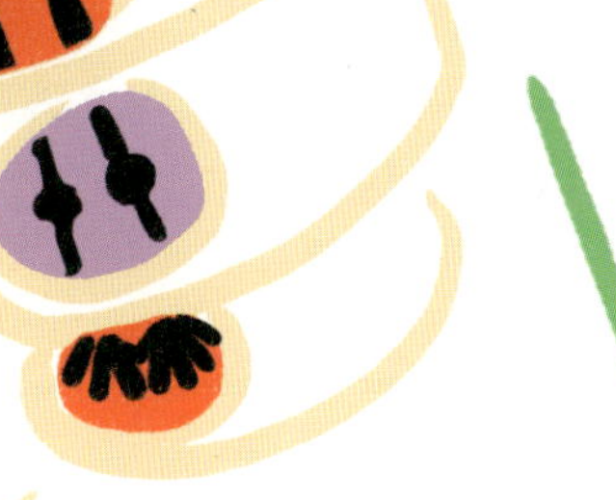

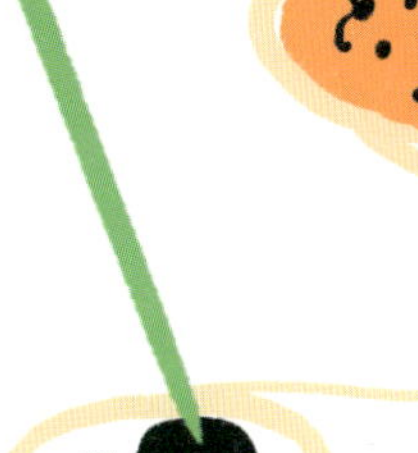

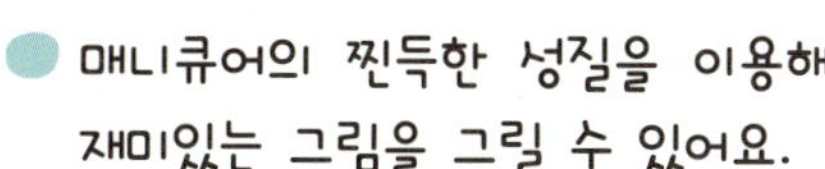

- 다섯 손가락에 각각
  다른 그림을 그려볼
  까요?

- 나눠서 색칠해요. 먼저 테이
  프를 잘라 손톱에 붙인 다음
  매니큐어를 칠하고 테이프를
  떼어 내요. 경계선이 깔끔하
  게 처리되지요?

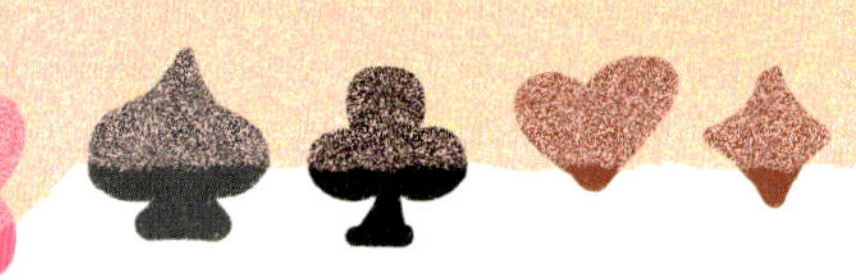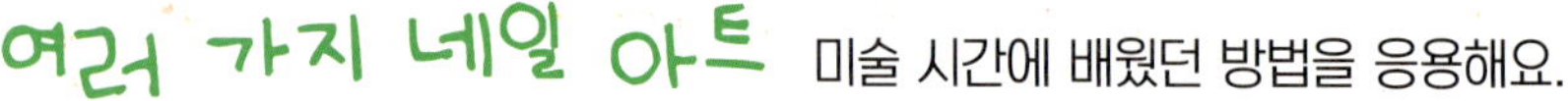

여러 가지 네일 아트 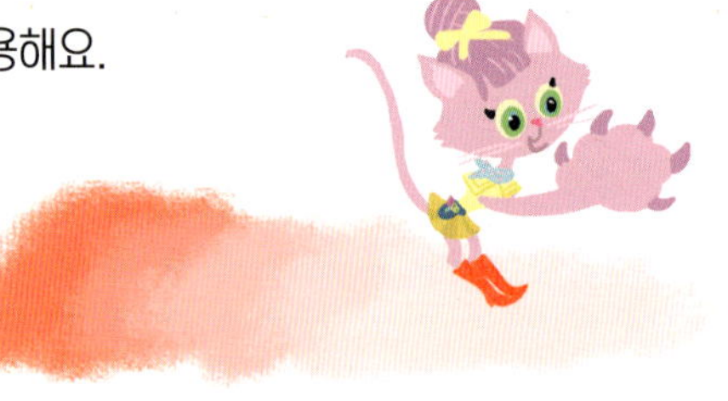
미술 시간에 배웠던 방법을 응용해요.

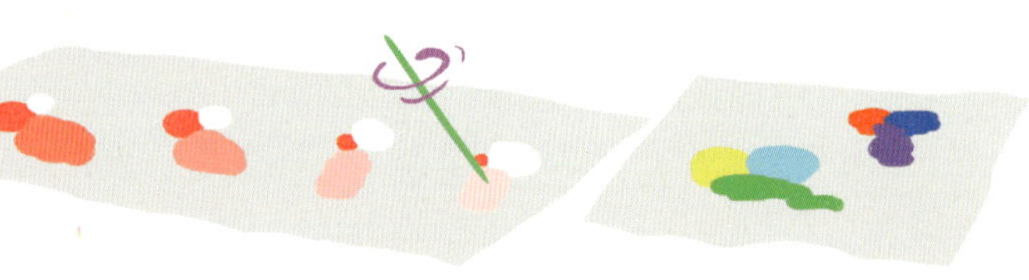

컬러 혼합하기 비닐이나 쿠킹포일을 팔레트로 사용해요. 매니큐어를 섞어서 원하는 색깔을 만들어 봐요. 흰색을 섞으면 부드러운 파스텔 컬러가 되지요. 이쑤시개를 이용하면 편해요.

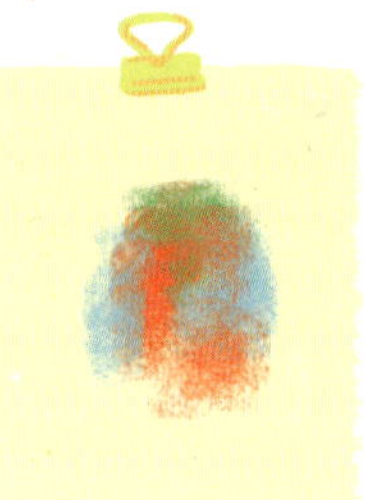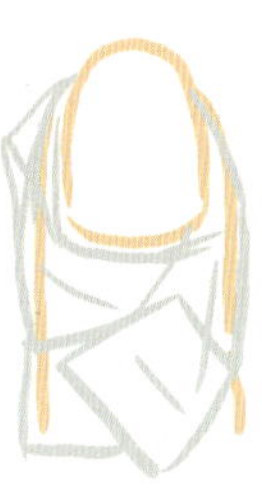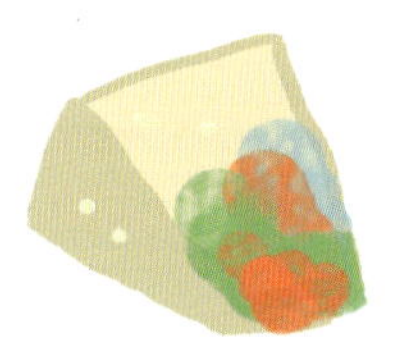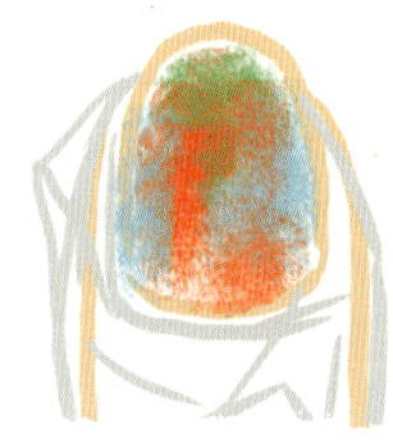

스펀지로 찍기   먼저 손톱 주위를 테이프로 감싸요.   스펀지를 손톱보다 작게 잘라 매니큐어를 묻힌 다음 두들기듯 손톱에 색을 입혀요.   테이프를 떼어 내고, 손톱 주변 피부에 묻은 매니큐어는 면봉에 리무버를 묻혀 닦아요.

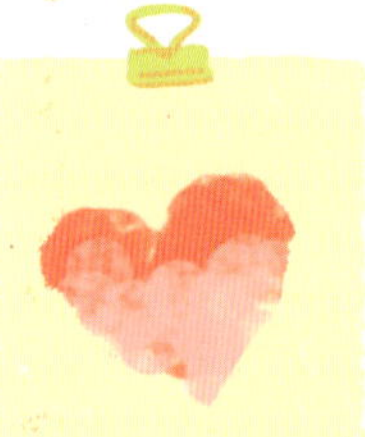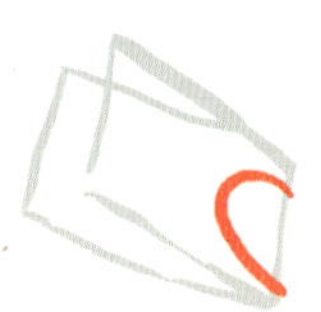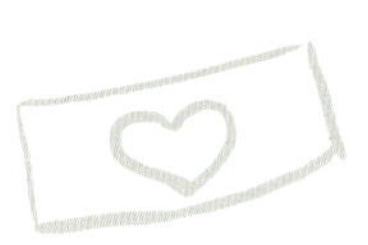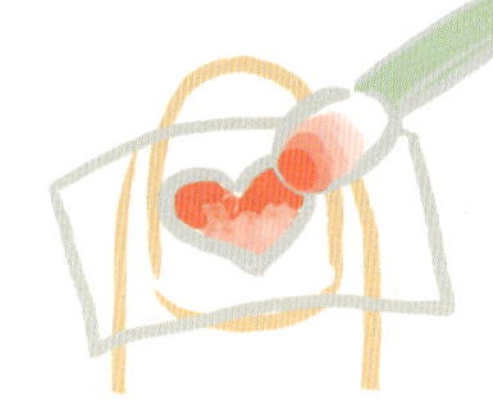

테이프 판화   테이프를 잘라 접착면의 반대쪽으로 접어요.   가위로 동그라미, 네모, 세모, 하트 등을 오려 간단한 모양을 만들어요.   모양내 오린 테이프를 손톱에 붙이고 메이크업용 팁에 매니큐어를 묻혀 테이프에 칠하면 끝!

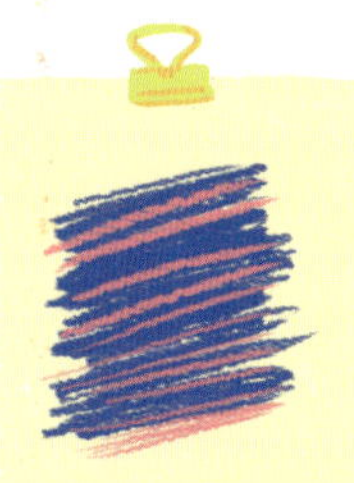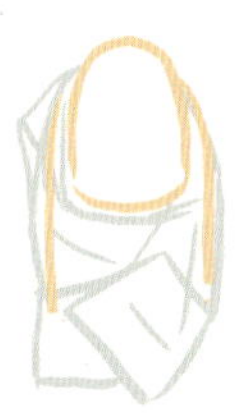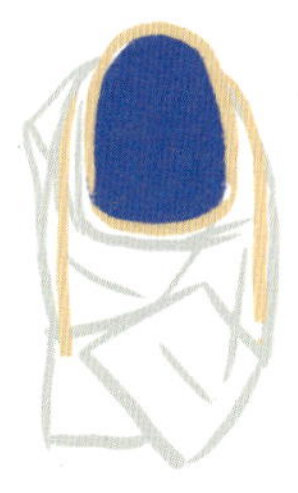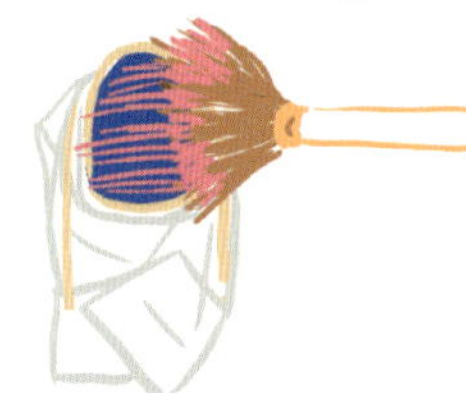

보카시 기법   먼저 손톱 주위를 테이프로 감싸요.   바탕색부터 칠해요. 바탕색을 말려요.   보카시 붓의 털이 성근 부분에 매니큐어를 묻혀 가볍게 칠해요. 꾹꾹 누르지 말고 스치듯이 살살 칠해요.

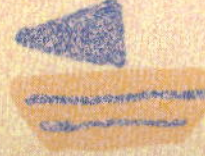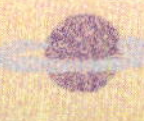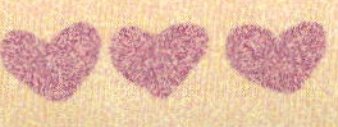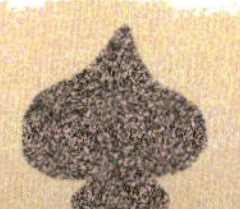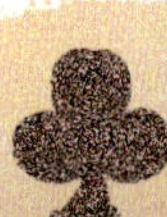

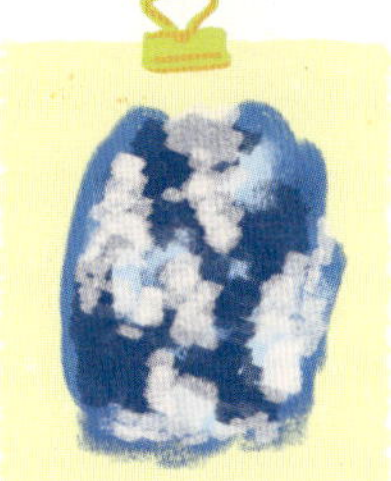
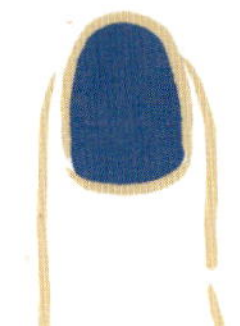
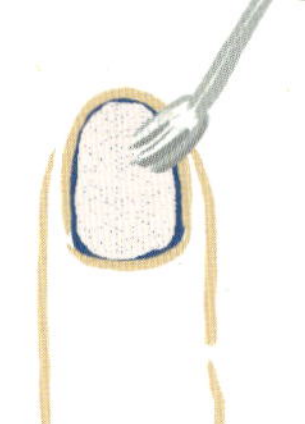
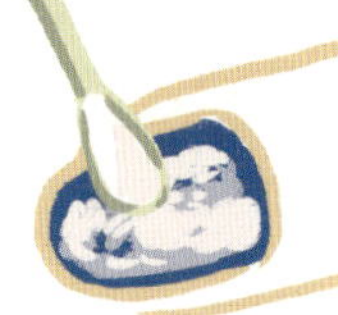

워싱 기법

바탕색을 먼저 칠하고 말려요.

그 위에 다른 색깔을 한 번 더 칠해요.

면봉을 이용해 두 번째 바른 매니큐어를 지워내 바탕색이 보이도록 하면서 원하는 무늬를 그려 넣어요.

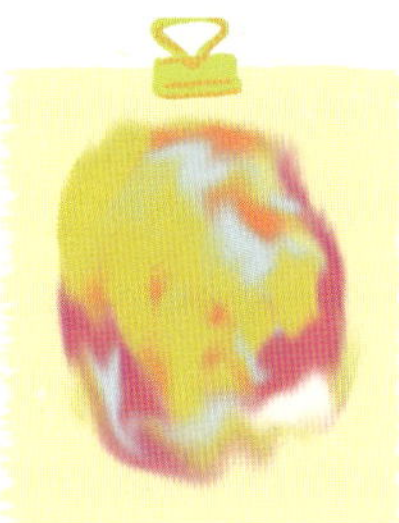
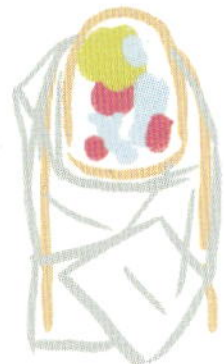
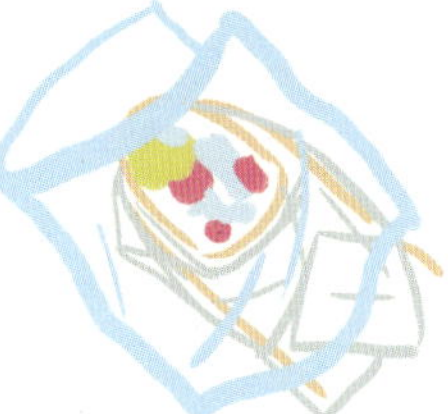

눌러 찍기

손톱 주위를 테이프로 감싼 다음 이쑤시개나 도트 봉을 이용해 매니큐어를 톡톡 찍어 올려요.

그 위를 비닐 조각으로 덮고 살살 눌러 색이 섞이도록 해요.

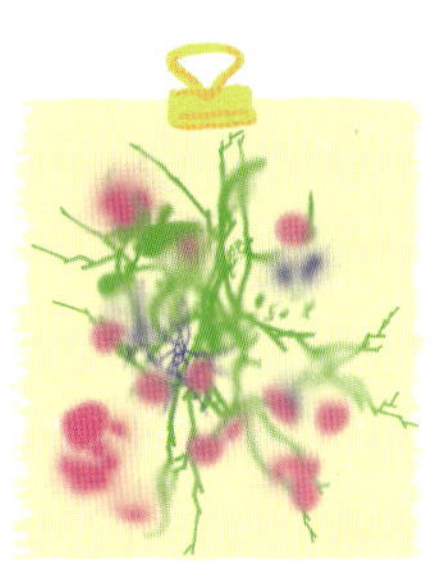
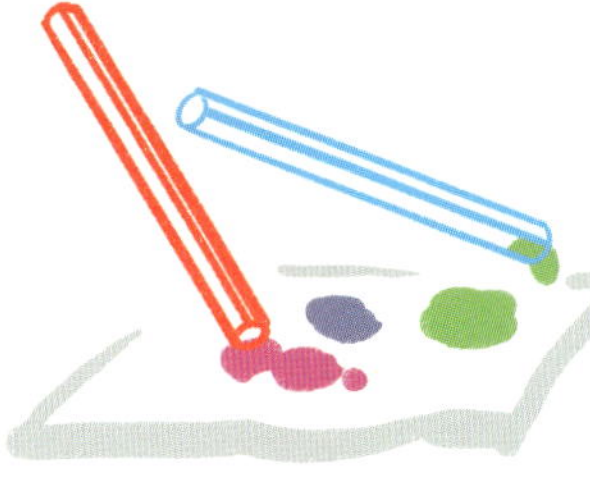
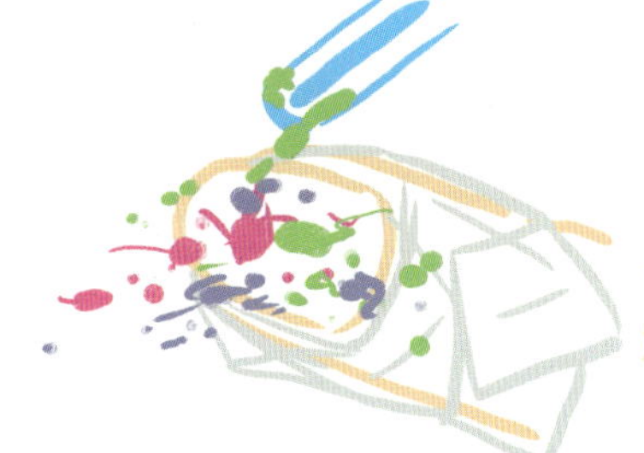

액션 페인팅

스트로를 4~5cm 정도로 잘라요. 매니큐어를 스트로 한쪽 끝에 충분히 묻혀요.

스트로를 세게 불어 여러 가지 색깔로 자유롭게 표현해요.

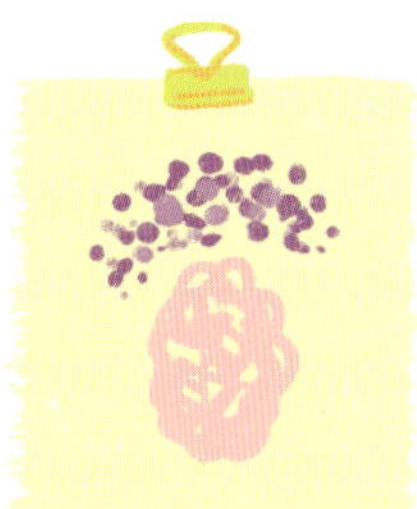
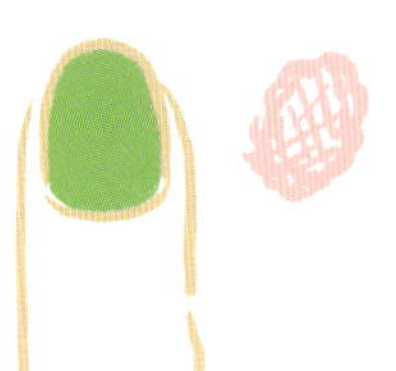
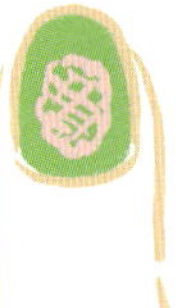

붙이기

손톱에 바탕색을 먼저 칠해요.

매니큐어가 마르기 전에 레이스나 비닐 조각, 반짝이, 스티커 등을 붙여 예쁘게 꾸며요.

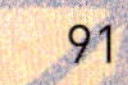

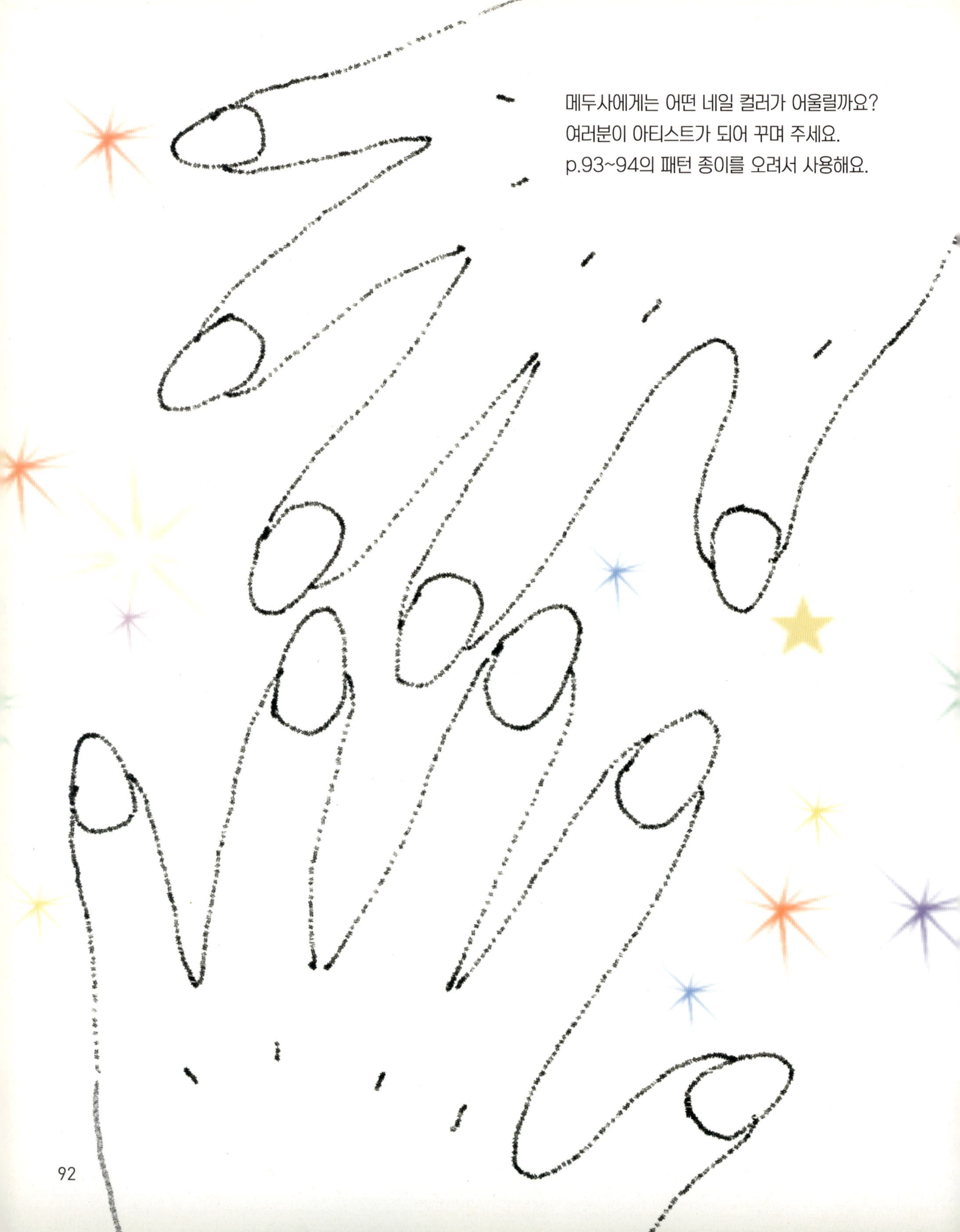
메두사에게는 어떤 네일 컬러가 어울릴까요?
여러분이 아티스트가 되어 꾸며 주세요.
p.93~94의 패턴 종이를 오려서 사용해요.

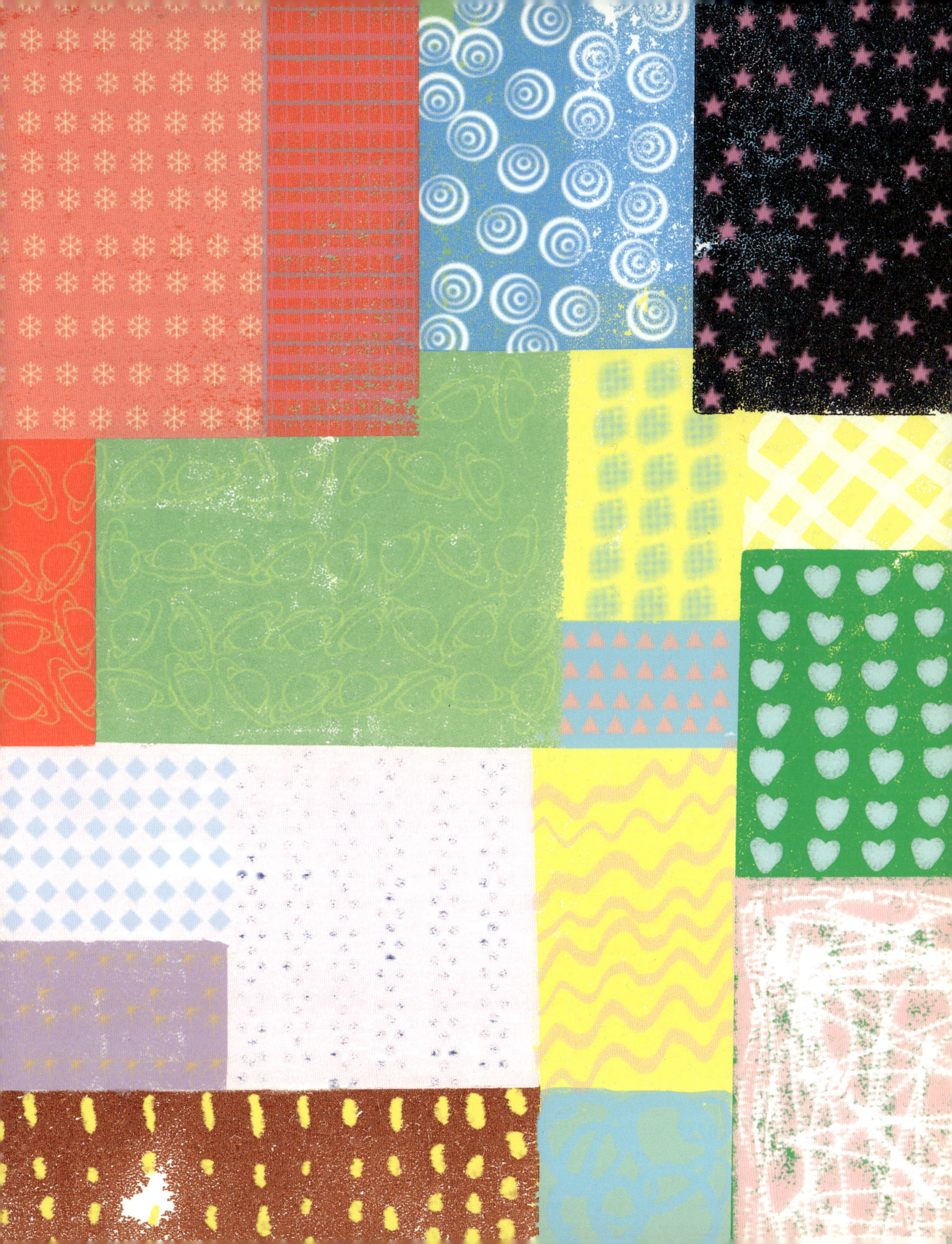

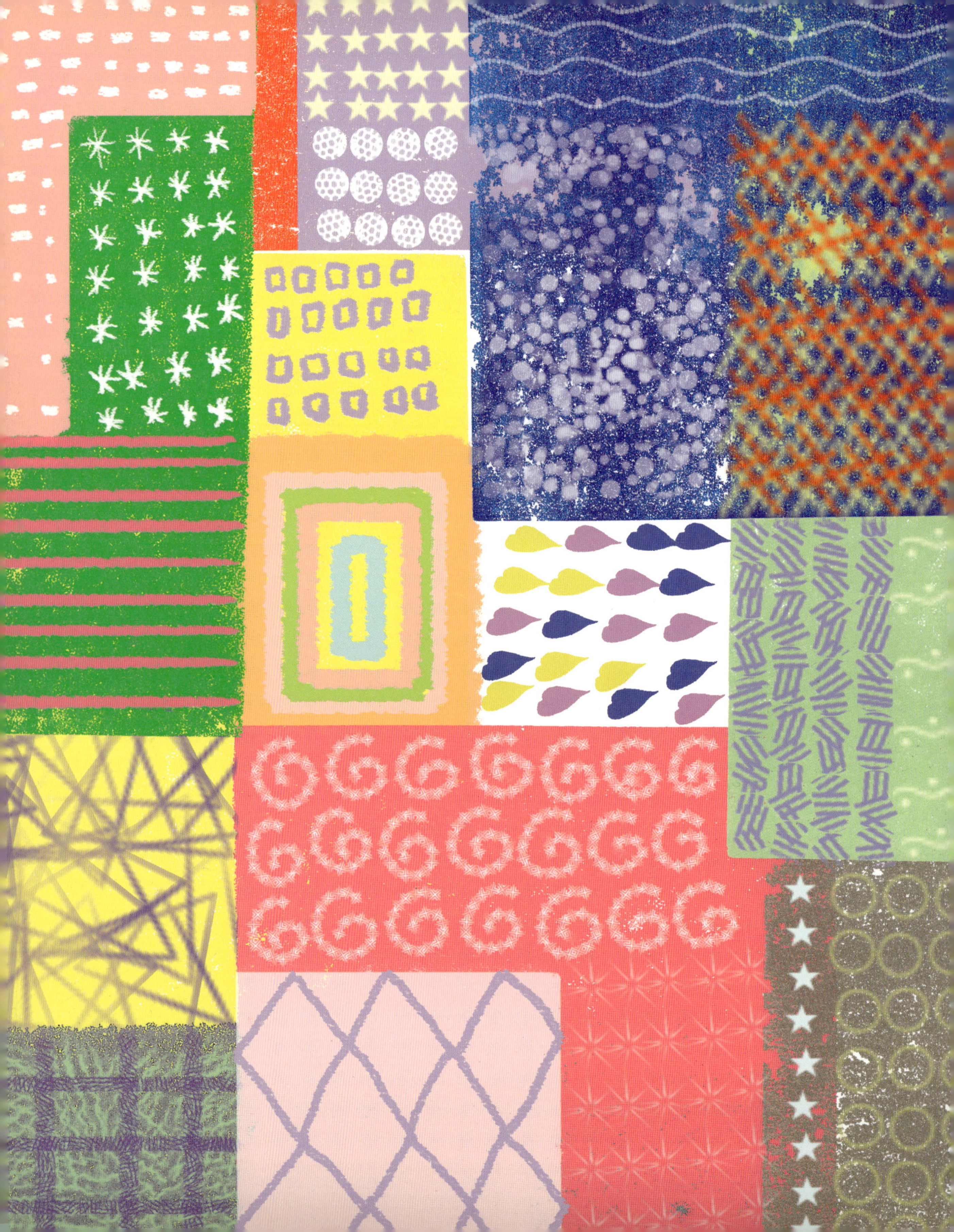

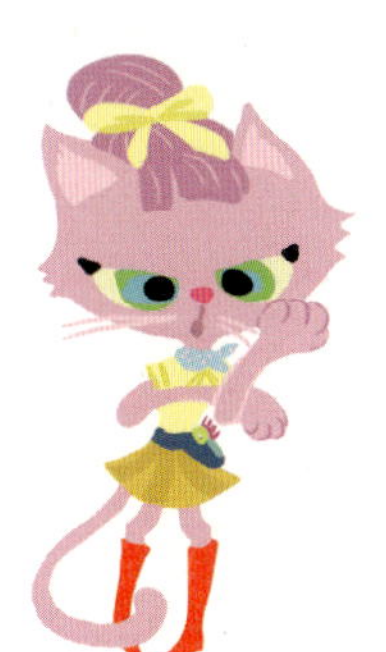

파티 가면 만들기

과일 망 가면

준비물   과일 망(포장용), 신문지, 아크릴물감, 반짝이 풀

1 멜론이나 작은 수박 등을 쌌던 폭신한 과일 망을 준비해요.

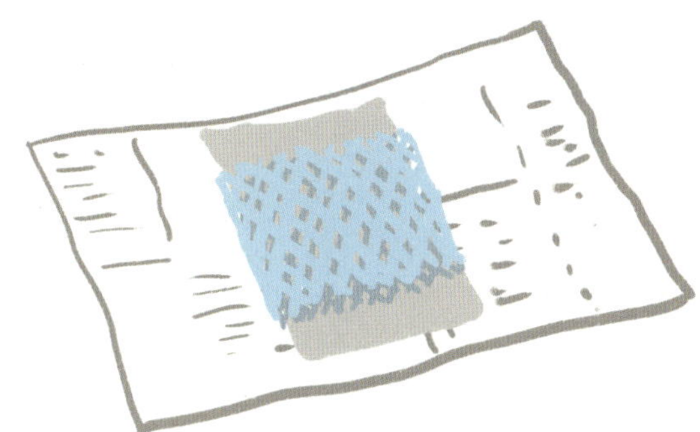

2 과일 망 안쪽에 종이를 끼워요.

3 신문지를 깔고 과일 망을 올린 후
아크릴물감, 반짝이 풀 등을 뿌려요.

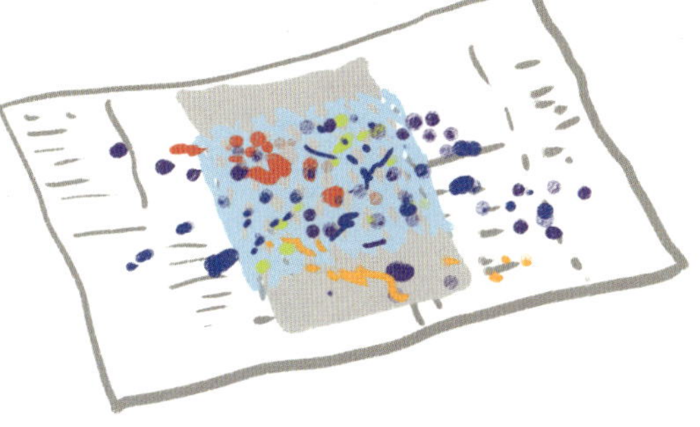

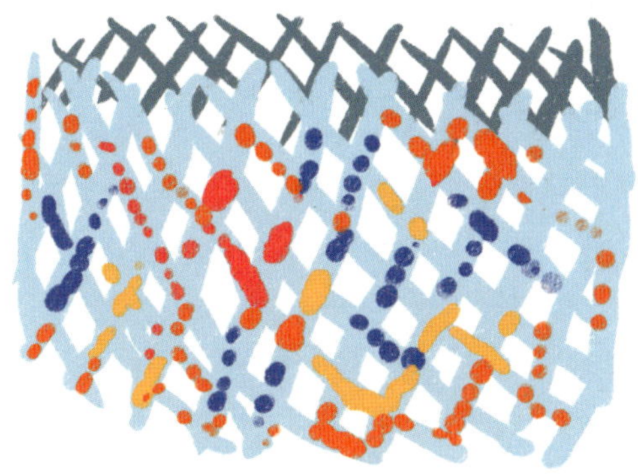

4 충분히 말려 가면을 완성해요.

오페라 가면

준비물   종이박스 또는 두꺼운 도화지, 나무젓가락, 연필, 가위, 만능 풀 또는 글루건

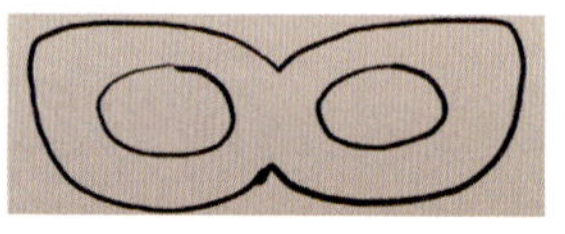

1 종이박스나 두꺼운 도화지를 폭 8cm, 길이 20cm로 자르고 연필로 안경테 모양 밑그림을 그려요.

2 얼굴에 대보고 눈 위치를 표시해요. 밑그림을 따라 가위로 자르고 눈 위치는 칼로 구멍을 뚫어요.

3 나무젓가락 사이를 벌려 글루건(또는 만능 풀)을 쏘아 접착제를 발라요. 이때 나무젓가락이 완전히 둘로 쪼개지지 않도록 해요.

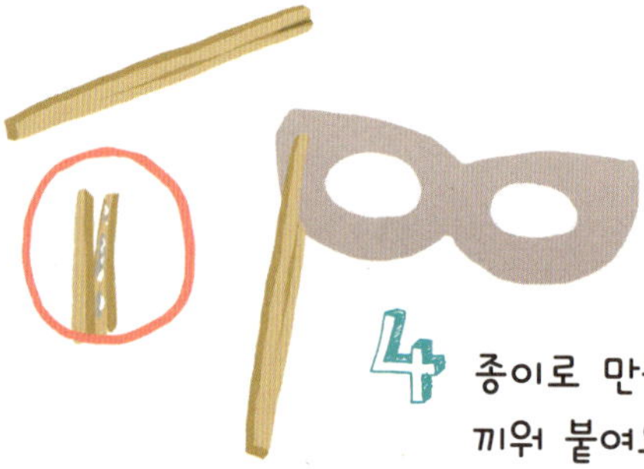

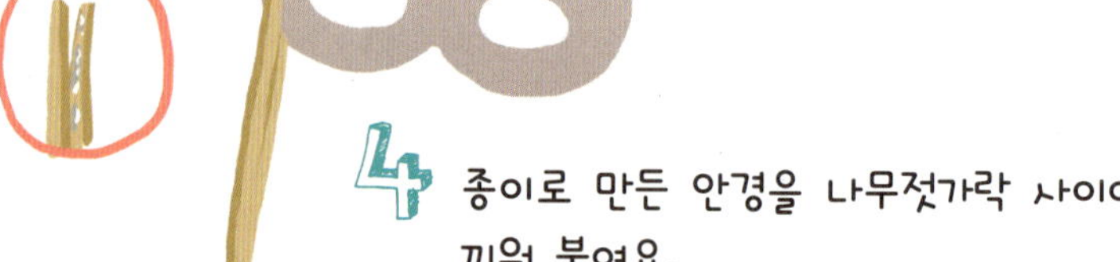

4 종이로 만든 안경을 나무젓가락 사이에 끼워 붙여요.

오페라 가면 꾸미기

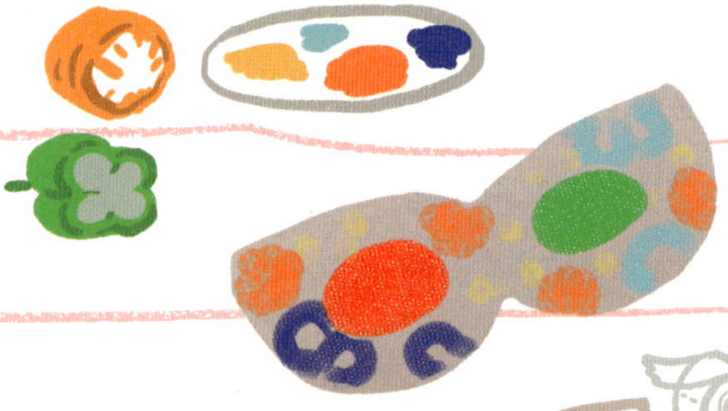

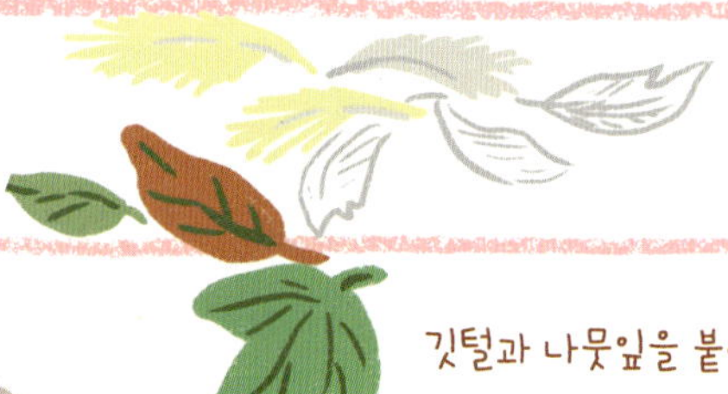

깃털과 나뭇잎을 붙여 꾸며요.

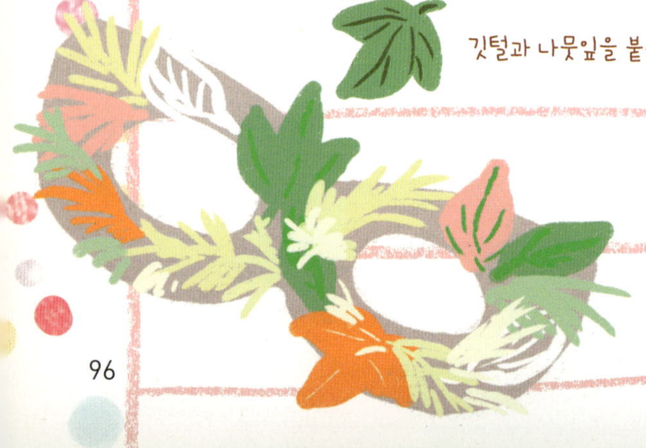

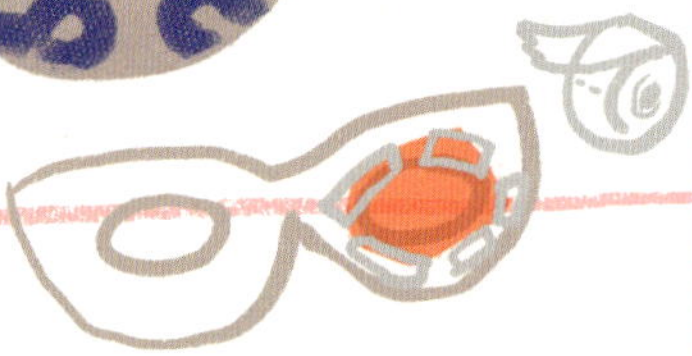

당근과 피망을 잘라 모양 도장을 만든 다음 물감을 찍어 모양내요. 물감이 다 마르면 뒷면에 눈구멍에 맞게 자른 셀로판지를 붙여요.

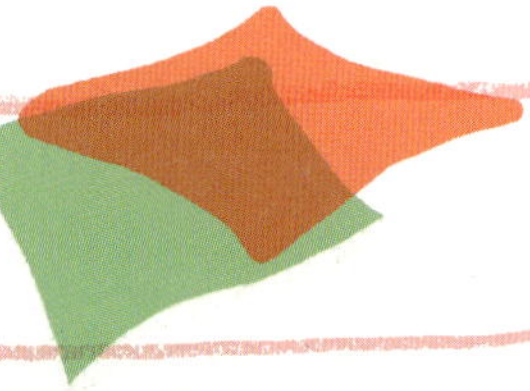

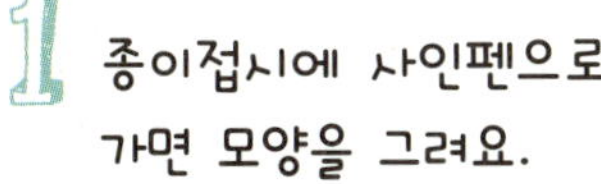

종이접시 가면

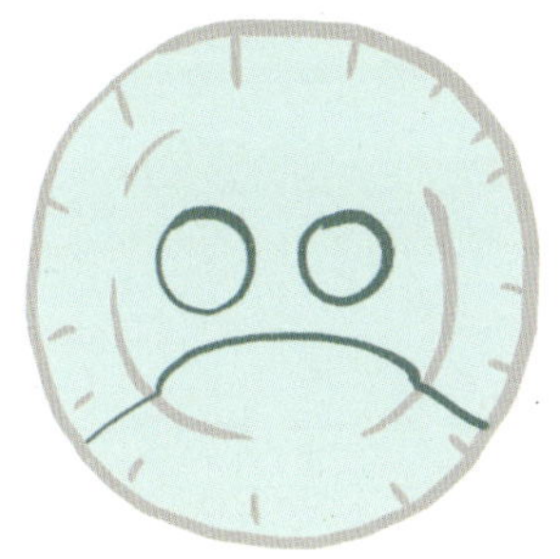

준비물 　종이접시, 색종이, 사인펜, 가위, 송곳, 칼, 풀, 고무줄, 스카치테이프, 신문지

1 종이접시에 사인펜으로 가면 모양을 그려요.

2 눈과 입을 뚫어요.

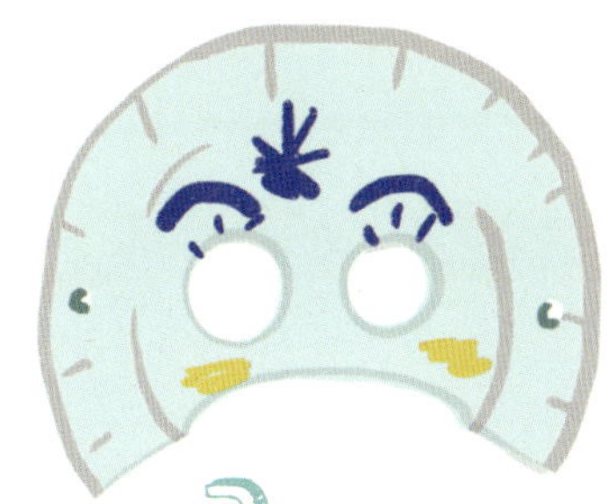

3 종이접시 얼굴을 꾸며요. 사인펜으로 색칠하거나 색종이를 찢어 붙이면 돼요.

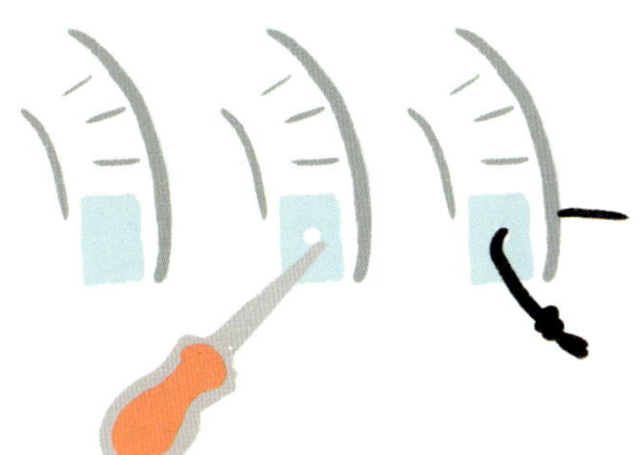

4 종이접시 양쪽에 고무줄을 끼울 자리를 정한 다음, 스카치테이프를 붙이고 송곳으로 구멍을 뚫어요.

5 고무줄을 끼우고 양쪽에 매듭을 지어 고무줄이 빠지지 않도록 해요.

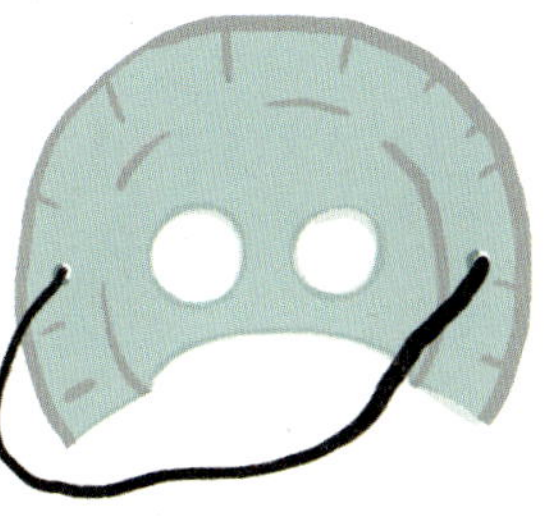

6 신문지를 길쭉하게 찢어 머리카락을 만들어요.

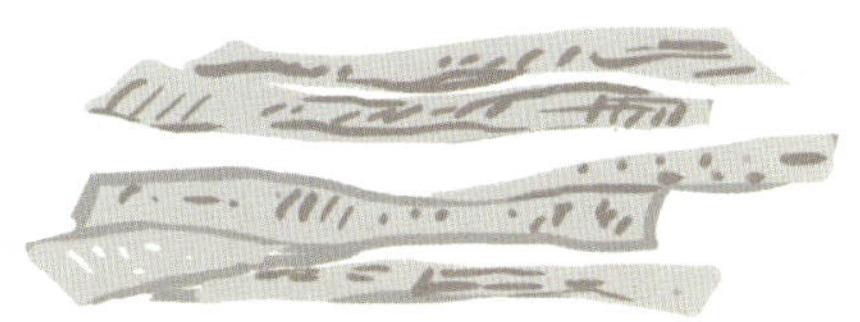

7 신문지 머리카락을 접시 뒷면에 스카치테이프로 붙여 고정시켜요.

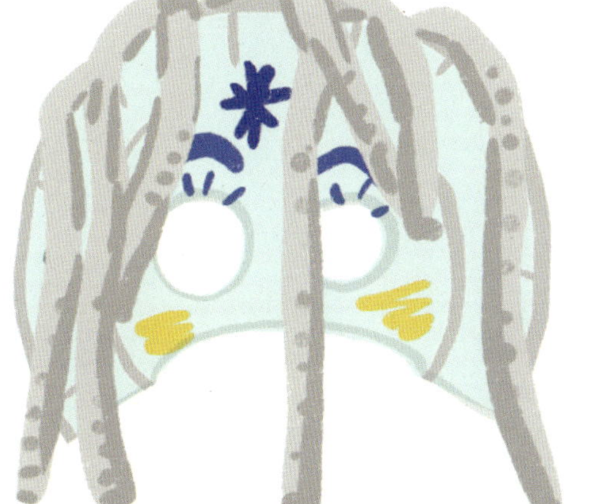

파티 모자 만들기

가면을 만들고 남은 재료로 개성 넘치는 파티 모자도 만들어 보세요.

종이접시 모자

준비물 종이접시, 습자지, 리본 40~50cm 2줄, 스테이플러, 낚싯줄, 스카치테이프, 가위

1 오목한 종이접시를 준비해요. 접시 뒷면 볼록한 곳이 모자 겉면이 돼요.

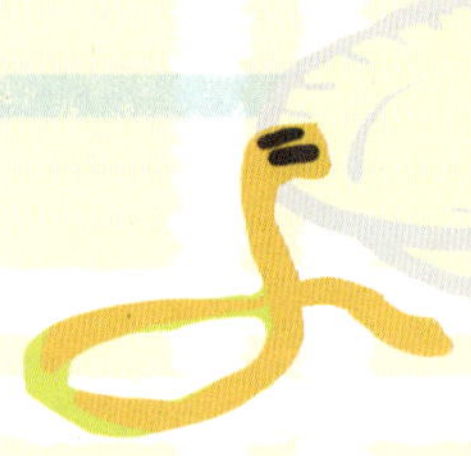

2 종이접시 양옆에 리본을 고정시켜요. 리본 끝 1cm 정도를 안쪽으로 접어 넣고 스테이플러로 찍으면 돼요.

3 종이접시를 뒤집어 볼록한 부분을 꾸며요. 여러 가지 색깔 습자지를 구겨 나비 모양으로 접고 가운데를 낚싯줄로 묶어 나비넥타이처럼 만들어요.

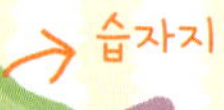

4 스카치테이프를 이용해 종이나비를 붙여 꾸며요. 모자를 쓸 때는 양쪽 리본을 턱 밑에서 묶으면 돼요.

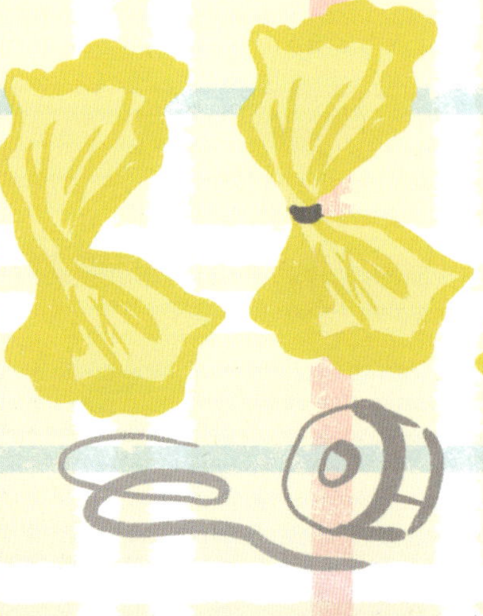

소쿠리 모자

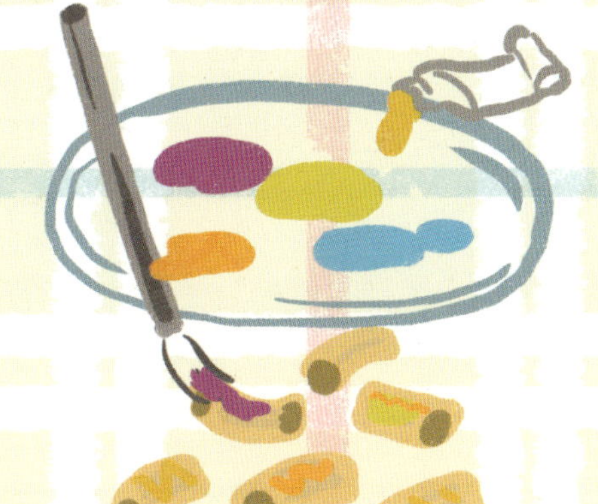

준비물 <u>망이 성긴 소쿠리</u>, 색색의 모루, 면 끈, 원통 모양 쇼트파스타(건면), 물감, 붓, 물통

1 마른 파스타에 아크릴 물감을 칠해 꾸며요.
원통 모양의 짧은 파스타를 사용해요.

2 소쿠리 망 사이에 모루를 끼워 넣고
구부려 재미있게 꾸며요.

3 기다란 면 끈에 물감으로 색칠한 파스타를 하나
씩 끼워 넣어 길게 꿰어요. 끈 양쪽 끝을 소쿠리
양쪽에 묶어 늘어뜨리면 완성!

나는야! 모자 디자이너

어떤 모자를 쓰고 싶어요?
여러분이 상상하는 모자를 마음껏 그려 보세요.

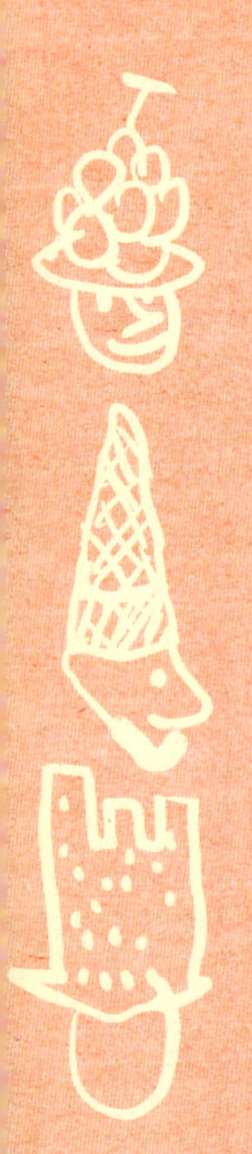

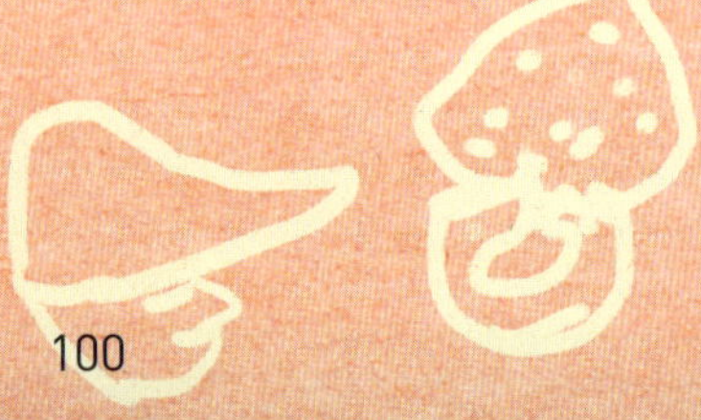

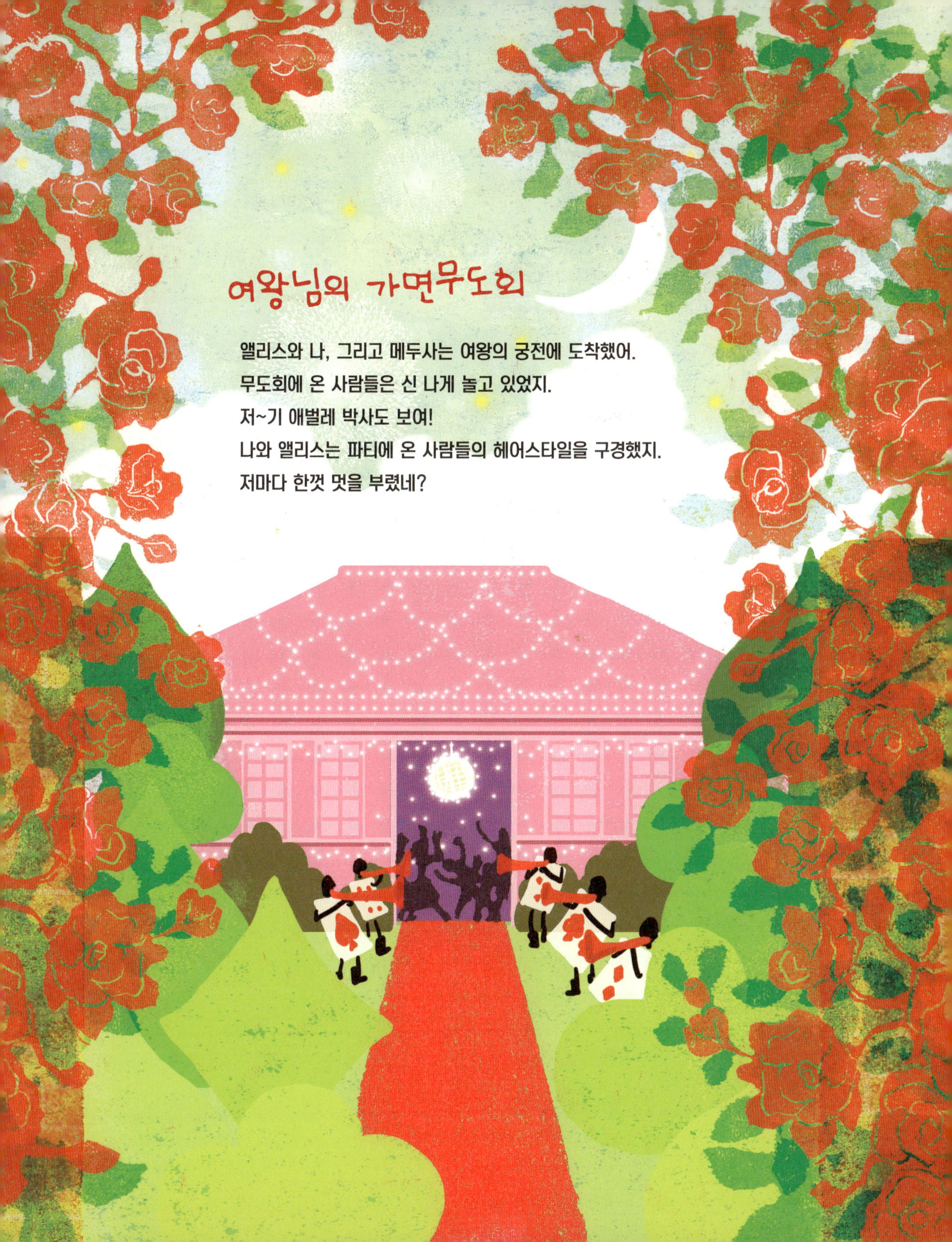

여왕님의 가면무도회

앨리스와 나, 그리고 메두사는 여왕의 궁전에 도착했어.
무도회에 온 사람들은 신 나게 놀고 있었지.
저~기 애벌레 박사도 보여!
나와 앨리스는 파티에 온 사람들의 헤어스타일을 구경했지.
저마다 한껏 멋을 부렸네?

특별한 날! 파티 헤어스타일

한껏 멋 부리고 싶은 날! 머리에도 화려하게 힘을 줘 봐요!
생일, 크리스마스, 할로윈데이, 발표회 날 등등, 평소보다 훨씬 예쁘게 보이고 싶은
날에 어울릴 헤어스타일을 알아두세요. 친구랑 서로서로 도와주면 더 신 나요.

솜사탕 포니테일

몽실몽실~ 달콤한 모양으로 꾸며 볼까요?
포니테일 한 머리카락을 전체적으로 풍성하게 부풀려
중간중간 귀엽게 묶어요. 디스코핀이 포인트예요!

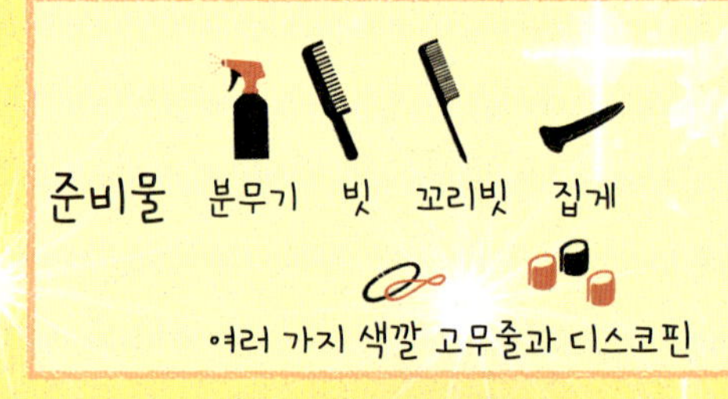

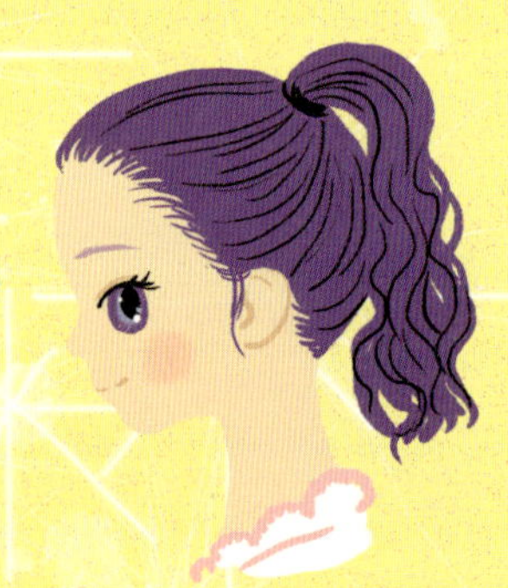

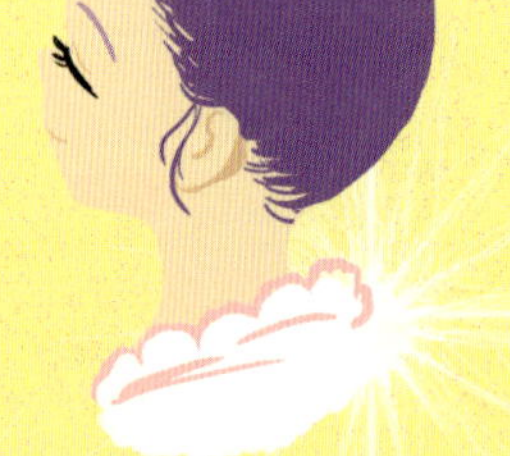

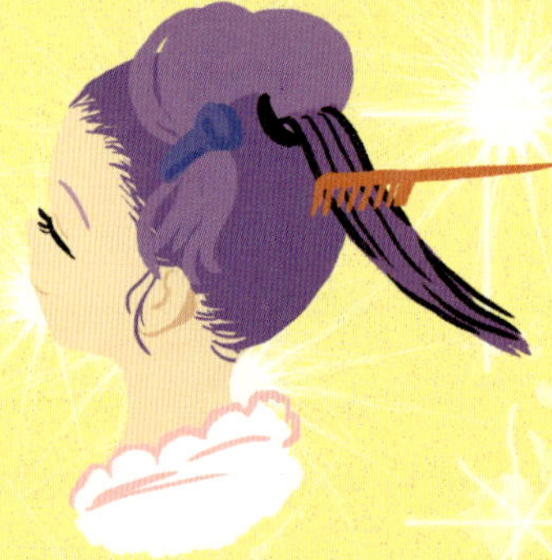

1 분무기와 빗으로 머릿결을 정리해 정수리 쪽에 포니테일 해요.

2 묶은 머리채를 뒤집어 집게로 고정시켜요.

3 꼬리빗으로 아래 쪽 머리부터 조금씩 떠서 전체를 백 코밍(p.47 참고) 해요.

4 백 코밍이 끝나면 2~3군데를 색깔 고무줄로 묶어요. 동글동글 솜사탕이 보여요.

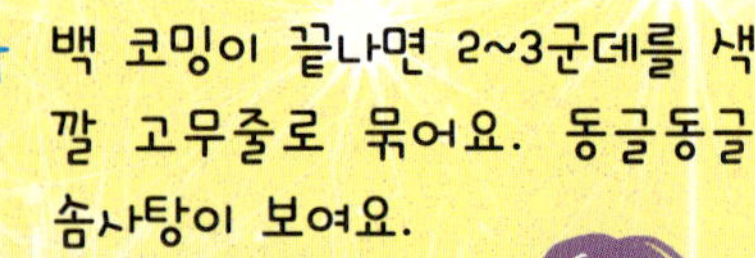

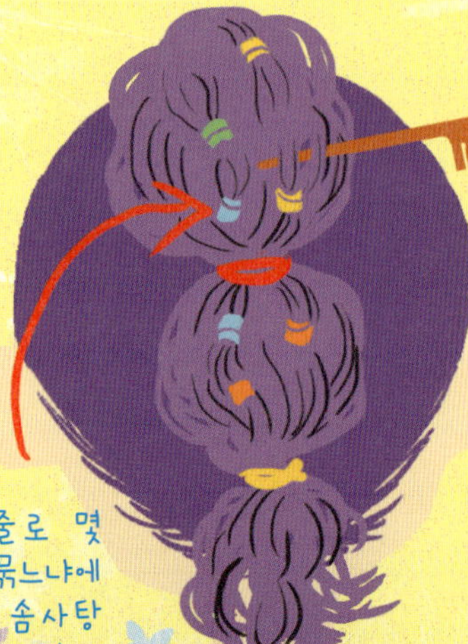

5 고무줄과 고무줄 사이 묶인 머리카락을 양손으로 잡아 당겨 모양을 예쁘게 만들고 중간중간 디스코 핀으로 꾸며요.

고무줄로 몇 곳을 묶느냐에 따라 솜사탕 크기가 달라져요.

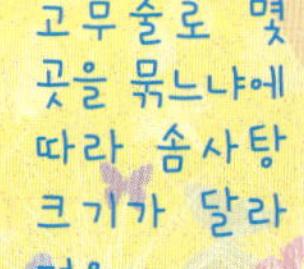

삐죽빼죽 모루로 랄랄라

미술시간에 사용하는 모루와 리본을 이용해요.
모루는 마음대로 구부리고 펼 수 있어 재미있는 모양을 만들 수 있어요.

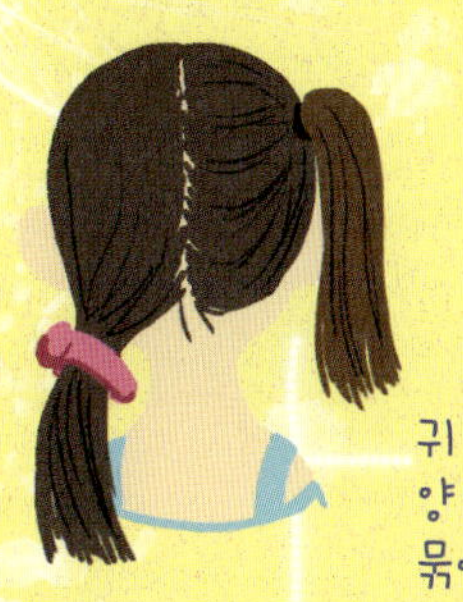

귀 위쪽으로 얼굴
양옆에 고무줄로
묶어요.

1 세로 나누기(p.16 참고)로 양 갈래 포니테일(p.24 참고) 해요.

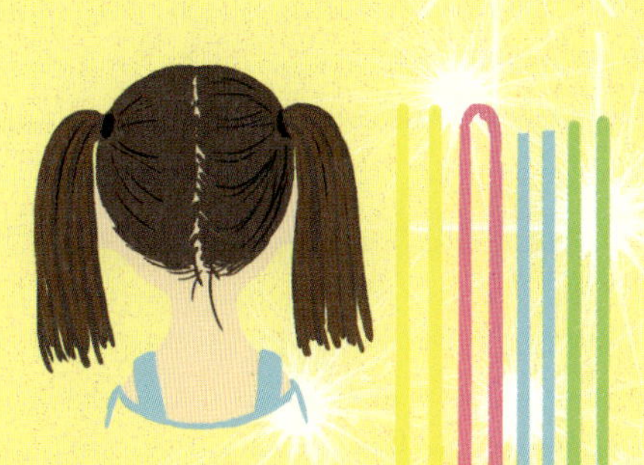

2 색색의 리본을 묶어놓은 머리카락 길이의 3배가 되도록 잘라요.

3 머리를 묶은 고무줄 위로 리본을 묶어요. 매듭이 위쪽으로 올라오도록 해요. 같은 방법으로 색색의 리본들을 양쪽 포니테일 한 곳에 묶어요.

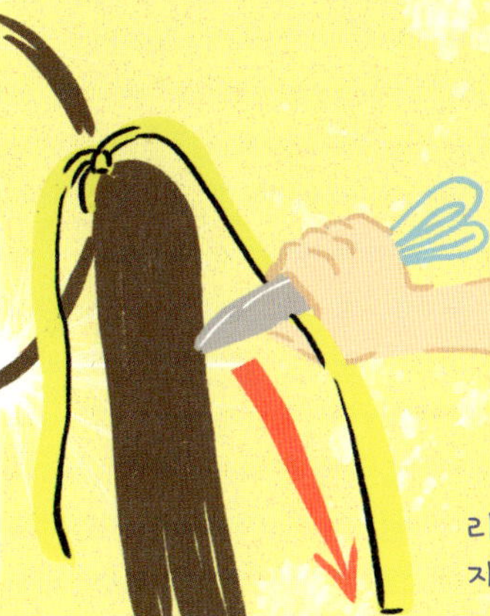

4 가위의 바깥쪽 모서리(가윗날이 아닌 곳)를 리본에 대고 리본과 함께 잡아요.

5 힘있게 쓸어내리면 리본이 예쁘게 돌돌 말려요.

리본 길이는 가위로 들쑥날쑥 자유롭게 조절하세요.

6 리본 위로 모루를 감은 다음 마음껏 꼬아 모양을 만들어 장식해요.

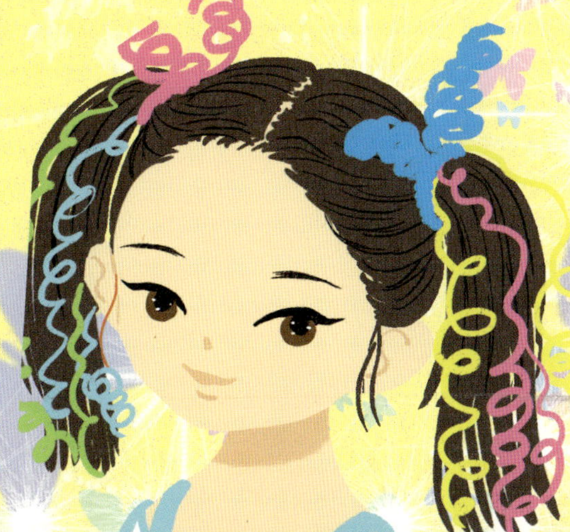

머리카락 레이스 모자

한 가닥에서 두 갈래로, 다시 다른 갈래와 합쳐 묶어가면서 머리카락만으로
레이스 모양을 만드는 신기한 스타일이에요. 친구와 서로 도와가며 도전해 봐요.

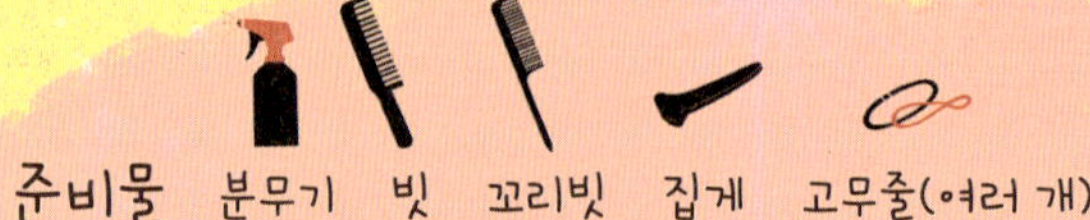

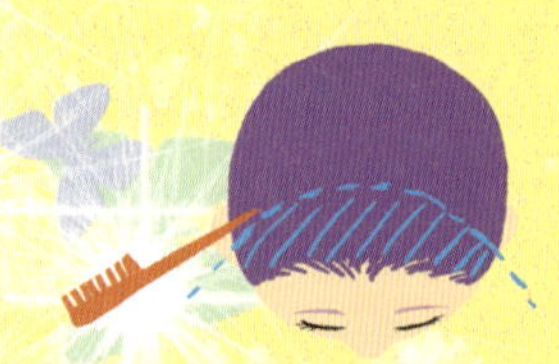

1 분무기와 빗으로 머릿결을 정리
해요. 양쪽 관자놀이 헤어라인을
따라 3~4cm 정도 너비로 머리
카락을 나누어요.

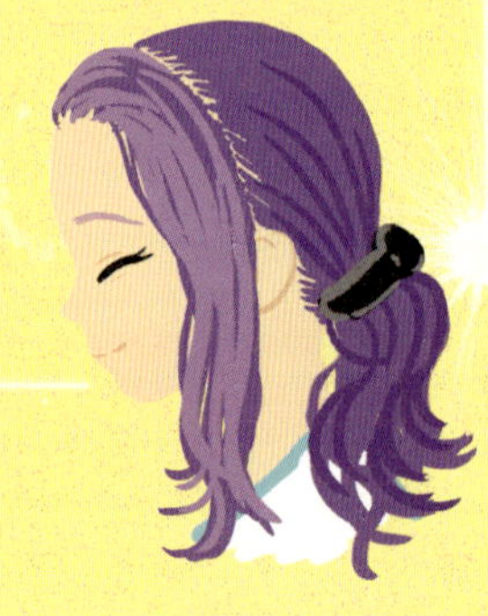

2 남은 머리카락은 뒤로 모아
집게로 고정시켜요.

3 가운데 부분을 먼저 묶고
전체적으로 균등하게 7등
분으로 나눠 고무줄로 바
짝 묶어요.

4 7개의 가닥을 다시 각각 두
갈래로 나눠 옆에 있는 가닥
과 짝지어 묶어요.

5 1~2회 반복한 다음 남은 갈래와
뒷머리카락을 한 데 모아 포니테
일 해요.

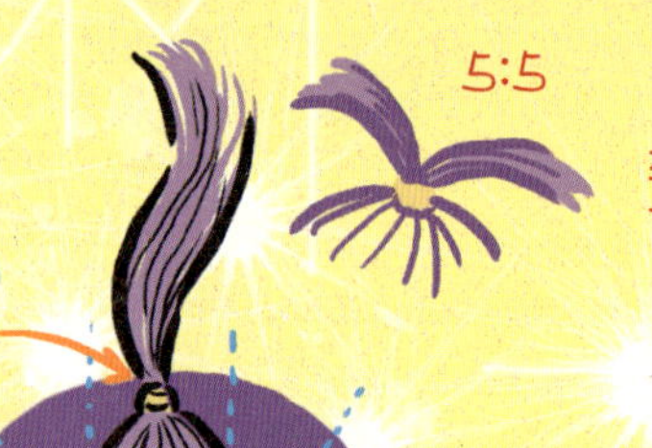

좌우 대칭이 되도록 그림처럼 묶는
것이 포인트예요!

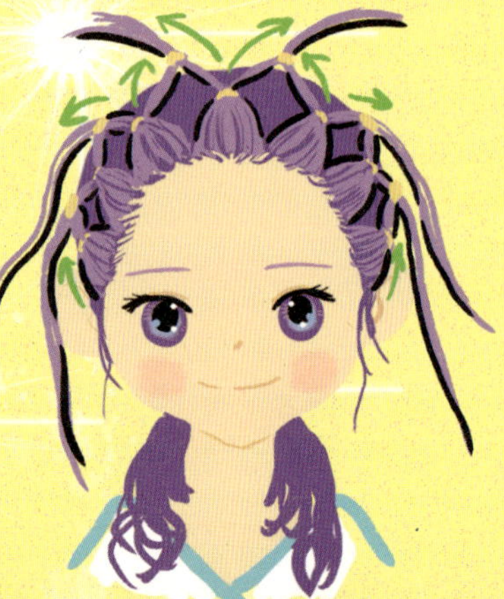

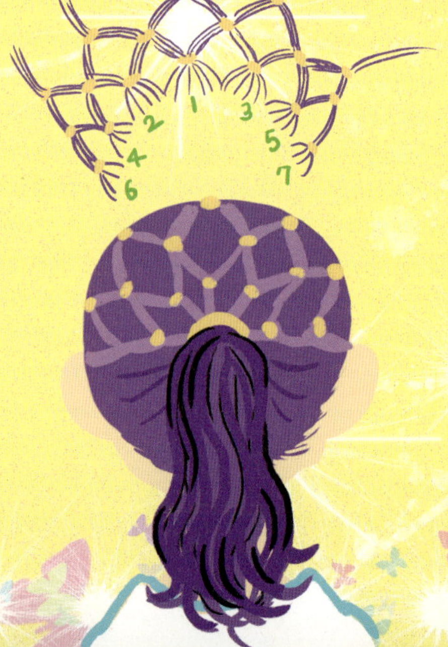

앙! 야옹~ 고양이다

친구들이 깜짝 놀랄 만한 액세서리를 만들어 볼까요? 귀 모양 헤어밴드와 인형 만들 때 쓰는 공작용 눈,
모루를 준비하세요. 앙! 야옹~ 깜찍하게 변신해요.

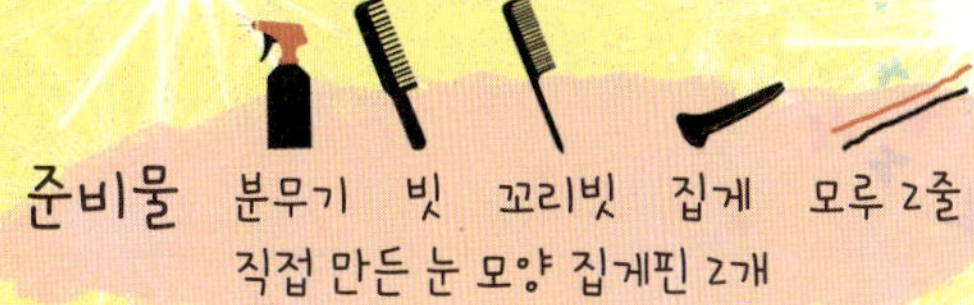

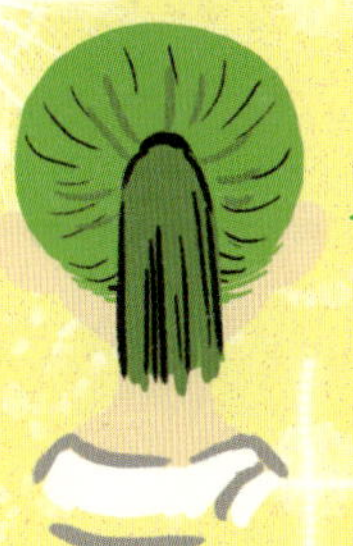

1 분무기로 물을 살짝 뿌
리며 빗질해 포니테일
(p.22 참고) 해요.

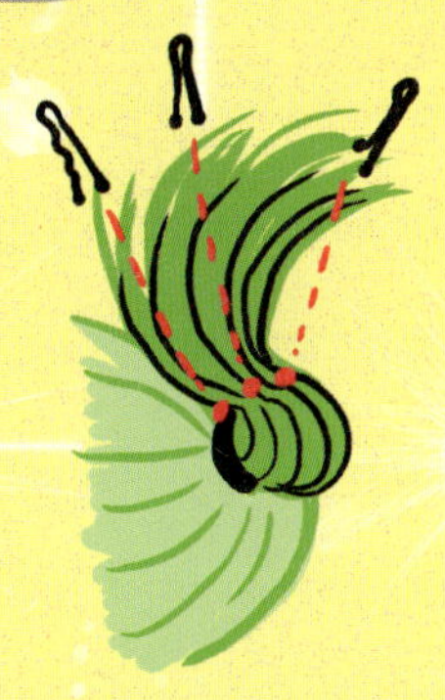

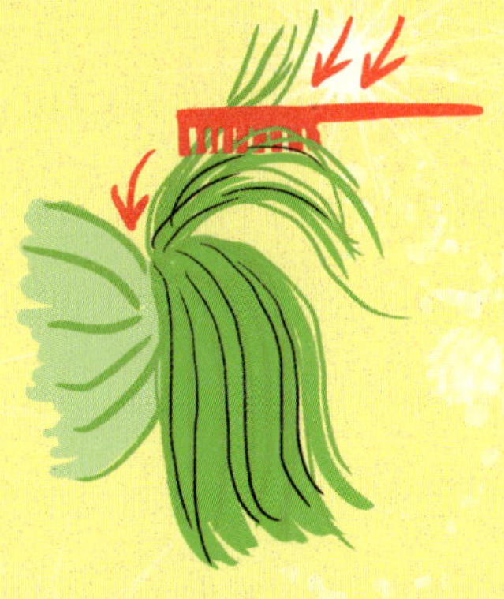

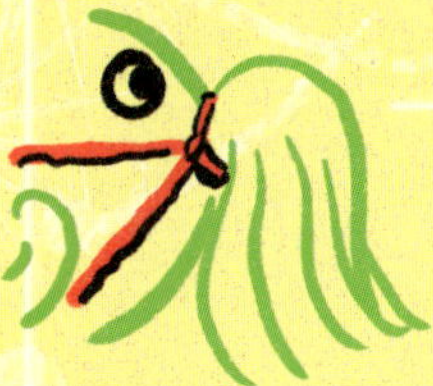

4 포니테일 위쪽에 직접 만든 눈 모양
집게핀 2개를 꽂아요.

5 모루 2줄을 반으로 접어 포니테일 한
곳에 각각 꼬아 수염을 만들어요.

2 묶은 머리채를 뒤집어
실핀으로 고정시켜요.

3 뿌리 백 코밍(p.47 참고)을
해 볼륨을 만들어요.

눈 모양 집게핀 만들기 집게핀, 공작용 눈(L사이즈) 2개, 글루건

1 공작용 눈 크기에 맞는
집게핀을 준비해요.

눈은 큼직한 것으로, 집게핀은
윗면이 평평한 것으로 골라요.

2 글루건을 이용해 집게
핀에 글루를 1~2방울
씩 떨어뜨려요.

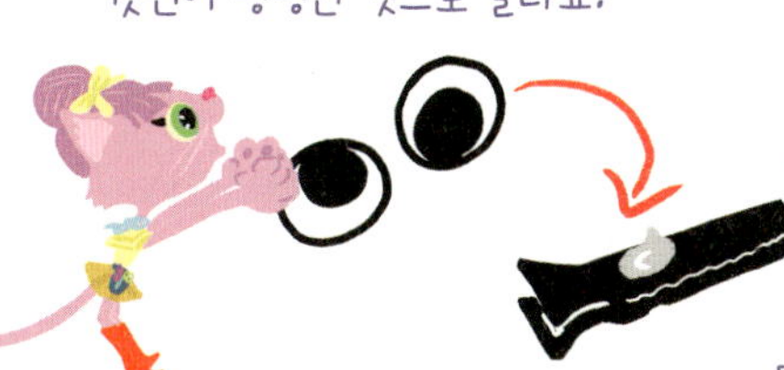

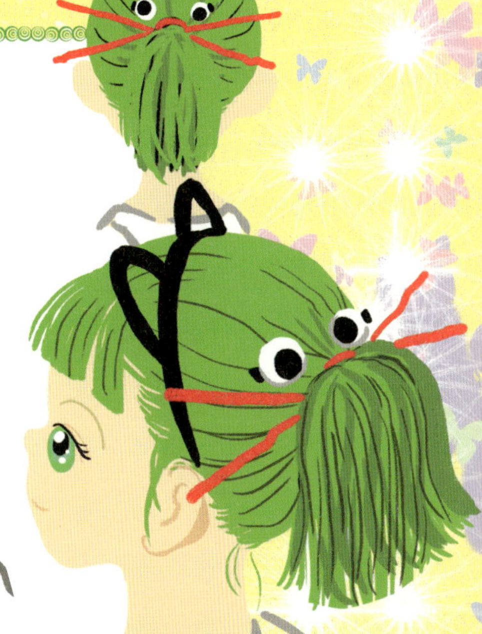

뜨거우니 조심해요! 사용한 후
에는 바로 코드를 뽑아 식힌 다
음 보관하세요.

3 글루 위에 공작용 눈을 붙여
핀 한 쌍을 완성해요.

나무집게의 변신!

평범한 나무집게를 개성 만점 헤어액세서리로 만들어 나만의 독특한 파티 헤어를 완성해요.
나무집게를 색칠하고 꾸미는 재미가 쏠쏠해요. 짧은 머리에 잘 어울려요.

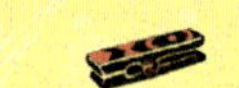

준비물 예쁘게 꾸민 나무집게 색깔 고무줄(여러 개)

1 정수리 쪽부터 머리카락을 조금씩 잡아
고리 모양으로 묶어요. 군데군데 전체적
으로 집어 묶어요.

긴 머리는 빙글빙글 꼬아
올려 묶어놓은 고무줄에
끼우면 짧아져요.

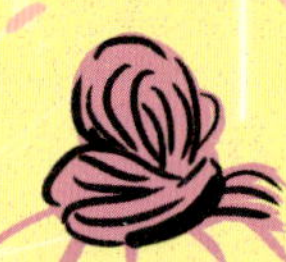

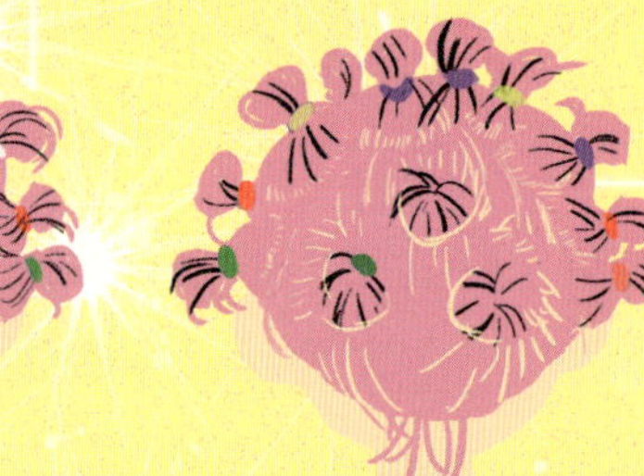

2 묶은 곳에 나무집게를 꽂아 장식해요.

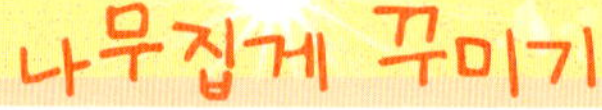

나무집게 꾸미기

나무집게, 매니큐어, 아크릴물감,
반짝이풀, 스팽글, 종이

1 종이에 나무집
게를 끼워요.

2 매니큐어와 아
크릴물감, 반짝
이풀, 스팽글
등을 활용해
집게의 윗면과
아랫면을 모두
꾸며요.

매니큐어와 아크릴물감,
반짝이풀은 각각 마르는
속도가 다르니
모두 완전히
마를 때까지 기다렸다
가 사용하세요.

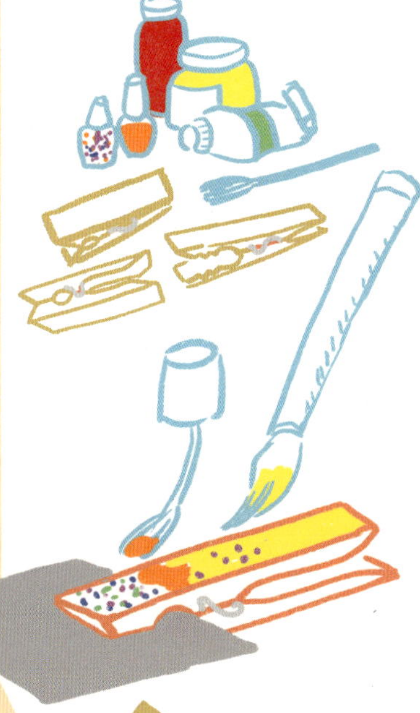

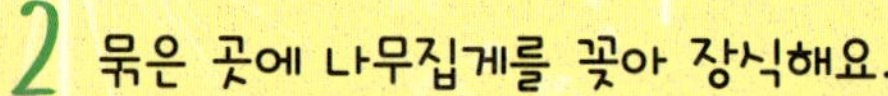

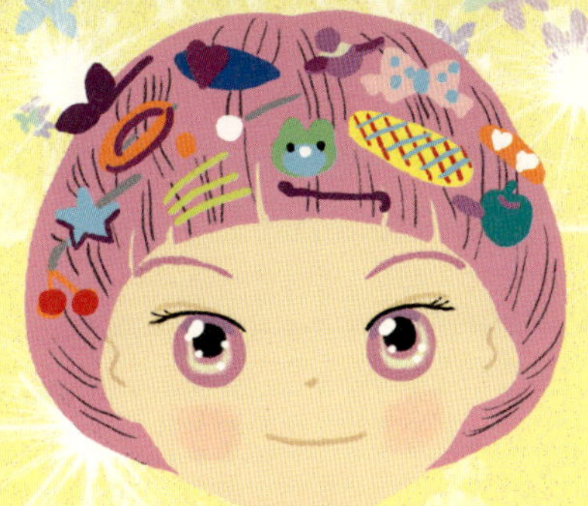

모여라 핀! 핀으로 장식하기

집에 있는 각종 핀을 활용해 파티 룩을 만들어요. 머리카락을 별다르게 만지지 않아도 돼요. 알록달록 여러 개의 핀만 있으면 파티 헤어 끝!

1 집에 있는 핀을 다 모아요.

2 마음에 드는 곳에 핀을 꽂아 화려하게 꾸며요.

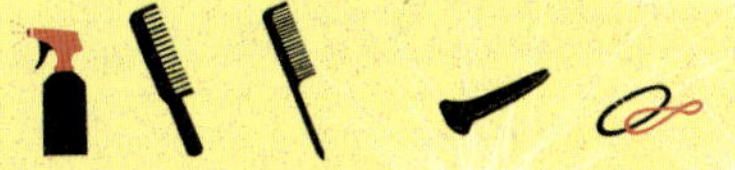
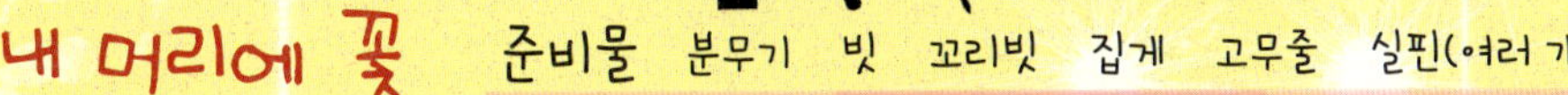

내 머리에 꽃

슈슈나 리본 없이 머리카락 자체로 헤어액세서리를 만들 수 있어요. 머리에 꽃이 핀 것 같은 화사한 스타일로 파티에 짠~ 등장해 보세요. 모두들 부러워할 거예요.

1 분무기로 물을 살짝 뿌려 가며 가지런히 빗질해 머릿결을 정리하고 전체를 한쪽 옆으로 모아 포니테일 해요.

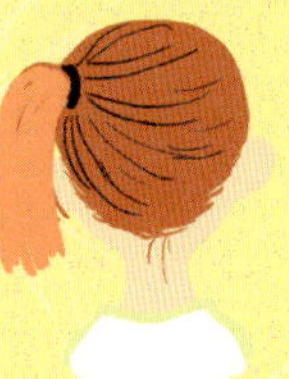
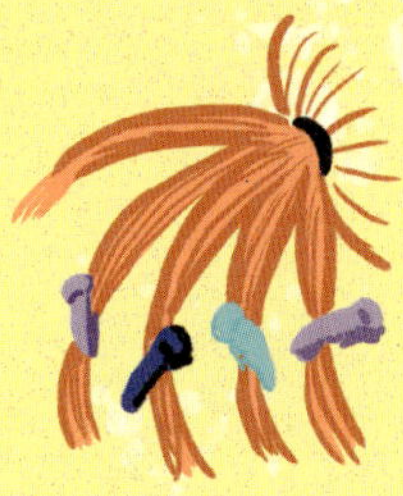

2 머리채를 5~6 갈래로 나누어 각각을 집게로 고정시켜요.

3 각 가닥을 세 줄 땋기 하고 고무줄로 묶어요. 머리카락 끝을 백 코밍(p.47 참고) 해요.

4 각 가닥을 그림과 같이 방사형으로 펼치고 간격을 눈에 익혀두세요.

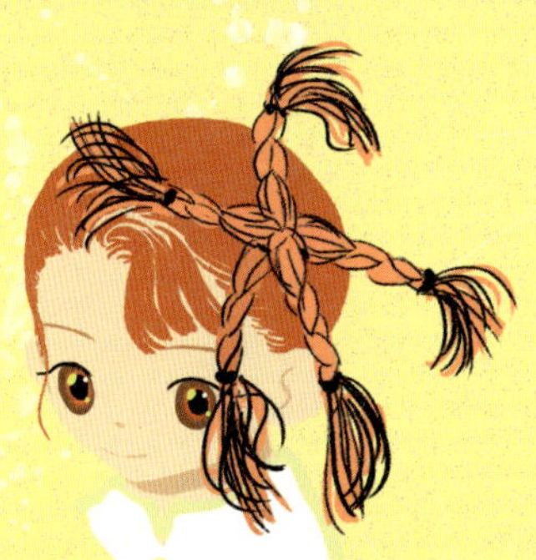

5 각 가닥을 바깥쪽으로 뒤집어 고리를 만들고 고무줄 아래쪽에 실핀으로 고정시켜요.

6 모두 같은 방법으로 한 다음 고리의 간격을 손으로 만져 예쁜 꽃 모양을 만들어요.

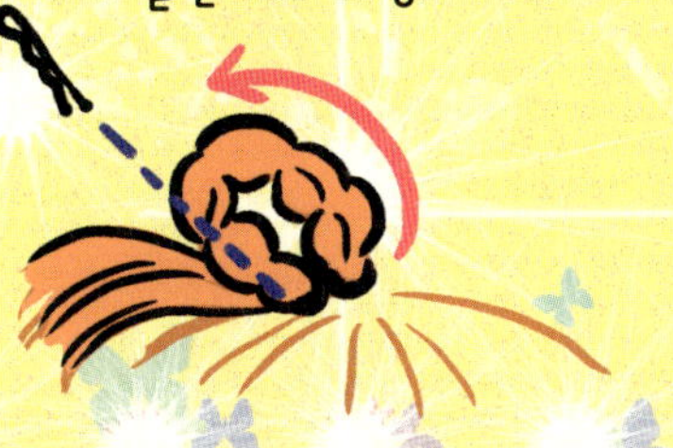

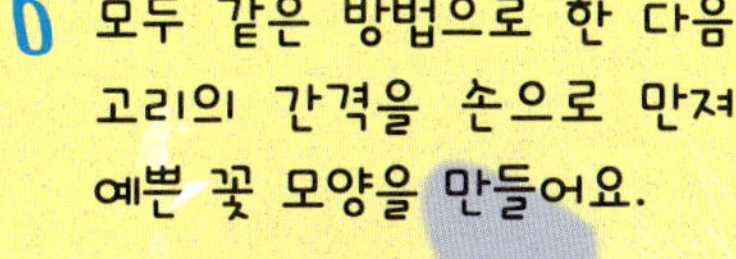
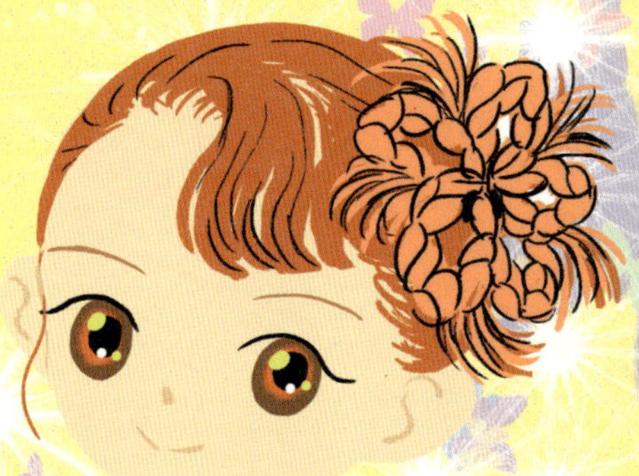

진주 핀으로 꾸민 인어공주

블링블링~ 진주핀으로 장식한 파티 헤어스타일이에요. 진주핀을 직접 만들어 보세요.
진주와 크리스탈비즈가 반짝반짝 빛나는 장식이에요.

준비물 분무기 빗 꼬리빗 집게 고무줄 실핀

1 분무기와 빗으로 머릿결을 정리
해요. 그림과 같이 한쪽 눈썹이
끝나는 지점부터 반대쪽 관자놀
이까지 비스듬히 사선 나누기
(p.17 참고) 해요.

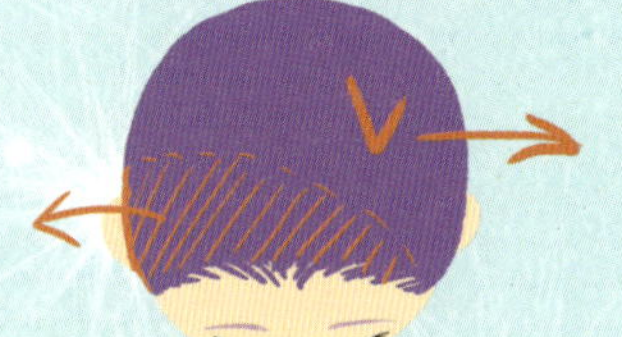

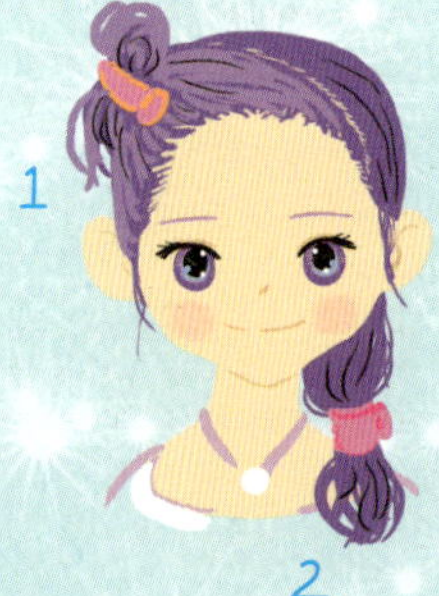

2 나누어놓은 부분을 각각 집게로
고정시켜요.

3 뒷머리 쪽(2)을 정수리
쪽에 포니테일 해요.

4 2의 반대쪽으로 1을 앞이마 쪽에
포니테일 해요.

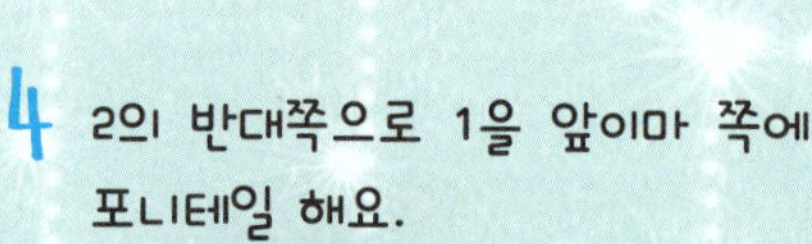

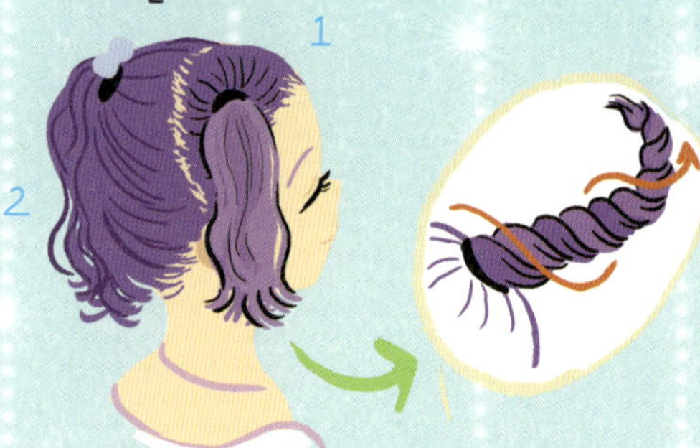

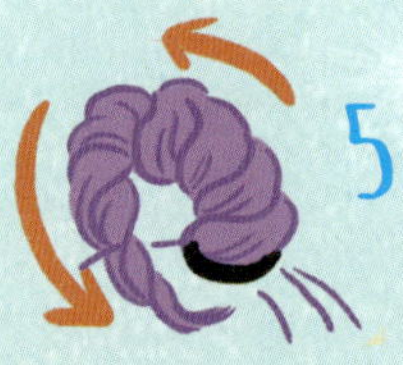

5 1을 빙글빙글 꼬아 돌려 동그랗게
올려요. 끝부분은 보이지 않도록 핀
으로 고정시켜요.

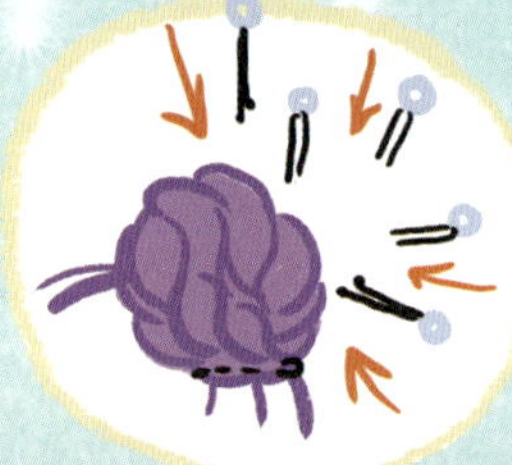

6 만들어놓은 진주핀을
꽂아 예쁘게 장식해요.

진주핀 만들기

실핀 또는 U핀 여러 개, 진주비즈와
크리스탈비즈 여러 개, 낚싯줄, 가위

1 낚싯줄을 6cm 정도로
잘라요.

2 실핀 또는 U핀 머리
부분에 낚싯줄을
감아요.

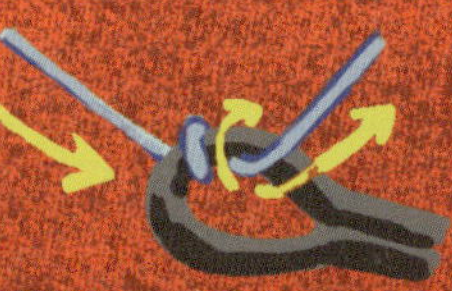

3 진주비즈나 크리스탈비즈를 낚싯줄에 끼우고
묶어서 고정시켜요. 남은 줄은 가위로 잘라요.

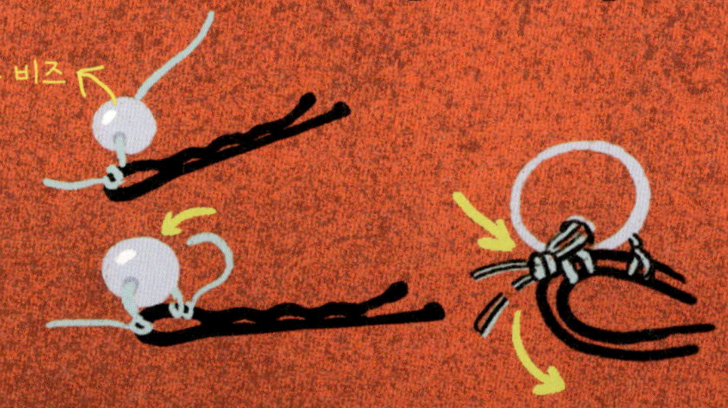

록 스타처럼~

TV에서 본 록 스타처럼 머리를 묶고 백 코밍해서 이제껏 해 본 적 없는 멋진 스타일을 완성해요.
머리카락을 잘 나누는 것이 포인트! 무대 위에 올라 신 나는 노래 한 곡 불러야 할 것 같지요?

1 가지런히 빗질하고 분무기로 물을 살짝 뿌려 머릿결을 정리해요. 정수리부터 뒤통수까지 가로 나누기 (p.17 참고) 해요. 꼬리빗을 이용해 오른쪽에서 왼쪽으로 가르마를 타면 돼요.

간격이 비슷해야 예뻐요.

2 제일 위에 가르마를 탄 가닥부터 뒤통수 중심에 놓이도록 고무줄로 묶어요.

3 층층이 가지런히 놓이도록 하나씩 묶어요. 색색가지 고무줄을 사용하면 예뻐요.

4 묶은 머리채는 각각 앞으로 꼬아 집게로 고정시켜요.

5 제일 아래쪽부터 집게를 빼고 백 코밍(p.47 참고) 해요.

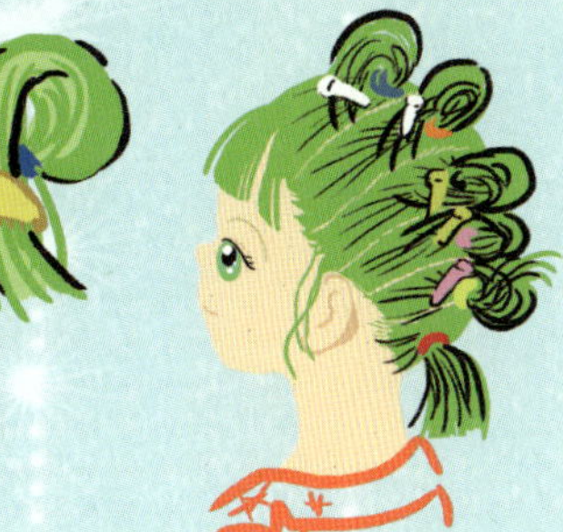

6 여러 가지 색깔 핀을 앞머리에 꽂고 마무리해요.

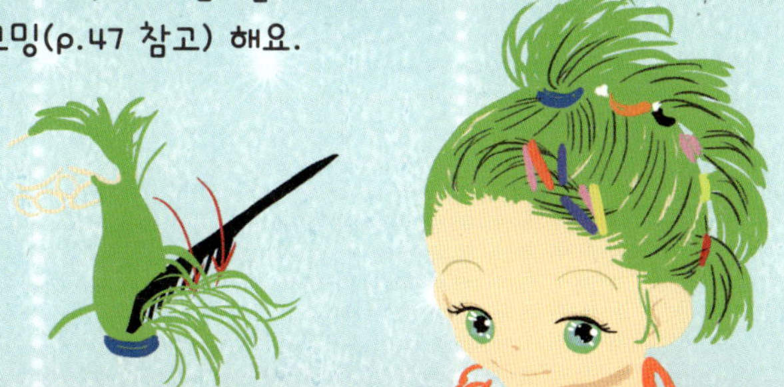

파티에 어울리는 페이스 아트

속눈썹 풀과 네일아트용 비즈, 족집게, 반짝이, 스티커 등을 준비해요. 한쪽 눈 주변에 반짝이와 비즈, 스티커 등을 붙여 꾸밀 거예요.
먼저, 장식할 곳에 속눈썹 풀을 살짝 찍어요. 그 위에 비즈나 반짝이를 족집게로 집어 붙여요. 스티커는 풀 없이 바로 붙이면 돼요.

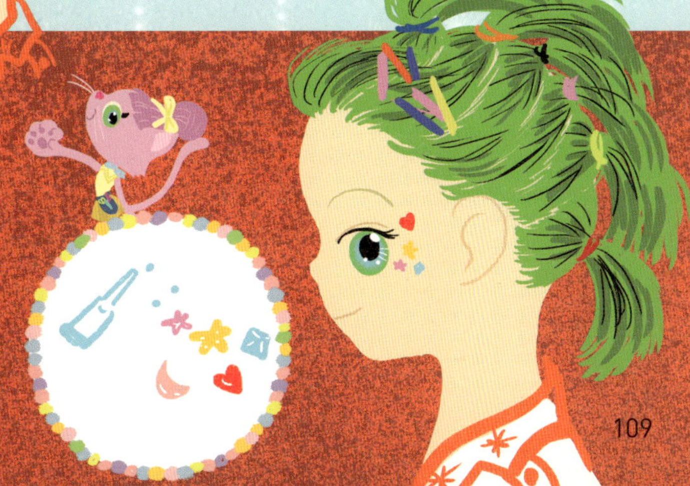

빙그르르∼ 파티 업스타일

사랑스럽고 우아한 스타일로 파티의 주인공이 되어 보세요.
옆머리를 꼬아 뒷머리와 함께 아래쪽에서 묶어 올려 고리모양을 만들었어요.

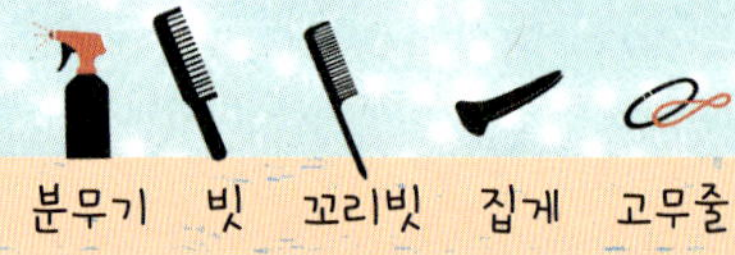

1 분무기로 물을 살짝 뿌려가며 가지런히 빗질해 머릿결을 정리해요.

2 양옆머리를 그림과 같이 각각 2갈래로 나눠요. 뒤로 돌려 가운데에서 묶을 거예요.

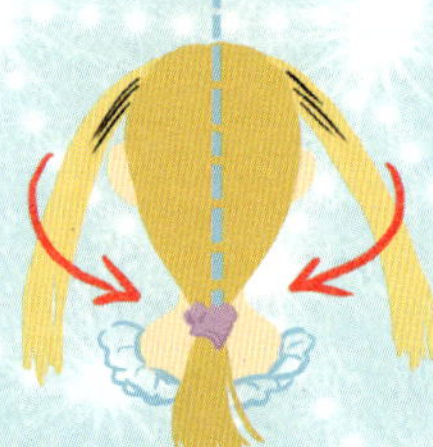

3 먼저 1과 2의 가닥을 뒤통수 가운데에서 묶어요.

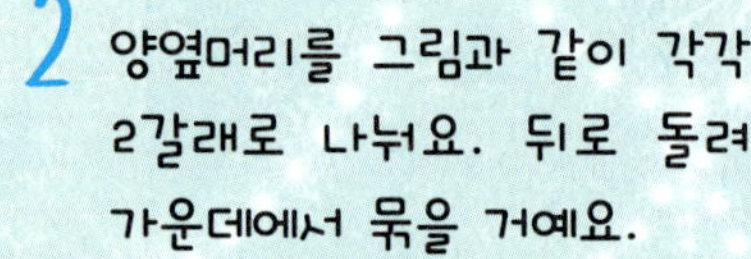

4 살짝 느슨하게 묶어 머리카락 끝을 1과 2 갈래 사이로 통과시켜 돌려요. 자연스럽게 관자놀이 부분까지 빙그르르 꼬이도록 2회 이상 돌려요.

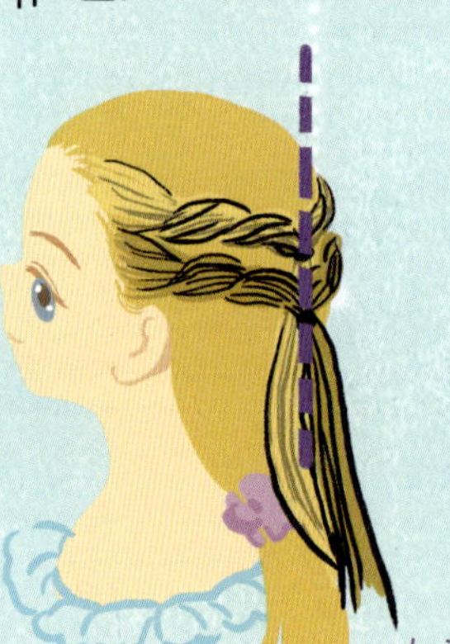

5 3과 4의 가닥도 같은 방법으로 묶어요.

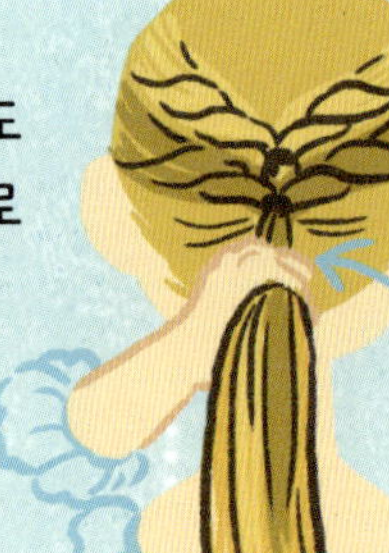

6 남아 있는 머리카락과 함께 묶어 고리모양을 만들어요.

7 고리모양으로 묶고 남은 머리카락 끝을 잡아요. 고무줄 위로 한 바퀴 돌린 다음 실핀을 꽂아 고정시켜요.

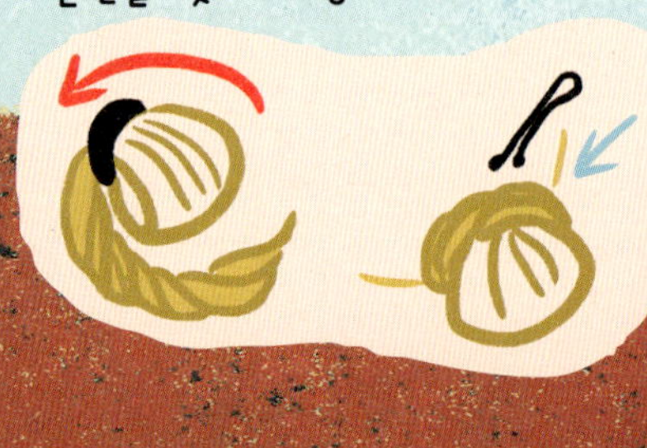

8 코사지 장식 핀으로 마무리해요.

랄랄라~라라
내가 좋아하는 음악이야!
앨리스와 춤을 추려고 얼른 무대로 나가려는데
헐레벌떡 뛰어오는 토끼와 또 마주쳤어.

이제야 찾았네! 다시 만나 반가워요!
나를 도와줘서 고마워요.
그런데 조금 문제가 생겼어요.
여왕님이 아직 파티에 도착하지 못했어요.
여왕님이 울기 직전이에요!
여러분의 도움이 필요 해요.

엄마 손은 요술 손!
어려운 스타일에 도전하기

엄마와 함께 꾸미고
엄마 얼굴을 그려 보세요~

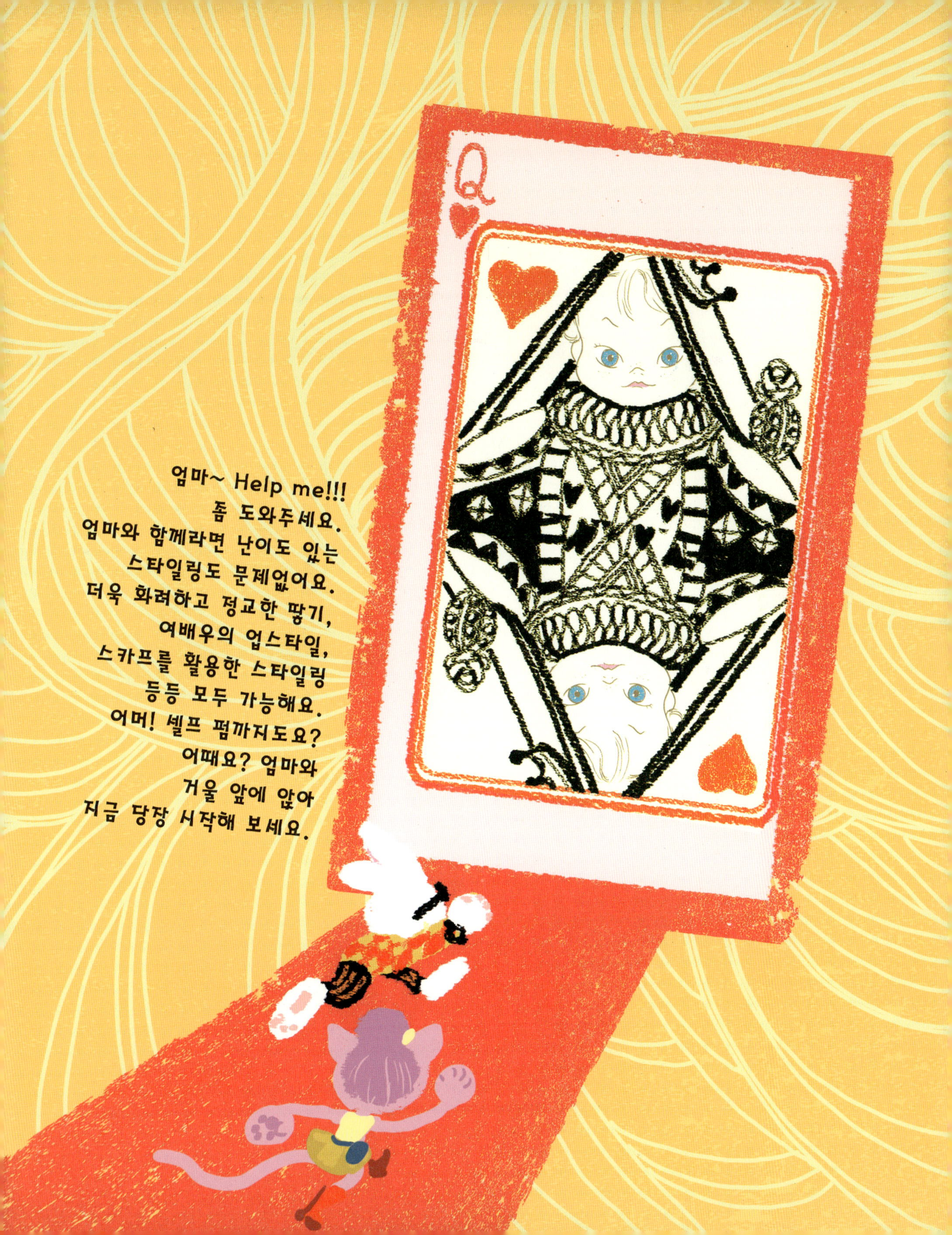

엄마~ Help me!!!
좀 도와주세요.
엄마와 함께라면 난이도 있는
스타일링도 문제없어요.
더욱 화려하고 정교한 땋기,
여배우의 업스타일,
스카프를 활용한 스타일링
등등 모두 가능해요.
어머! 셀프 펌까지도요?
어때요? 엄마와
거울 앞에 앉아
지금 당장 시작해 보세요.

사람들은 아주 오래전부터 가발을 썼어요. 동서양 모두 가발을
장식용 액세서리 또는 보조도구로 사용했지요.
좀 더 아름답고 멋있게 보이기를 원했거든요.
자, 그럼 옛날에는 어떤 가발이 유행했는지 살펴 볼까요?

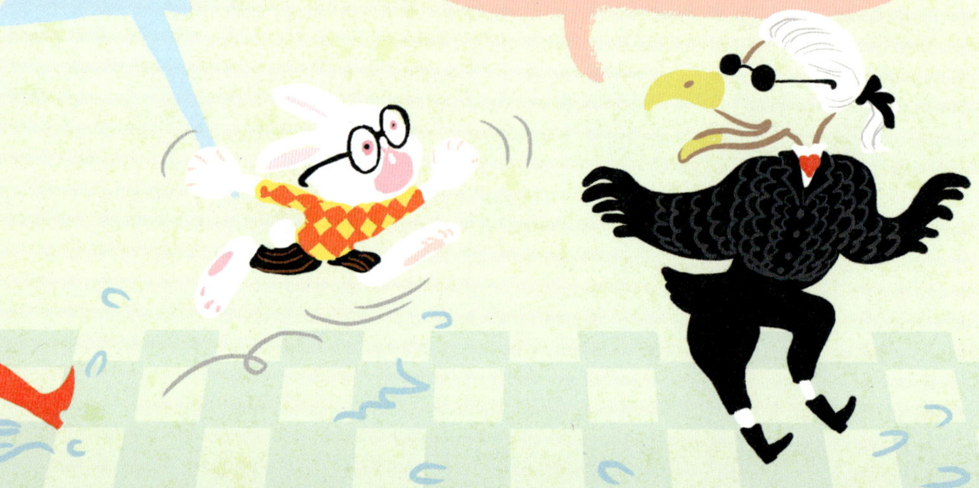

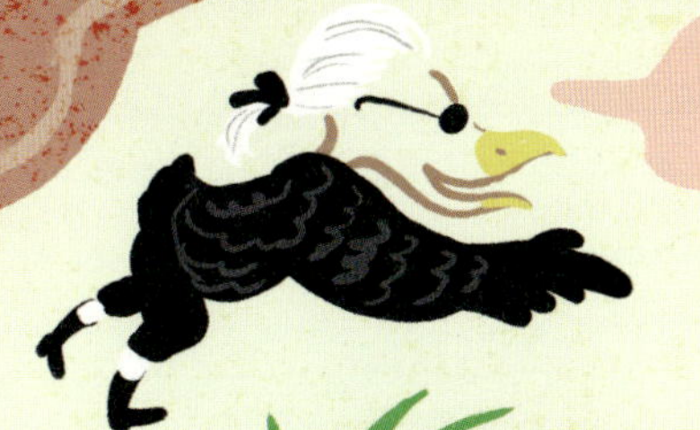

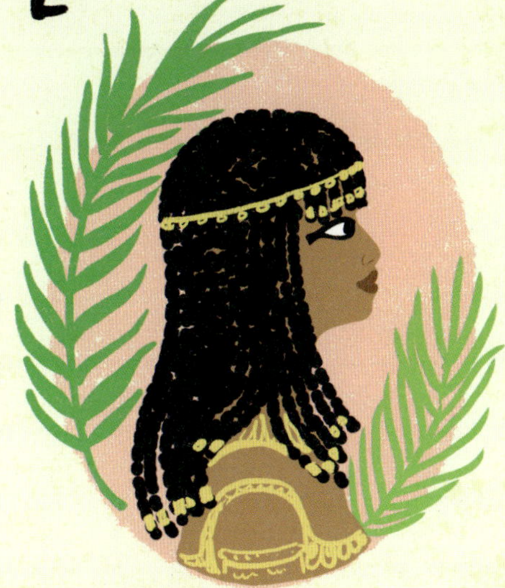

고대 이집트

더위를 피하고 위생적인 생활을 하기 위해 삭발을 하고 대신 가발을 썼어요. 이 시대에 가발은 머리카락을 밀납으로 굳혀서 만들었어요.
머리카락이 비싸고 귀해 양의 털이나 종려나무 잎으로 만들기도 했어요.

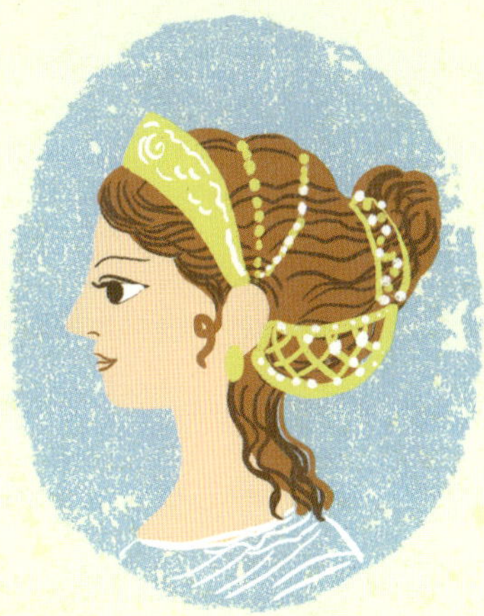

그리스로마시대

대머리를 감추거나 변장을 하기 위해 가발을 썼어요. 여성은 긴 머리 가발을 땋아 뒤로 올리는 헤어스타일이 유행이었죠.

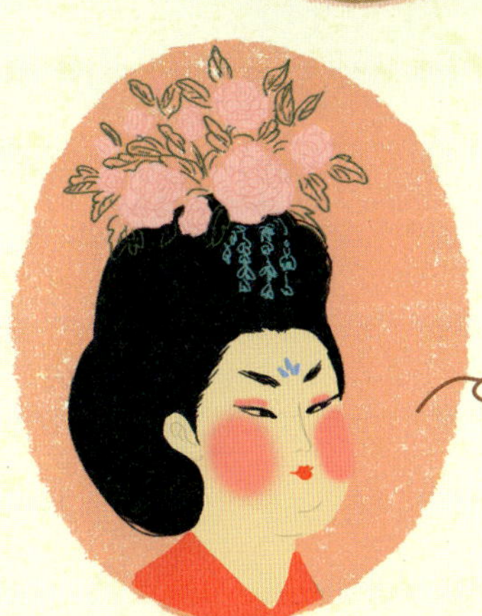

중국의 가발

중국 최고의 미인 양귀비도 가발로 멋을 냈어요.

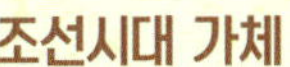

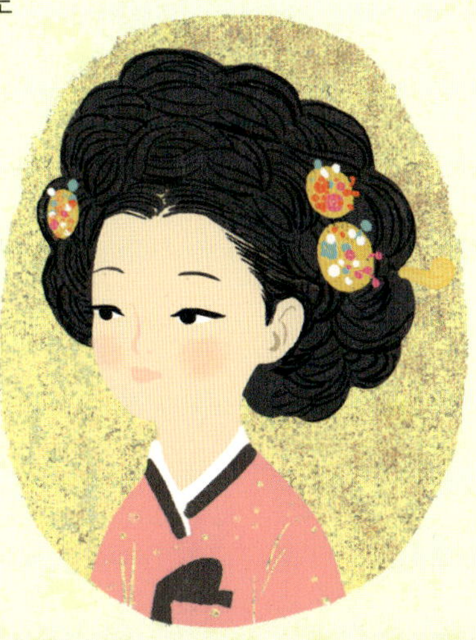

조선시대 가체

가체(조선시대 가발)를 얹어 풍성하게 부풀린 헤어스타일이 유행이었어요. 왕가와 사대부 여인이나 후궁들도 가체를 썼어요. 가체는 진짜 머리카락으로 만들었는데 크고 무거웠지요. 기와집 한 채를 팔아야 가체 하나를 살 수 있다고 할 정도로 비싸기도 했답니다.

퍼루크peruke

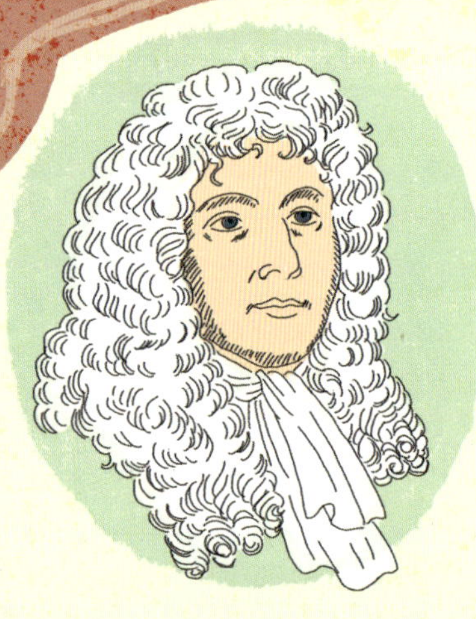

17~19세기에 유행했던 남성용 가발이에요. 곱슬곱슬하게 목덜미까지 늘어뜨린 모양이지요. 프랑스의 왕 루이 13세가 고대 이집트의 남자들이 썼던 가발을 다시 유행시키면서 생겨났어요. 권위의 상징으로 유럽 왕실과 장군, 판사, 변호사 등 사회 지도계층이 주로 사용했습니다. 손으로 일일이 만들어야 하는 퍼루크는 값도 비쌌어요. 그래서 퍼루크만 훔치는 전문 도둑이 있을 정도였답니다.

퐁타쥬fontanges

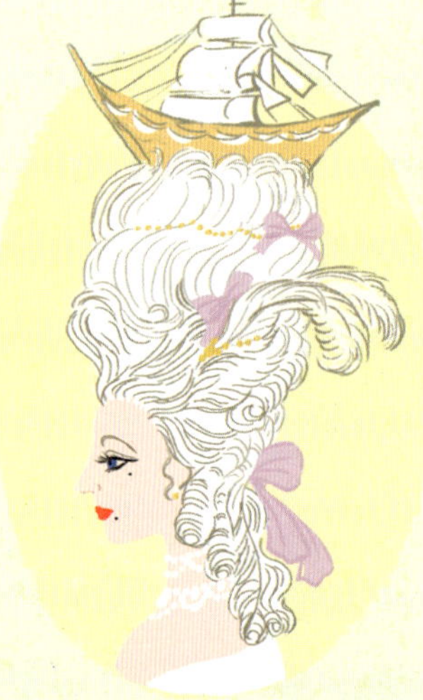

17~18세기 유럽, 특히 프랑스에서 유행했던 가발이에요. 탑처럼 높이 쌓은 가발에 수많은 리본과 레이스, 장식품을 얹어 한껏 멋을 냈지요. 귀족들이 부와 지위를 과시하기 위해 썼어요. 목디스크에 걸릴 정도로 무겁고 컸으며, 퐁타쥬에 불이 붙어 화상을 입는 경우도 종종 있었답니다.

모차르트의 롤 가발

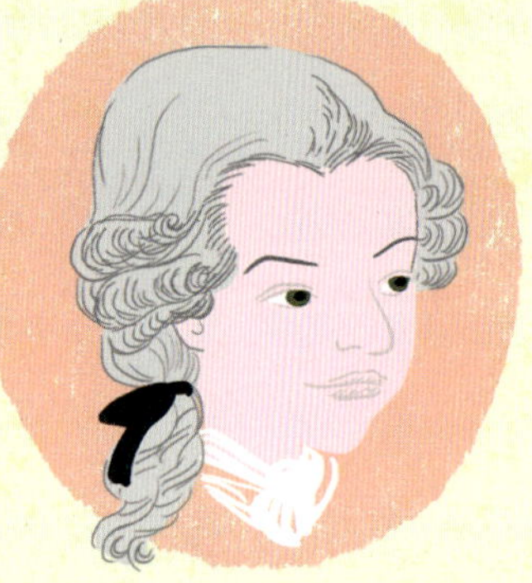

음악가들도 가발을 썼어요. 아래쪽이 마치 롤빵처럼 말려 있는 흰색 가발이었죠. 젊은이도 이 흰색 가발을 썼는데, 흰색은 나이 든 사람의 지성을 상징하는 색이기 때문이에요. 이 가발은 말이나 양의 털로 만들었어요.

1960~1970년대의 가발 쓴 여자

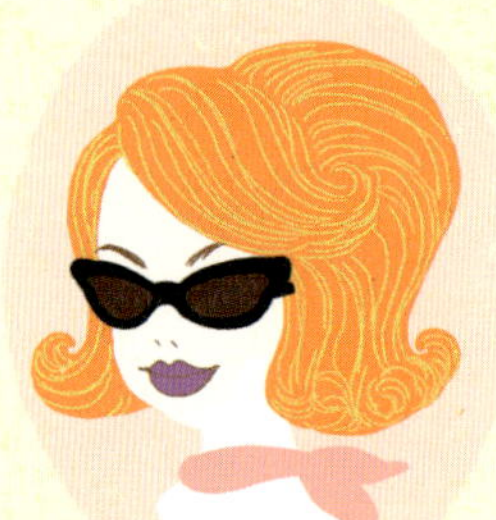

전 세계적으로 가발이 유행했어요. 가발을 만드는 데 쓰이는 윤기 있고 긴 머리카락은 팔면 돈이 되었죠. 이후 아크릴섬유가 개발되면서부터 인조가발이 만들어지기 시작했어요.

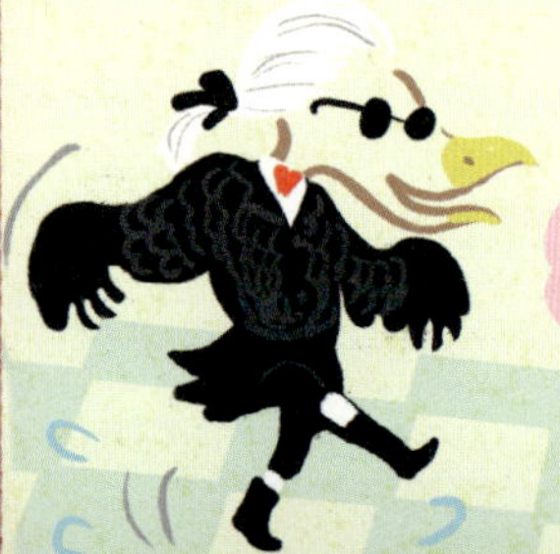

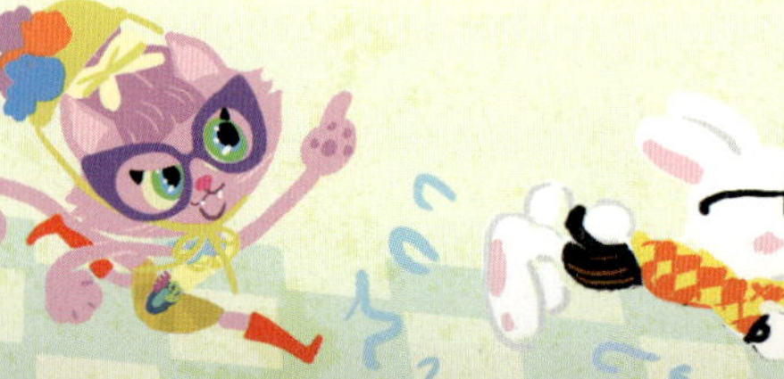

스카프로 멋 내기

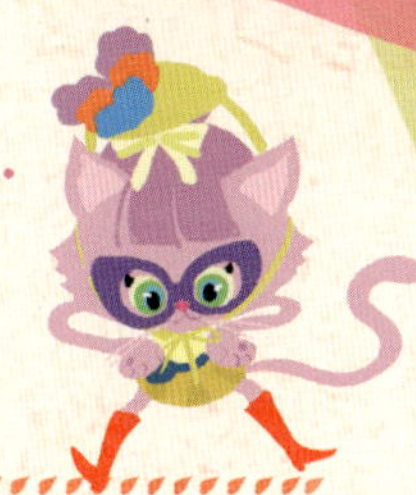

준비물 반다나 실핀 2개

반다나 스타일링

짧은 스카프인 반다나로 예쁘게 꾸며 보세요. 짧게 둘러 묶어 헤어밴드처럼 연출할 수 있어요.

1 반다나를 그림과 같이 접어 끈
모양으로 만들어요.

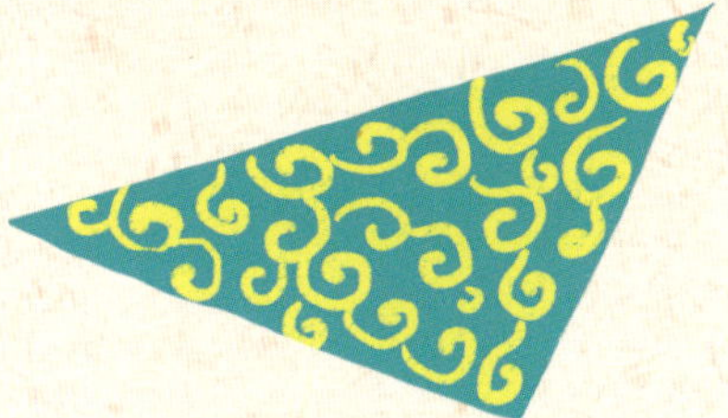

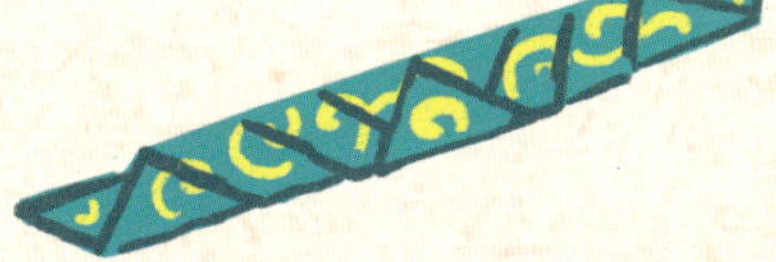

이때 반다나 양쪽 끝이 뾰족하게
살아 있도록 해요.

2 목덜미에서 이마를
향해 둘러 묶어요.

3 실핀으로 양쪽을
고정시켜요.

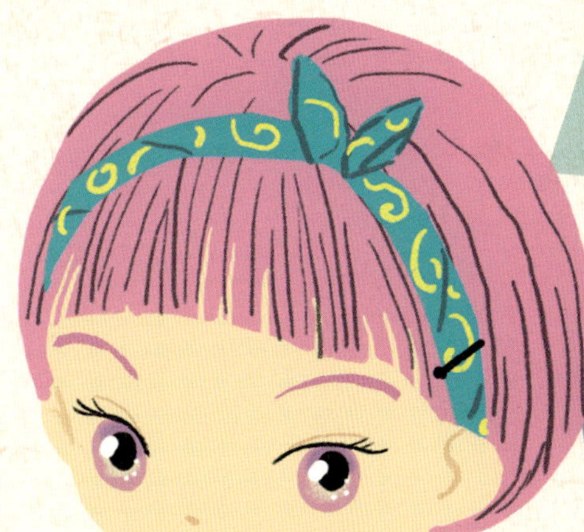

정사각형 미니스카프 스타일링

정사각형의 작은 스카프도 예쁜 헤어액세서리가 될 수 있어요.
길쭉하게 접어 헤어밴드를 만들면 되지요. 짧은 헤어스타일에 더 잘 어울려요.

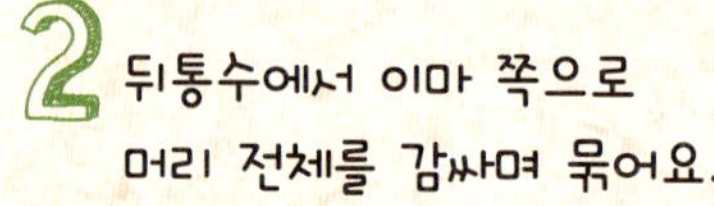

1 스카프가 삼각형이 되도록 반으로 접은 다음 다시 너비 10cm 가 되도록 접어요.

2 뒤통수에서 이마 쪽으로 머리 전체를 감싸며 묶어요.

3 실핀으로 양쪽을 고정시켜요.

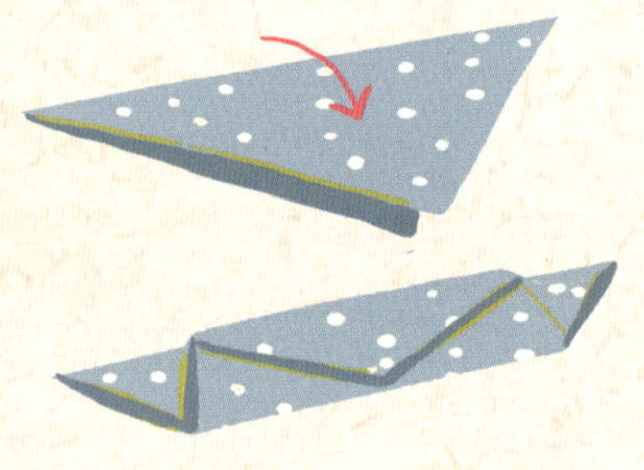

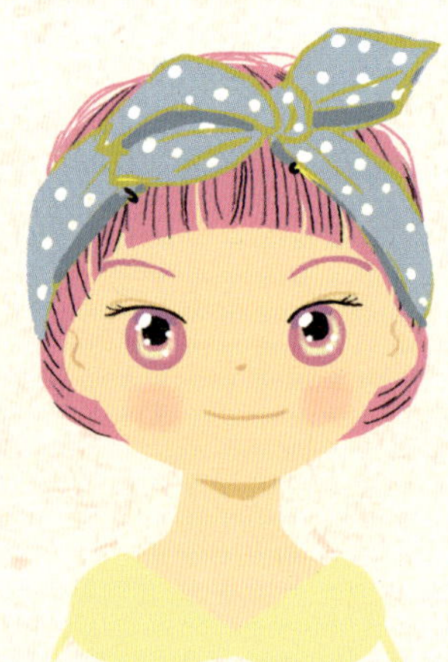

주름스카프 스타일링

엄마의 스카프를 잠깐 빌려요. 자연스럽게 주름진 스카프라면 더 좋아요.
스카프를 자연스럽게 말아 접어 우아한 스타일로 연출하세요.

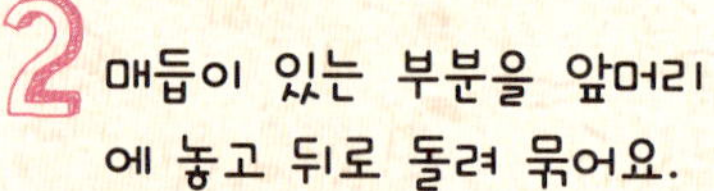

1 긴 스카프를 자연스럽게 접어요. 가운데에서 한 번 묶어 매듭지어요.

2 매듭이 있는 부분을 앞머리에 놓고 뒤로 돌려 묶어요.

3 스카프 끝은 그림과 같이 감아 넣어 숨겨요.

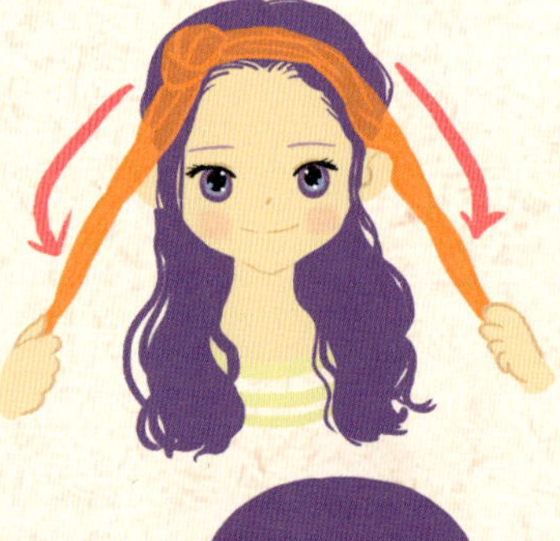

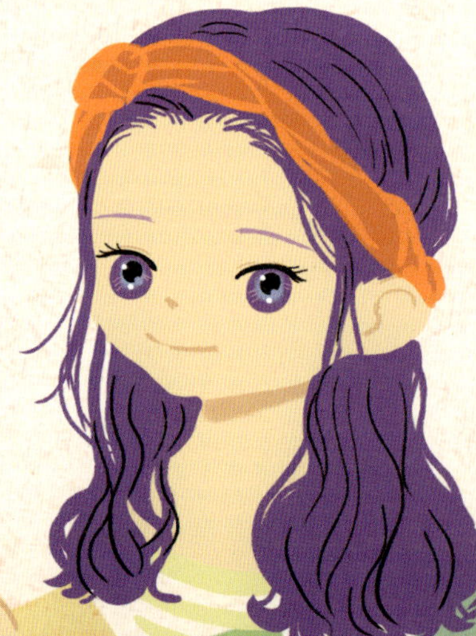

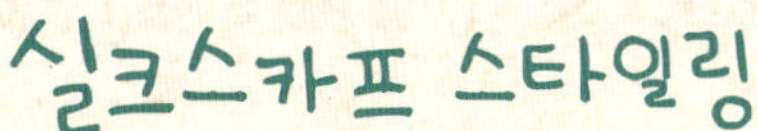

실크스카프 스타일링

실크스카프처럼 부드럽고 긴 스카프를 빙빙 돌려 원통형의 긴 끈을 만든 다음
자연스럽게 묶어 꾸며 보세요.

준비물   실크스카프   꼬리빗

1 스카프 양쪽 끝을 잡고 빙글빙글 돌려 얇고 긴 원통형 끈으로 만들어요.

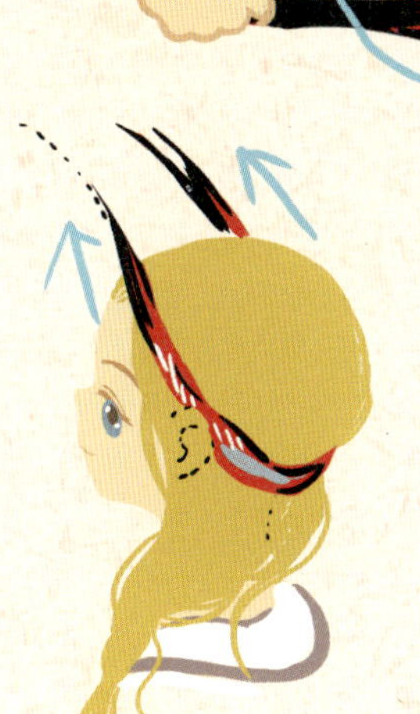

2 뒤통수에서 이마 쪽으로
스카프를 보내 엇갈린 다
음 다시 뒤로 보내요.

3 다시 앞으로 돌려 이마
쪽에서 묶어요.

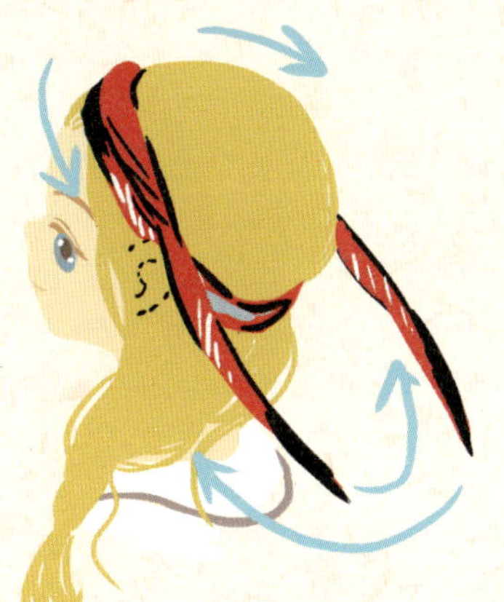

4 손가락이나 꼬리빗을 이용해 뒤통
수의 머리카락을 자연스럽게 빼내
마무리해요.

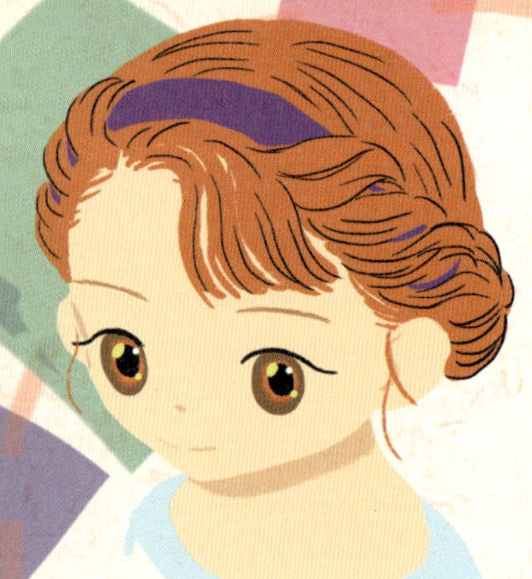

링 모양 헤어밴드 스타일링

동그란 링 모양 헤어밴드를 이용해 공주 풍 헤어스타일을 연출할 수 있어요. 링 모양 헤어밴드가 이렇게 훌륭한 도구가 될 수 있다니 깜짝 놀랄 거예요.

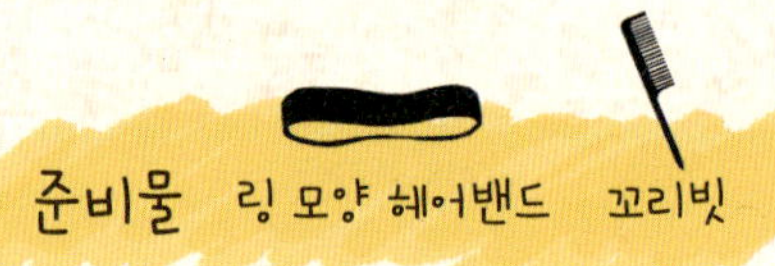

준비물 링 모양 헤어밴드 꼬리빗

1 헤어밴드를 머리에 얹듯이 쓴 다음 헤어밴드 아래쪽에서 머리카락 한 가닥을 나누어 잡아요.

2 빼낸 가닥을 그림과 같이 사선으로 헤어밴드에 감아 돌려요.

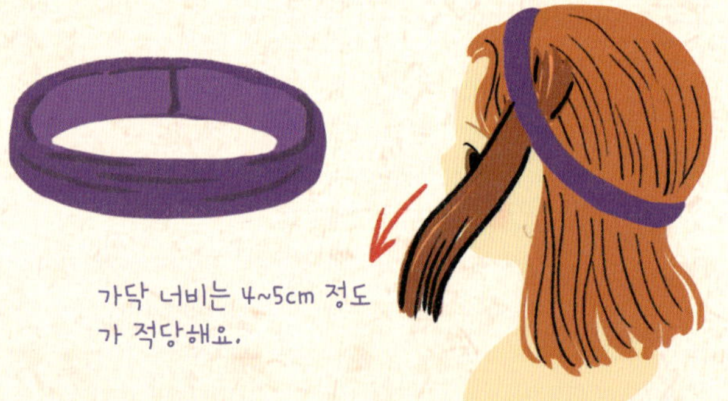

가닥 너비는 4~5cm 정도가 적당해요.

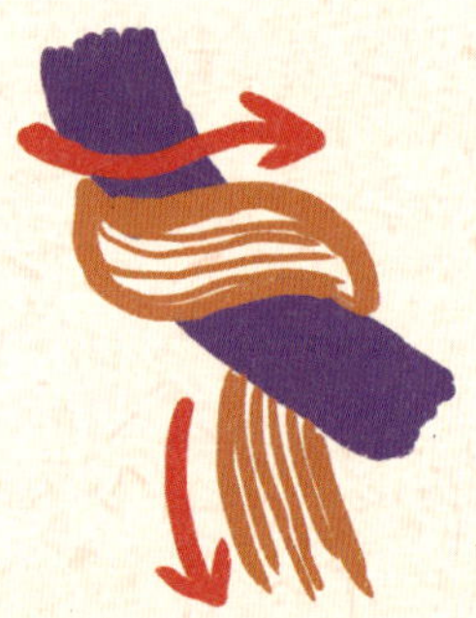

3 다시 헤어밴드 아래쪽에서 두 번째 가닥을 빼내 같은 방법으로 스타일링 해요.

4 양옆머리 모두 같은 방법으로 헤어밴드에 감은 다음 뒷머리를 잘 매만져 예쁘게 마무리해요.

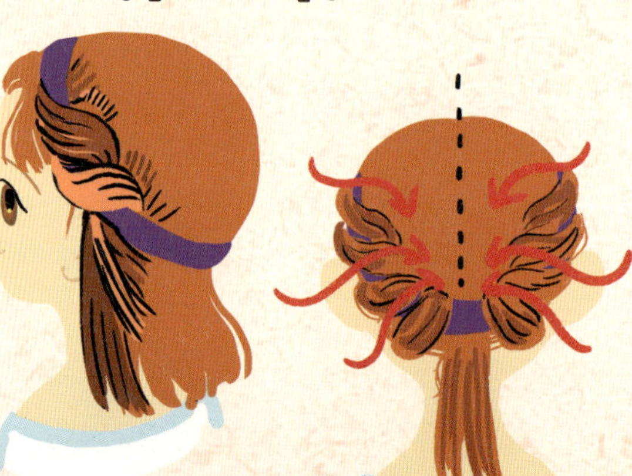

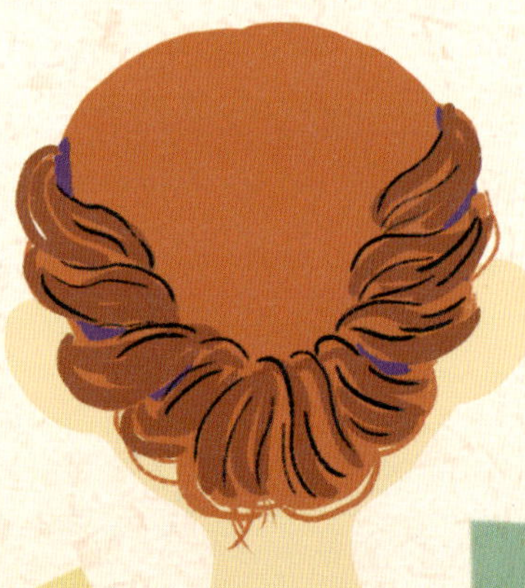

스카프를 이용해 세 줄 땋기

스카프를 머리카락 한 가닥으로 삼아 세 줄 땋기 하는 방법이에요.
머리카락 두 가닥과 스카프 한 줄이 필요하지요.

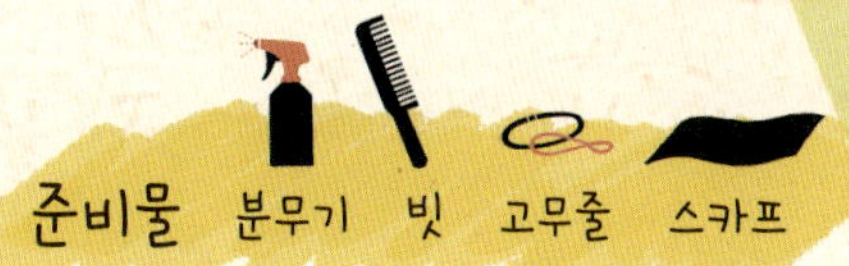

1 분무기로 물을 살짝 뿌려 가지런히 빗질해 머릿결을 정리해요.

2 옆머리에 포니테일 해요.

3 스카프가 삼각형이 되도록 반으로 접은 다음 같은 방향으로 여러 번 접어 긴 끈 모양을 만들어요.

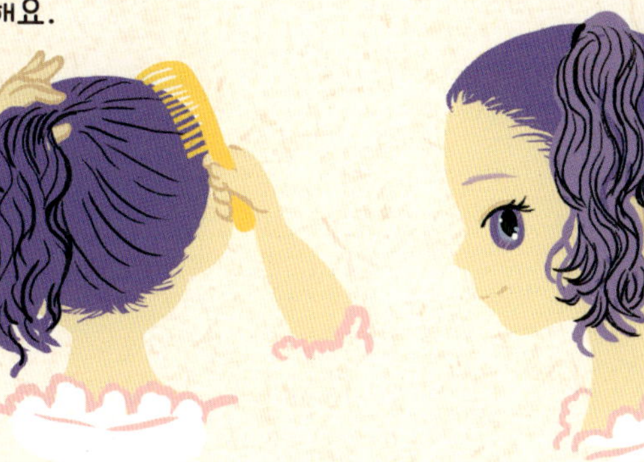

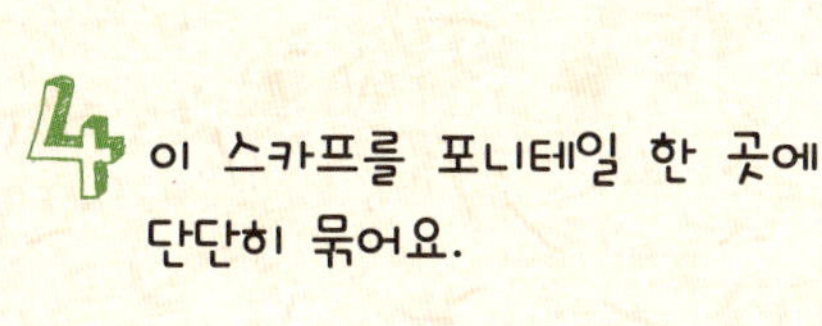

4 이 스카프를 포니테일 한 곳에 단단히 묶어요.

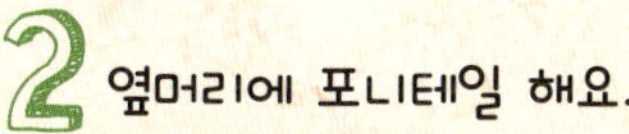

5 포니테일 한 머리를 두 갈래로 나누어 스카프와 함께 세 줄 땋기 해요.

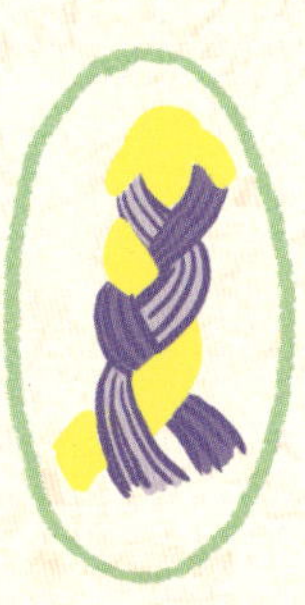

6 끝까지 땋고 머리 길이보다 스카프가 길게 남으면 스카프를 머리끝에서 여러 번 돌려 리본으로 마무리하세요.

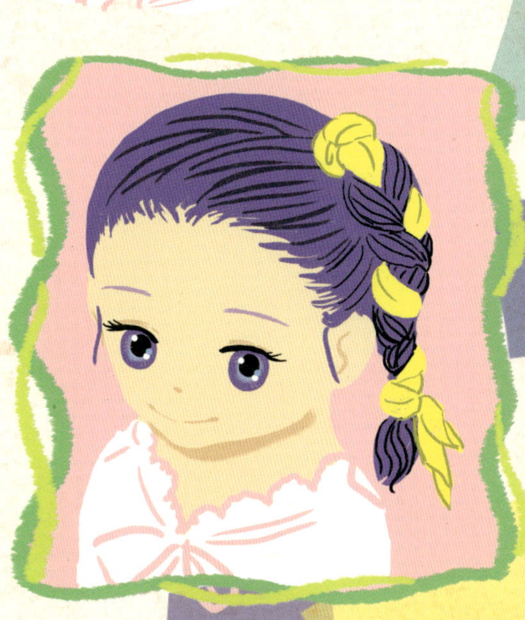

변덕쟁이 여왕을 만나다

높다란 의자 위에 작은 여자 아이가 앉아 있었지.
의자 아래에는 호위 병사들이 여왕이 흘린 눈물에 흠뻑 젖어 서 있었어.
앨리스가 날쌔게 의자 위로 뛰어 올랐어.
여왕과 나누는 이야기는 들리지 않았지만 여왕이 이내 울음을 그쳤지 뭐야.
앨리스가 내려오자 우리는 만세를 불렀지.

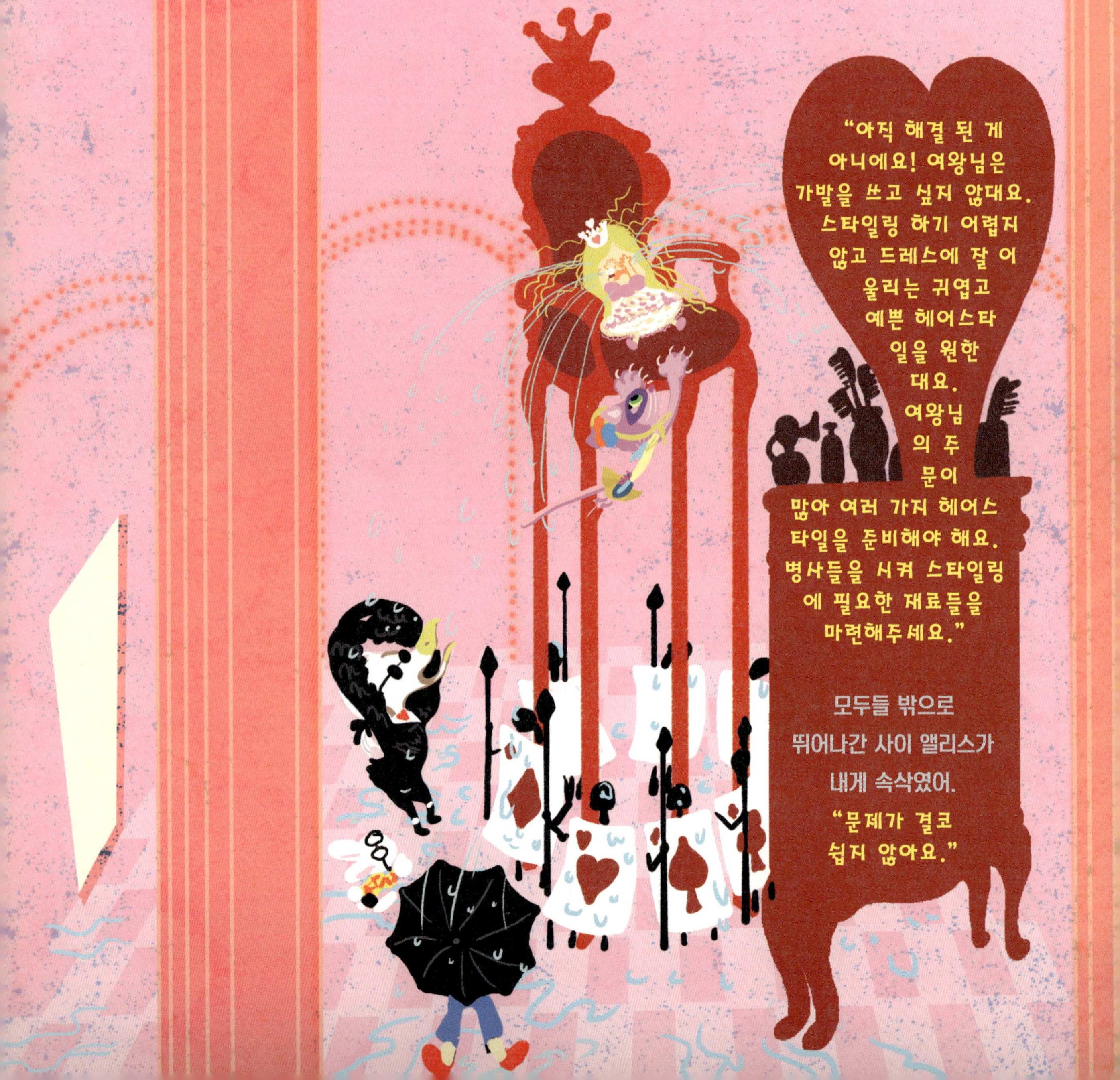

"아직 해결 된 게 아니에요! 여왕님은 가발을 쓰고 싶지 않대요. 스타일링 하기 어렵지 않고 드레스에 잘 어울리는 귀엽고 예쁜 헤어스타일을 원한대요. 여왕님의 주문이 많아 여러 가지 헤어스타일을 준비해야 해요. 병사들을 시켜 스타일링에 필요한 재료들을 마련해주세요."

모두들 밖으로 뛰어나간 사이 앨리스가 내게 속삭였어.
"문제가 결코 쉽지 않아요."

구불구불~
웨이브를 만드는 셀프 펌

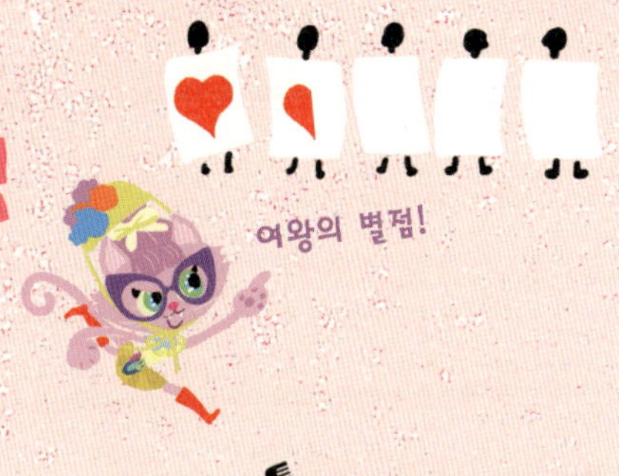

집에서 엄마랑 함께 할 수 있는 셀프 펌 몇 가지를 소개할게요.
화학약품을 사용하지 않아 몸에 해롭지 않은 친환경 펌이지요!

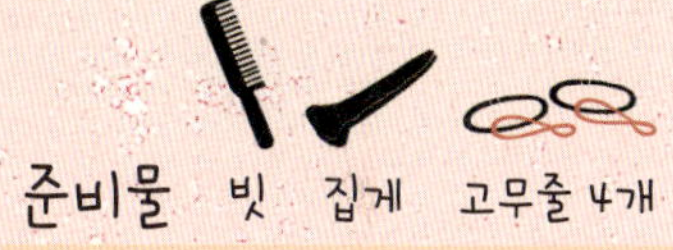

하룻밤 펌 1

자기 전에 꽁꽁 땋아 묶어놓고 아침에 일어나 풀면 웨이브가 아주 잘 나와요.

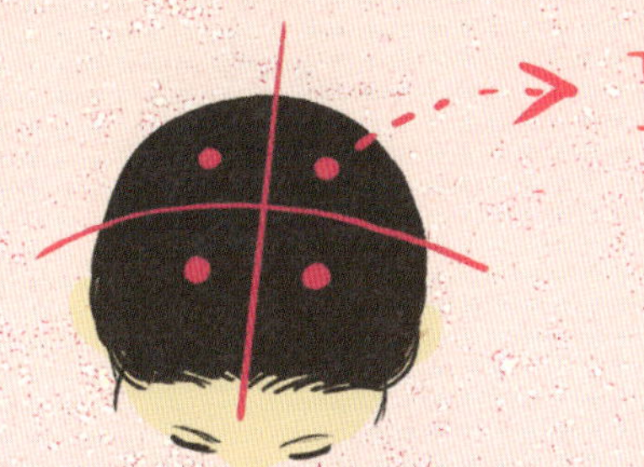

1 정수리 쪽에서 전체를 4등분하고
각각 집게로 고정시켜요.

2 네 곳 모두 정수리 쪽으로
바짝 올려 묶고 각각 세 줄
땋기 해요.

3 머리끝까지 땋아
고무줄로 묶어요.

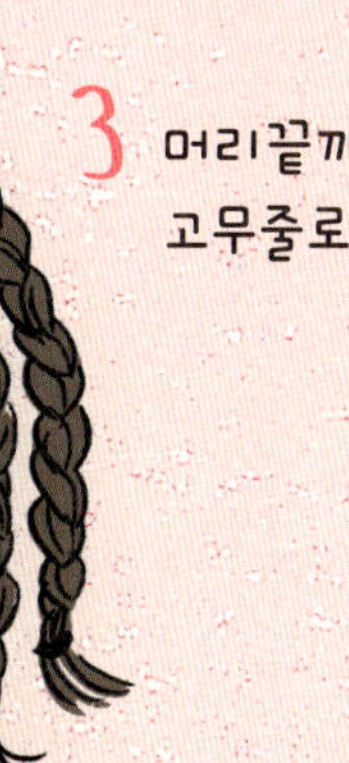

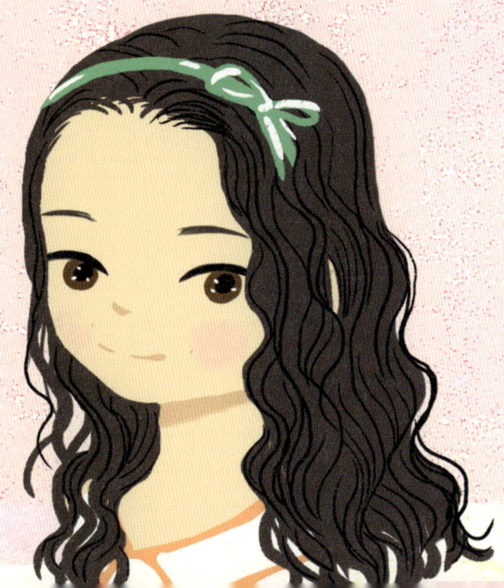

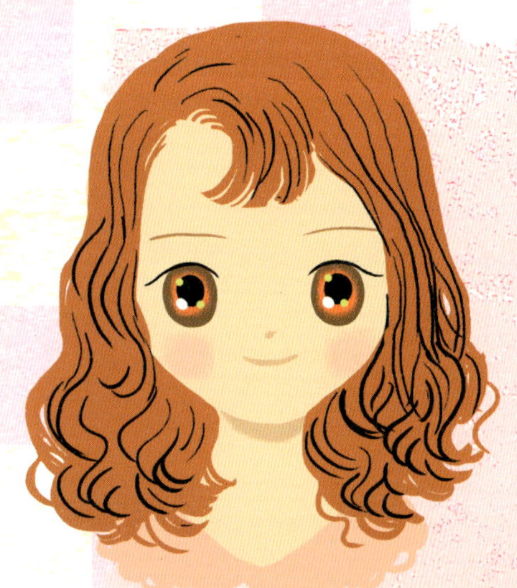

하룻밤 펌 2

잠들기 전에 말아두었다가 아침에 일어나서 풀어 완성하는 펌이에요.
밤새 머리가 돌돌 말린 모양으로 유지되어 저절로 펌이 되지요.

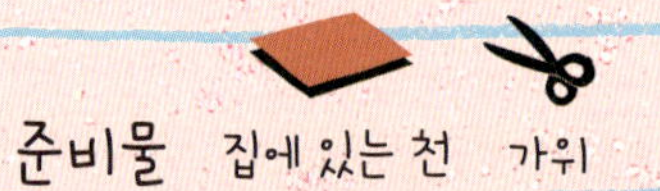

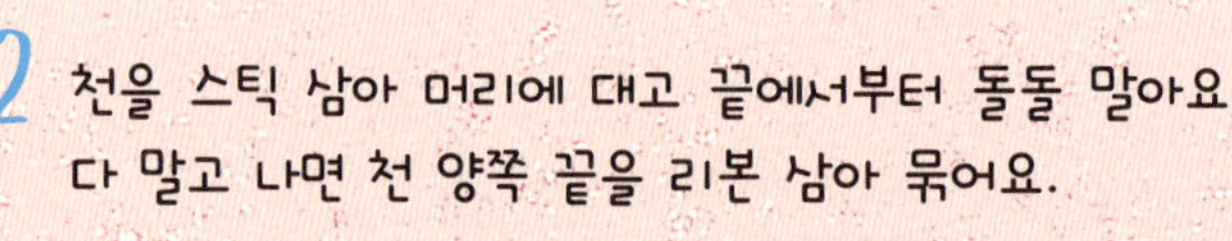

1 천을 준비해요. 자투리 천을 몇 개 모아도 돼요.
폭 2~3cm, 길이 15cm로 여러 개 잘라 준비하세요.

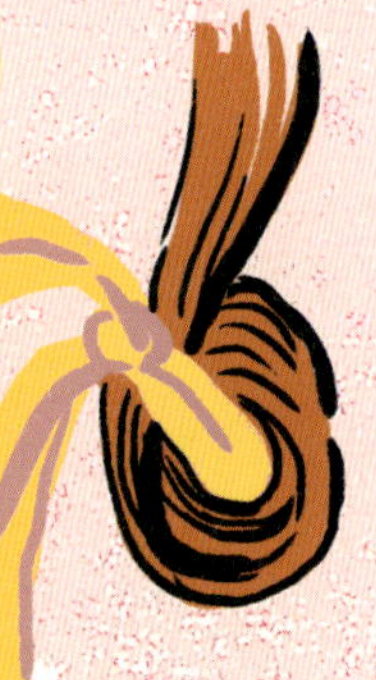

2 천을 스틱 삼아 머리에 대고 끝에서부터 돌돌 말아요.
다 말고 나면 천 양쪽 끝을 리본 삼아 묶어요.

뿌리까지 말면 잘 때 불편해요.
특히 뒷머리는 뿌리에서 5cm
이상 떼고 말아요.

3 전체적으로 말아 완성해요.

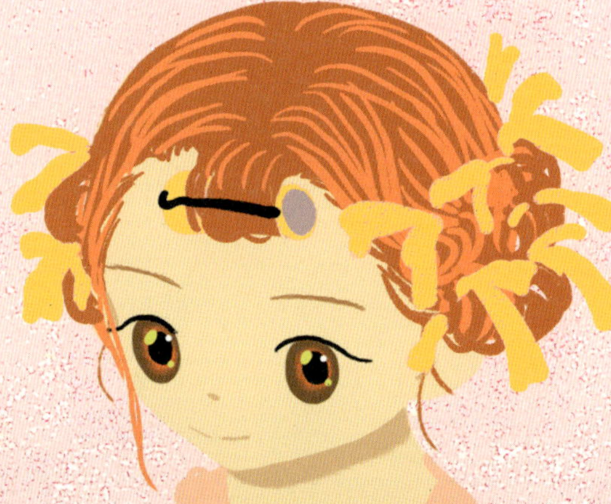

아카시아 펌

아주 옛날, 할머니가 소녀였던 시절에도 했던
펌이에요. 아카시아 줄기를 이용하는 거예요.
아마 엄마도 한 번쯤 해 본 적 있을 걸요?

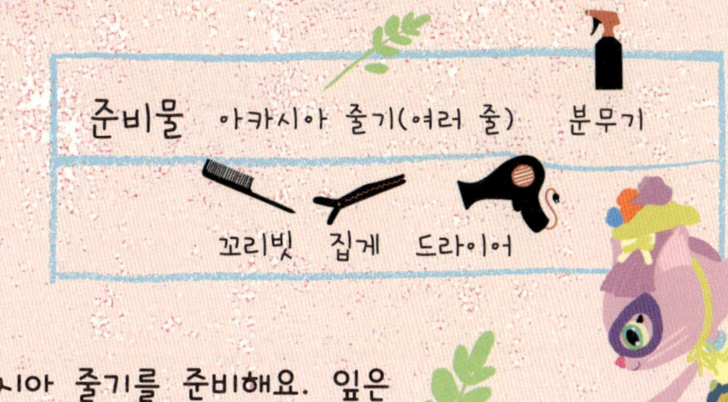

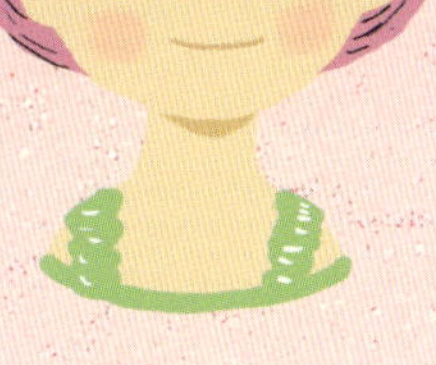

1 아카시아 줄기를 준비해요. 잎은
떼고 줄기만 남겨요. 분무기로 물
을 살살 뿌려 머리카락 전체를 촉
촉하게 적셔요.

2 정수리부터 머리카락을 적당
히 떠가며 스타일링 해요.

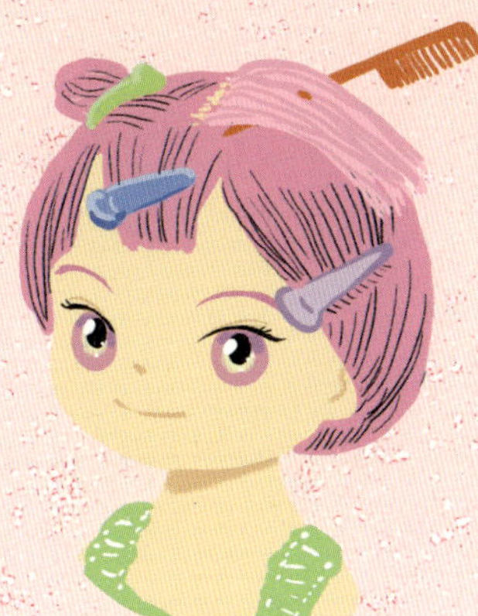

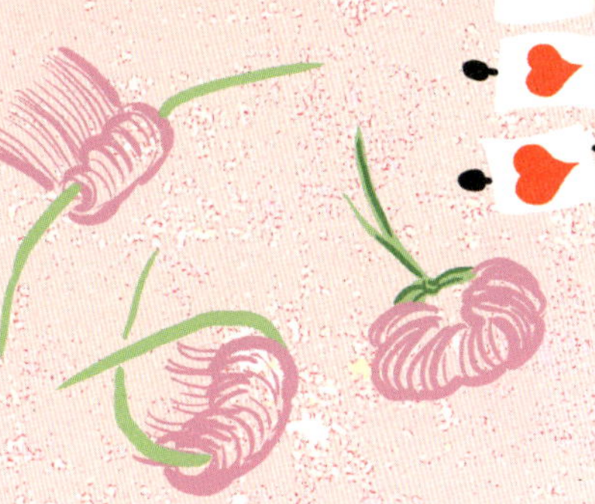

3 아카시아 줄기를 머리카락
에 대고 함께 말아요.

4 줄기 양옆 끝을 모아 단단
히 조여매요.

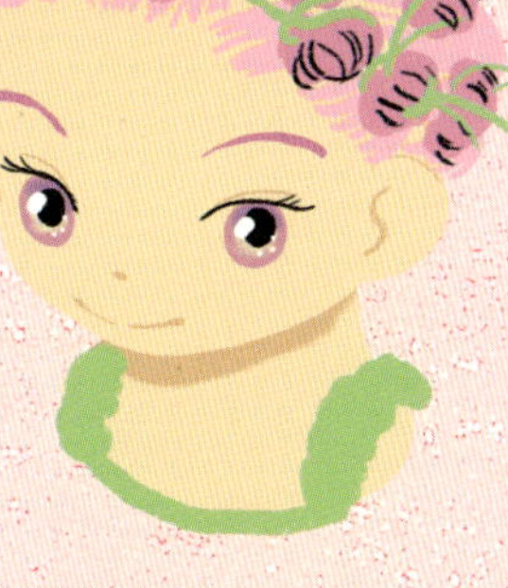

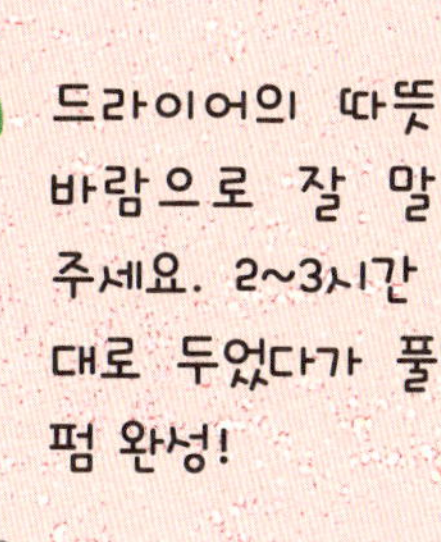

5 같은 방법으로 전체를
말아요.

6 드라이어의 따뜻한
바람으로 잘 말려
주세요. 2~3시간 그
대로 두었다가 풀면
펌 완성!

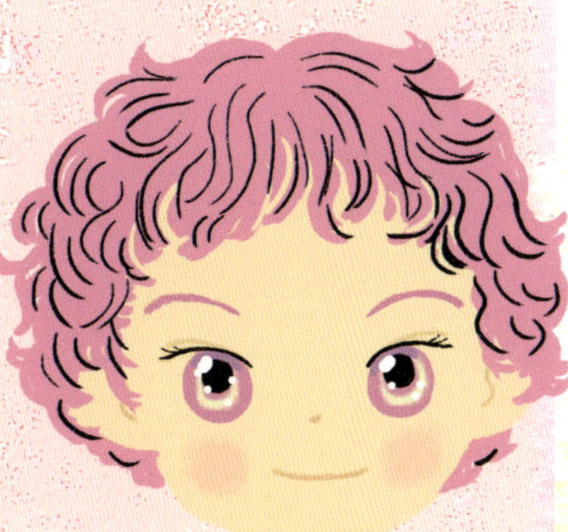

쿠킹포일 펌

포일로 머리카락을 감싼 다음 열을 가해 웨이브를 만드는 방법이에요.

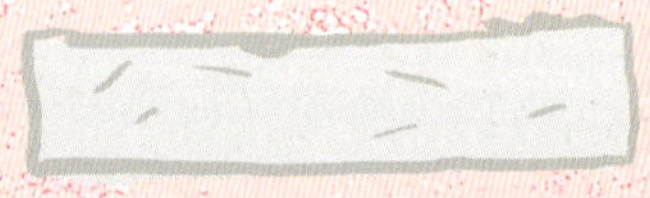

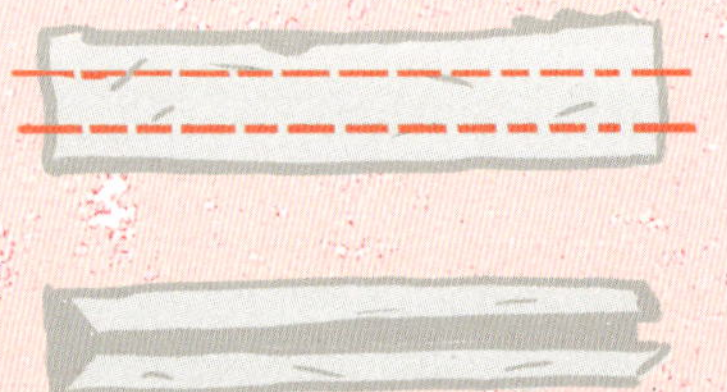

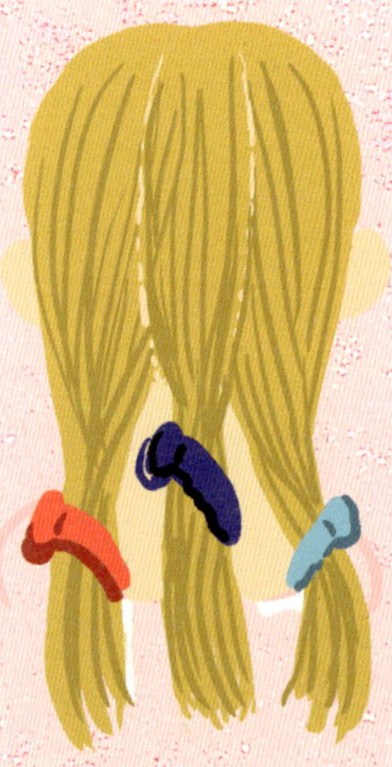

1 포일을 머리카락 길이에 맞춰 잘라요. 8~9cm 폭으로 여러 개 준비해요.

2 포일을 3등분으로 접어요. 가운데 폭이 4cm가 되도록 해요.

3 빗으로 머릿결을 정리하고 전체를 세로 나누기(p.16 참고)로 3등분 해 집게로 고정시켜요.

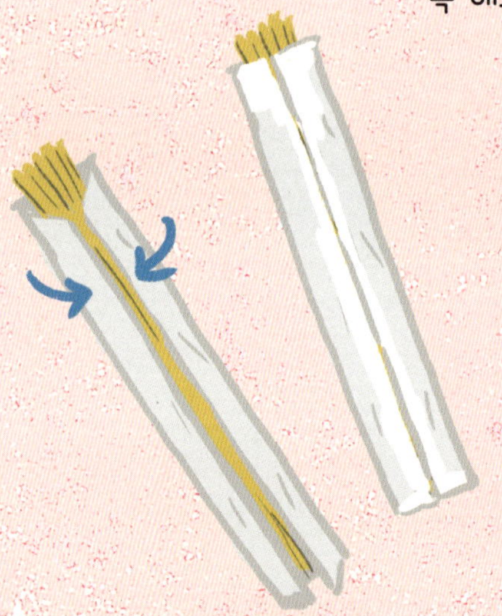

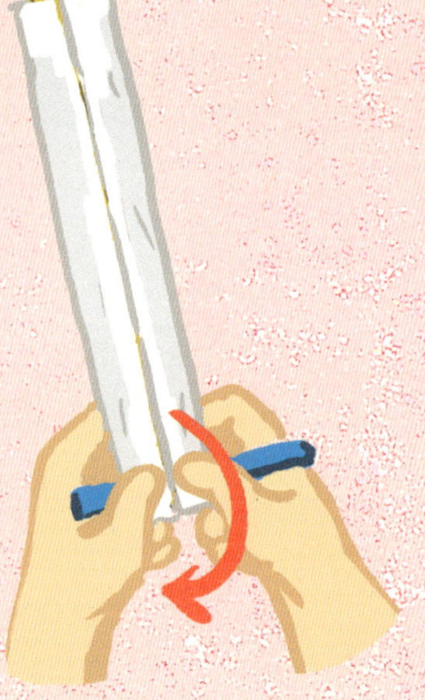

5 갈래 뒤쪽에 댄 포일을 양옆을 접어 올려요.

6 볼펜을 포일 뒤쪽에 대고 안쪽으로 돌돌 말아요.

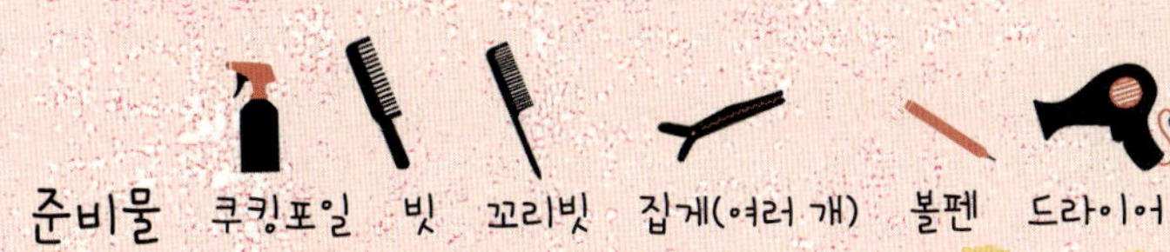

4 한 줄씩 아래쪽 머리부터 스타일링 해요.
꼬리빗으로 머리카락을 떠서 포일을 뒤쪽
에 대요.

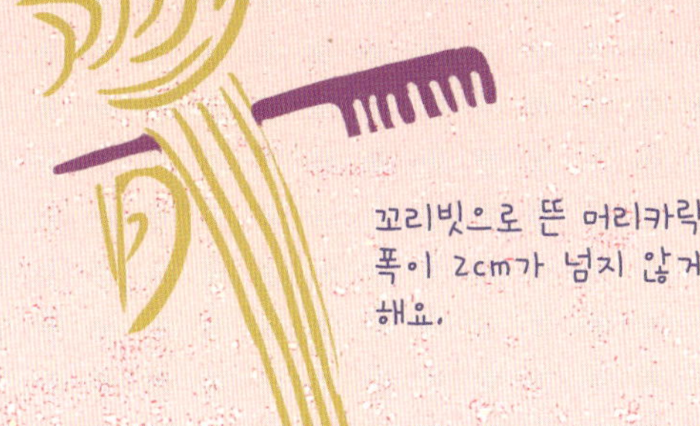

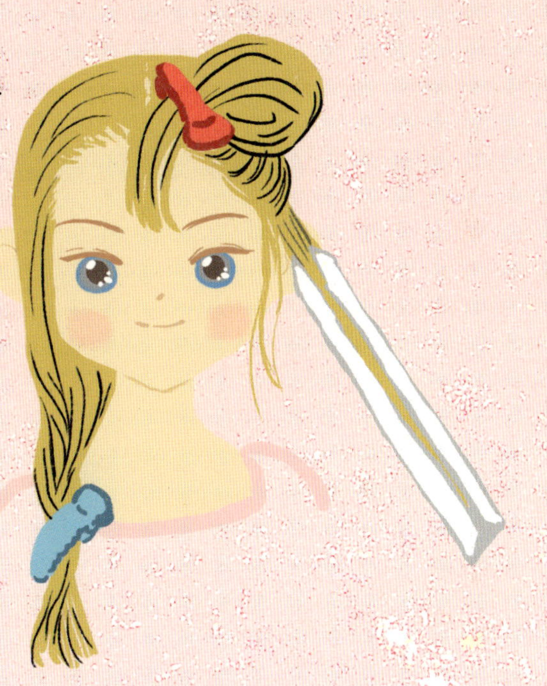

7 집게로 고정시켜요.

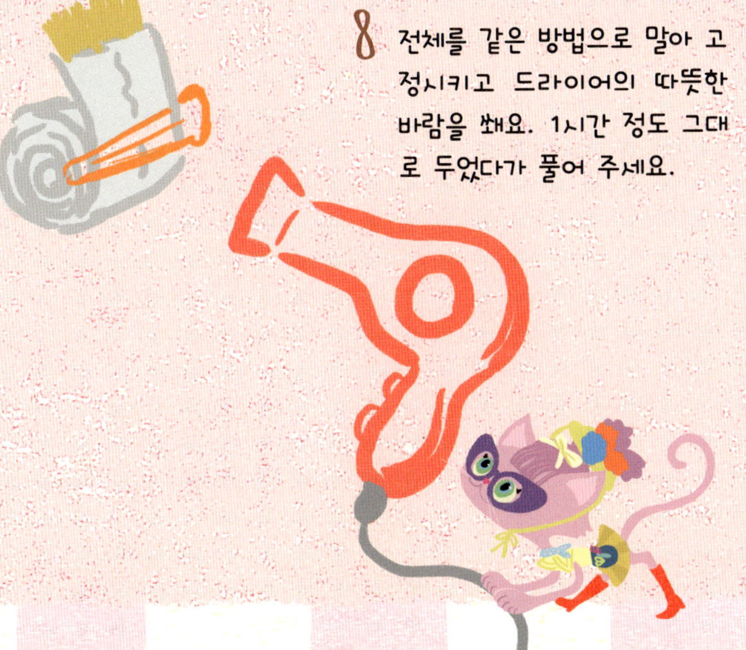

8 전체를 같은 방법으로 말아 고
정시키고 드라이어의 따뜻한
바람을 쐬요. 1시간 정도 그대
로 두었다가 풀어 주세요.

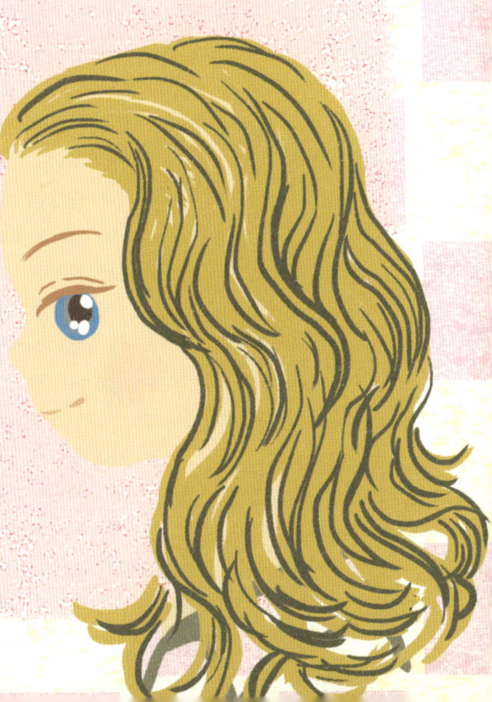

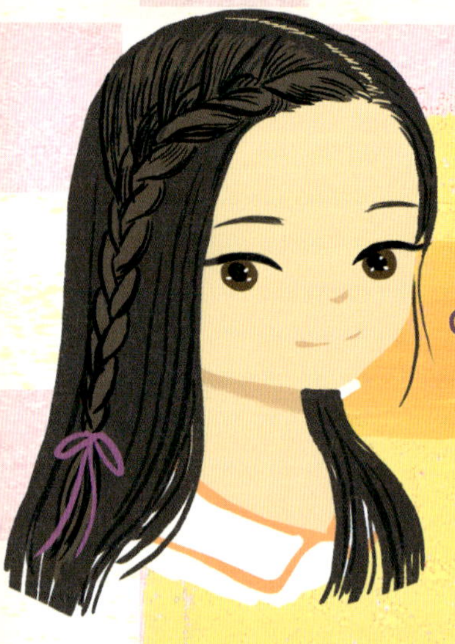

어려운 스타일도
엄마가 도와주면 해결!

좀 더 어려운 스타일링을 해 보려 해요. 엄마~ 도와주세요.

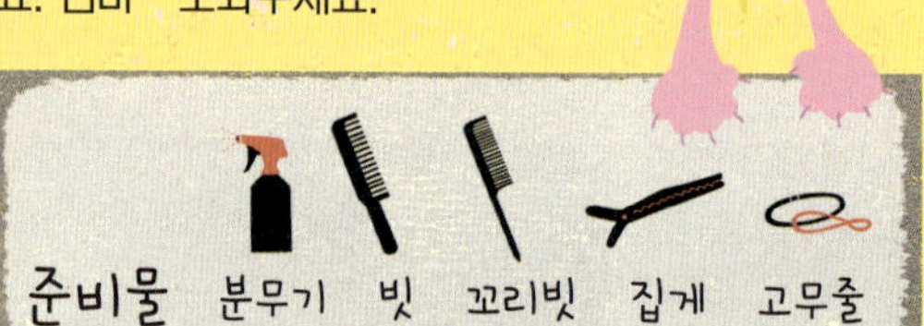

벼머리 땋기

머리 한쪽을 장식하는 스타일이에요. 일명 '벼머리'라고 부르지요. 세 줄 땋기를 기본으로 바깥쪽 머리카락을 끌고 와 함께 땋아 내려가요. 다양하게 응용할 수 있어요.

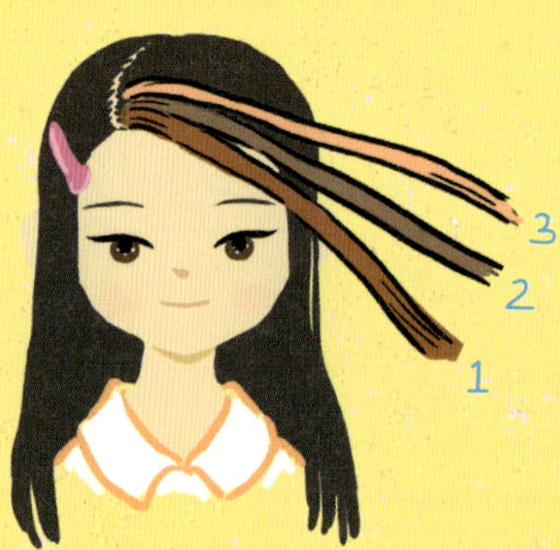

1 분무기로 물을 살짝 뿌려 가지런히 빗질해 머릿결을 정리해요. 한쪽으로 치우치도록 옆가르마(p.16 참고)를 타요.

2 3~4cm 너비가 되도록 앞머리를 잡은 다음 세 갈래로 나누어요.

3 헤어라인을 따라 1, 2, 3번 가닥을 교차시켜요.

4 2번 가닥을 가운데로 보낼 때 그림과 같이 비슷한 볼륨의 가닥을 바깥쪽에서 끌고 와 더해가며 땋아요.

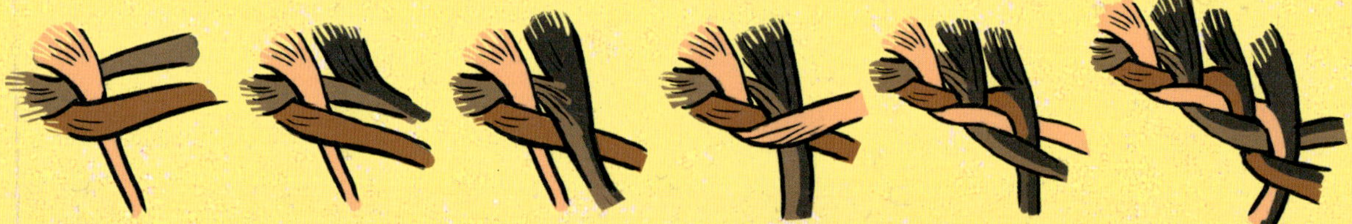

세 줄을 땋을 때 3번 위치의 가닥은 항상 바깥쪽 머리카락을 더해서 땋아요.

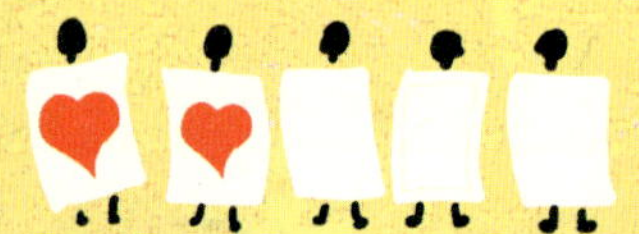

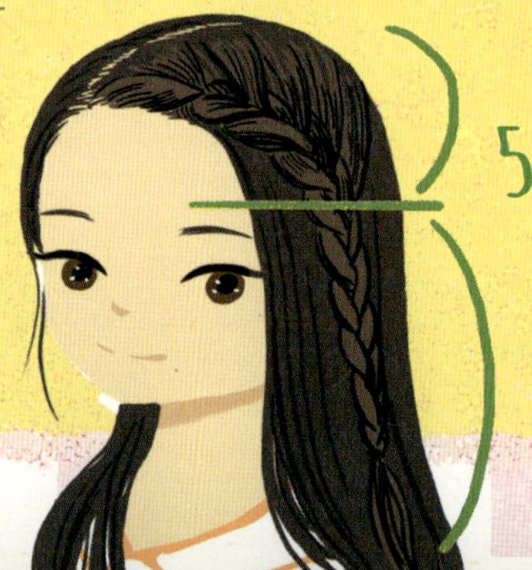

5 관자놀이까지 위와 같은 방법으로 땋고 나머지는 평범한 세 줄 땋기로 땋아 고무줄로 묶어요.

X자 묶기

머리카락 전체를 나눠 묶어요. 꼬리빗을 이용해 구획을
깔끔하게 나누어야 예쁜 X자 묶기가 완성됩니다.

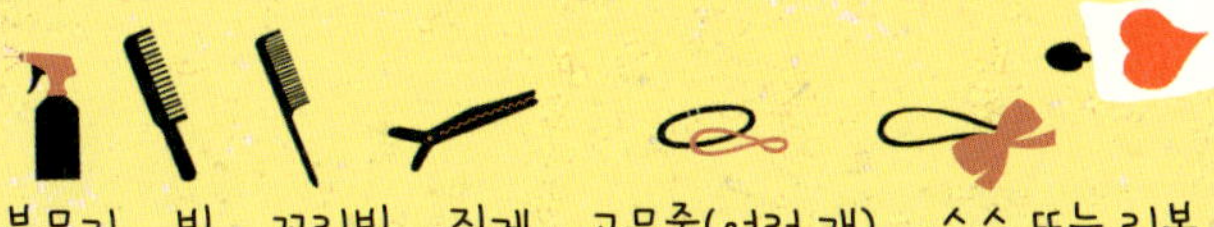

준비물 분무기 빗 꼬리빗 집게 고무줄(여러 개) 슈슈 또는 리본

1 분무기로 물을 살짝 뿌려 가지런히
빗질해 머릿결을 정리해요. 세로 나
누기(p.16 참고)로 가르마를 타고
집게로 한쪽을 고정시켜요.

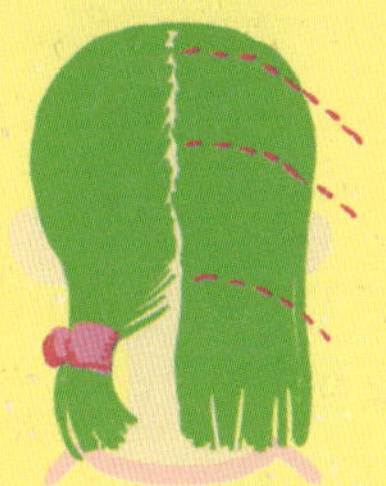

2 집게를 꽂지 않은 쪽부터
가로 나누기(p.17 참고)로
전체를 3단 나누기해요.

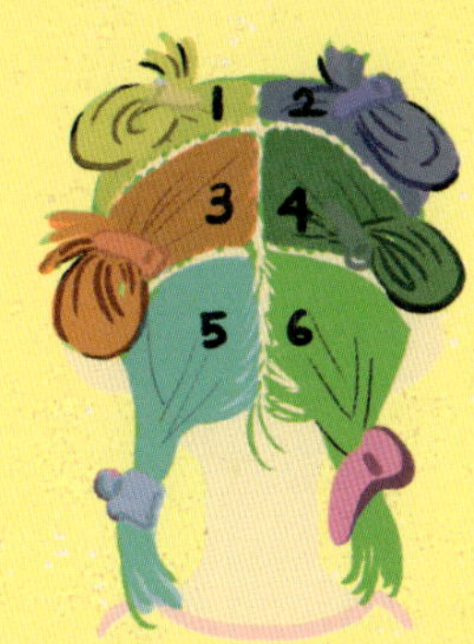

3 반대쪽도 같은 방법으로
나누어 6개의 구역을 모
두 집게로 고정시켜요.

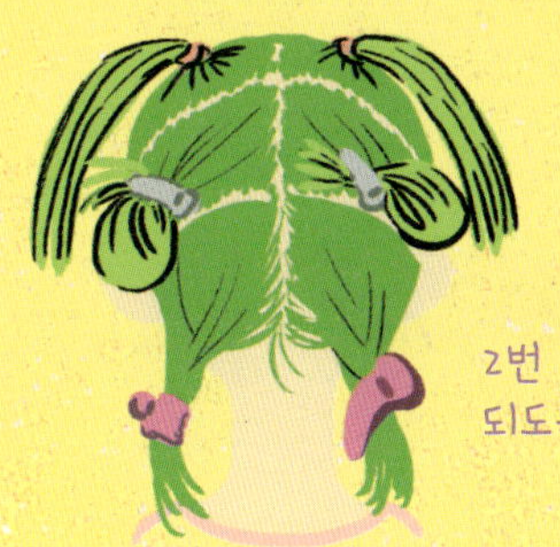

2번 구역의 고무줄과 일직선이
되도록 묶어 주세요.

4 1과 2를 먼저 고무줄로
묶어요.

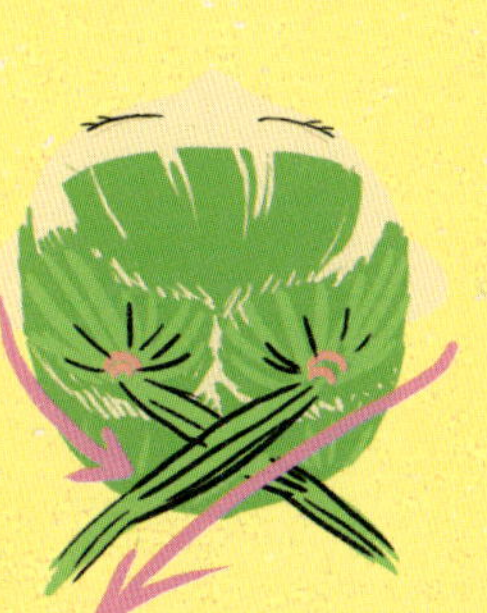

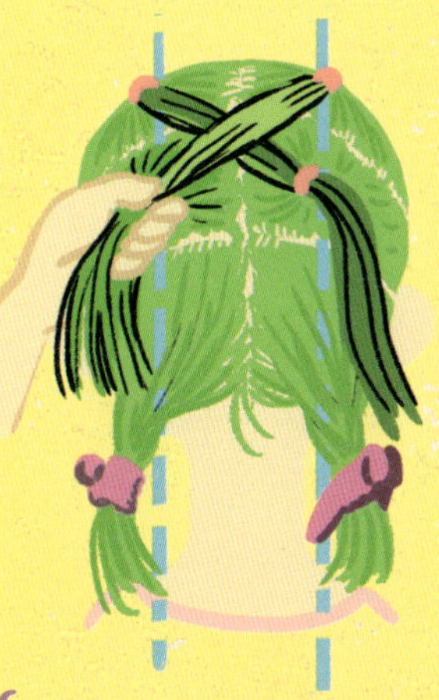

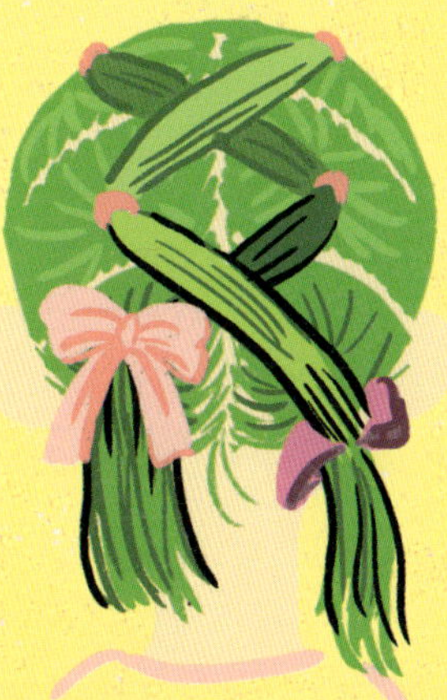

5 1번 구역을 4번 구역으로
보내 함께 묶어요.

6 2의 가닥을 1번 가닥 위
로 지나가도록 하여 3번
구역과 함께 묶어요.

7 같은 방법으로 모두 X자로 교차
해서 묶은 다음 마지막은 슈슈나
리본으로 장식하세요.

디스코 땋기

벼머리 땋기가 손에 익으면 디스코 땋기는 문제없어요. 벼머리가 한쪽 머리카락만 더해가며 땋았다면,
디스코 땋기는 양쪽 머리카락을 더해가며 땋으면 돼요.

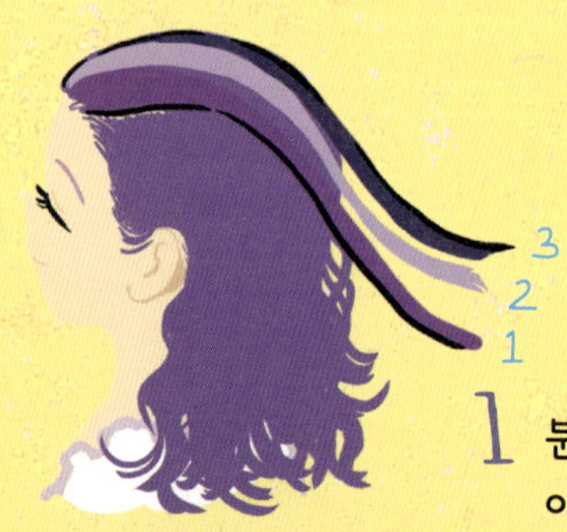

1 분무기로 물을 살짝 뿌려 가지런히 빗질해 머릿결을 정리해요.
이마 가운데 쪽 머리카락을 뒤로 넘겨 세 갈래로 나눠요.

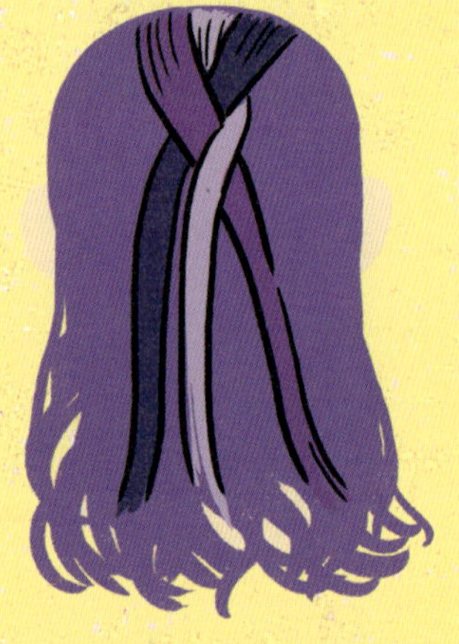

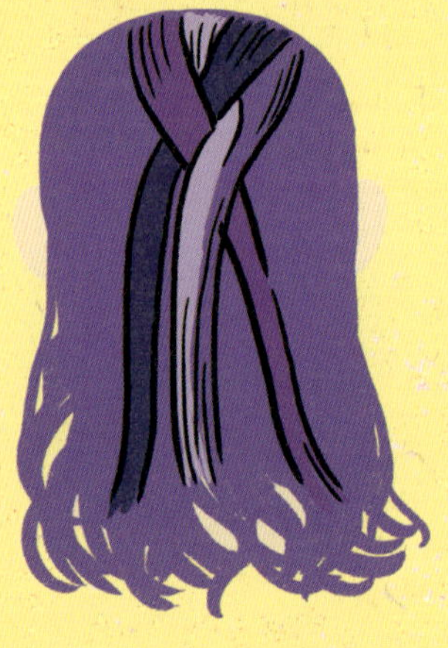

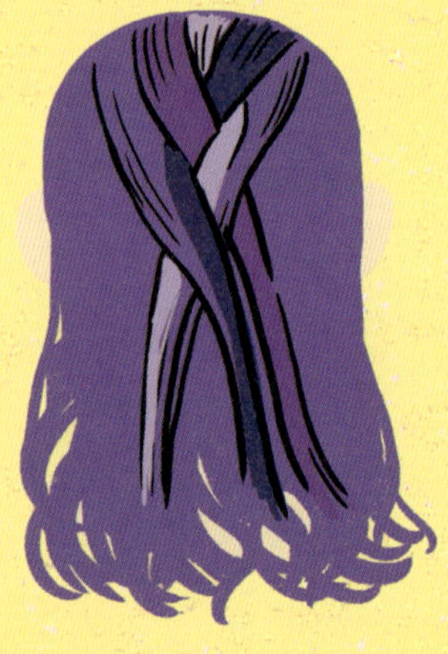

2 1, 2, 3번 가닥을 세 줄 땋기 방법으로 교차시켜요.

3 맨 오른쪽 가닥부터 같은 간격으로 머리카락을 끌고 와 땋아요.

4 왼쪽 가닥도 같은 간격으로 머리카락을 끌고 와 땋아요.

5 같은 방법을 반복해서 마무리해요.

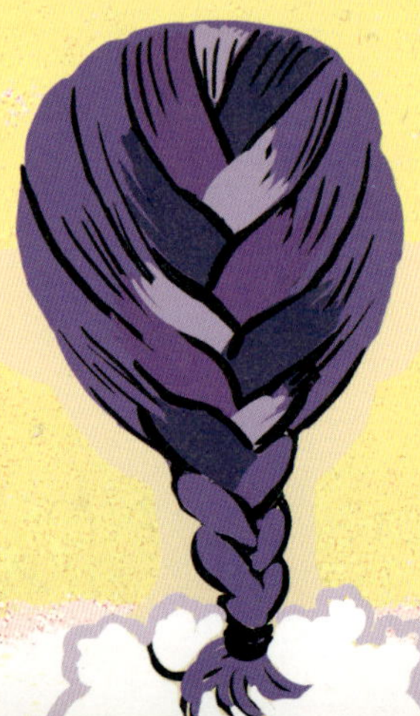

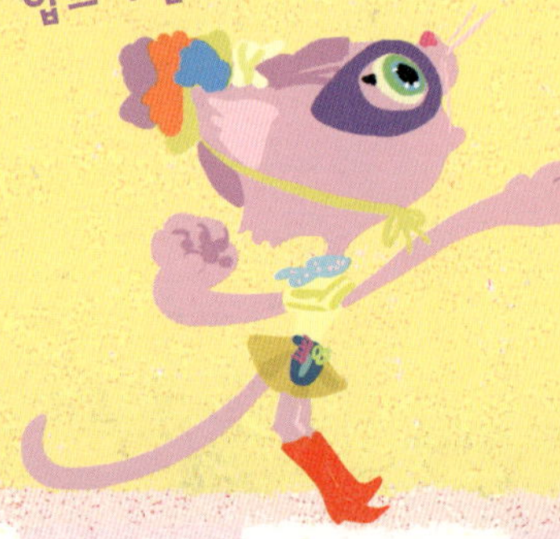

디스코 업스타일

디스코 땋기로 업스타일을 할 수 있어요.
뒤통수부터 시작해 얼굴 쪽으로 땋아 올라가 완성해요.

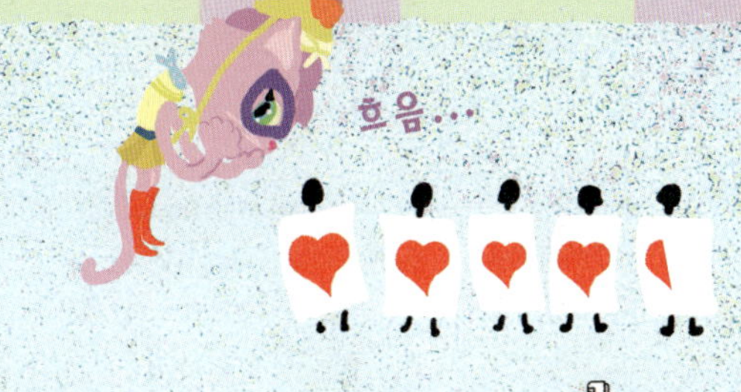

준비물　분무기　빗　꼬리빗　집게　실핀　U핀　고무줄　나비핀(여러 개)　헤어스프레이

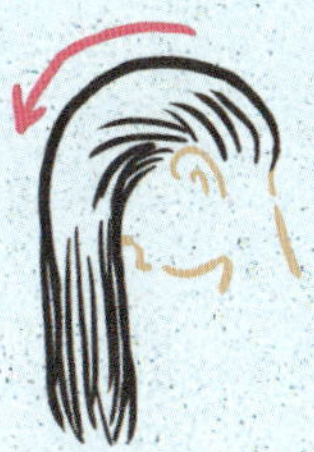

1 분무기로 물을 살짝 뿌려 가지런히 빗질해 머릿결을 정리해요. 고개를 숙여 머리카락을 얼굴 쪽으로 내린 다음 뒤쪽에서 다시 한 번 더 빗질해요.

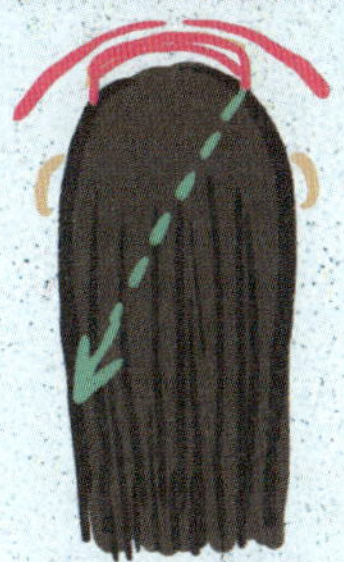

2 고개를 숙인 상태에서 그림과 같이 사선으로 디스코 땋기 (p.130 참고) 해요.

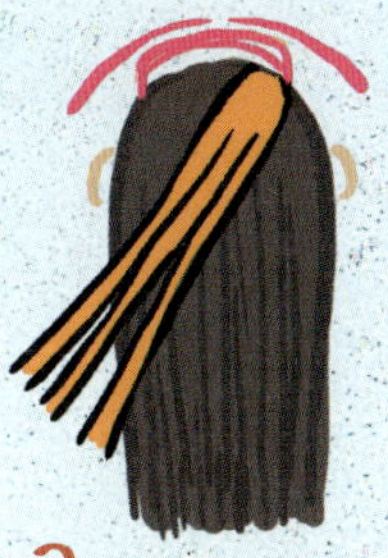

3 계속 땋아 올라가 정수리 근처까지 땋으면 고개를 들어요.

4 남은 앞머리와 함께 고무줄로 묶어요.

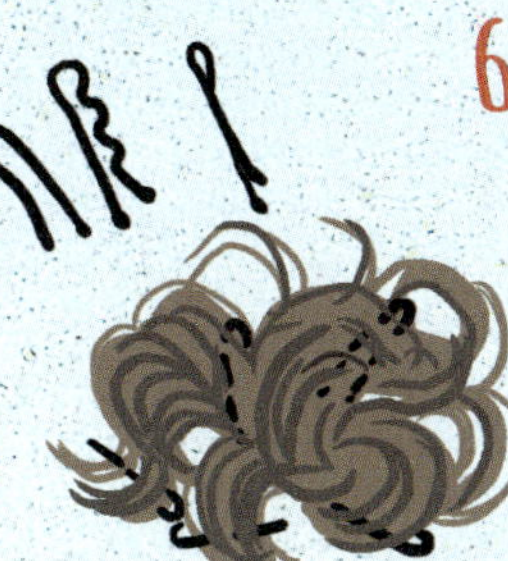

6 머리카락 끝부분은 백 코밍 (p.47 참고) 해서 실핀과 U핀으로 고정시키고 꽃 모양으로 만져요.

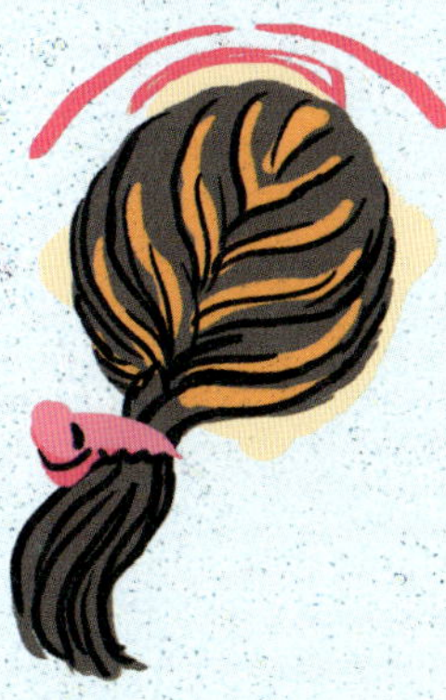

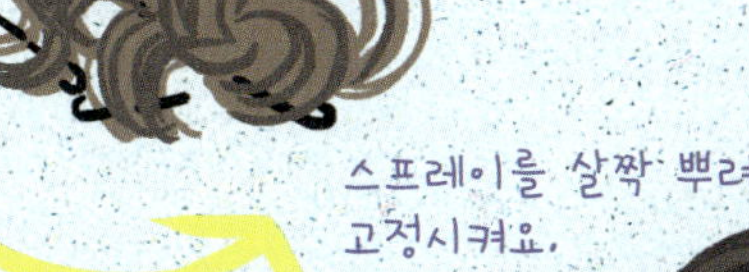

스프레이를 살짝 뿌려 고정시켜요.

5 땋여 있는 머리카락을 손가락으로 조금씩 빼서 공간을 주며 스타일링 해요.

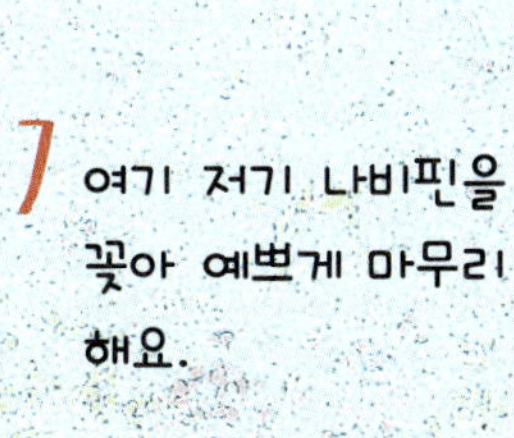

7 여기 저기 나비핀을 꽂아 예쁘게 마무리 해요.

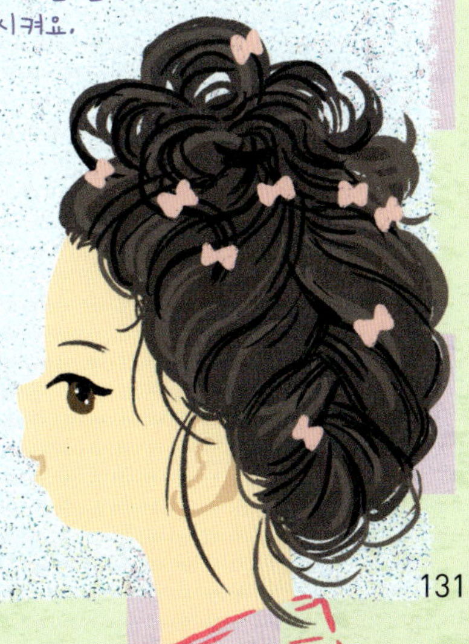

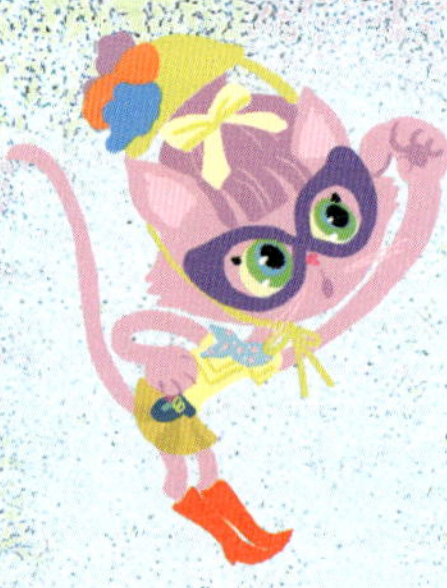

작은 달팽이 업스타일

실핀만을 사용해 업스타일을 완성해요. 뒤통수의 아래쪽 헤어라인을 따라
다섯 무치로 올린 모양이 작은 달팽이 다섯 마리를 닮았어요.

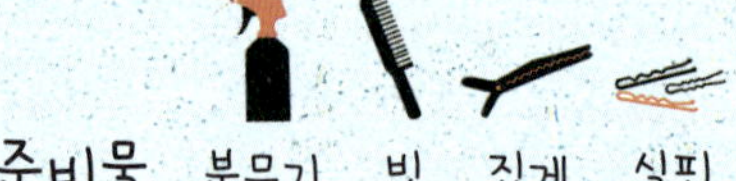

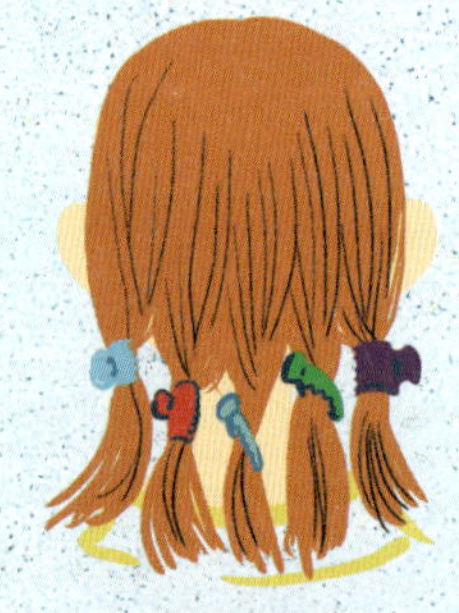

1 분무기로 물을 살짝 뿌려 가지런히 빗질해 머릿결을
정리해요. 목덜미 쪽에서 다섯 갈래로 나누어요.

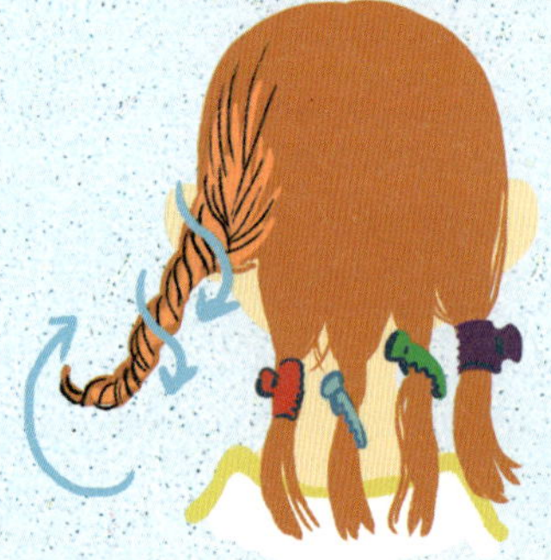

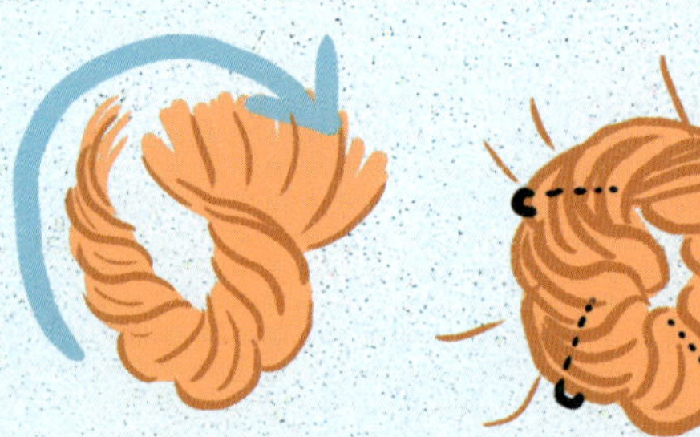

2 1번 가닥부터 시계방향으로 빙빙
돌려 꼬아요.

3 꼬인 가닥 끝을 동그랗게 만들어
실핀으로 고정시켜요.

4 나머지 네 가닥도 같은 방법으로
꼬아 올려 실핀으로 고정시켜요.

5 코사지나 모양 핀으로 장식해요.

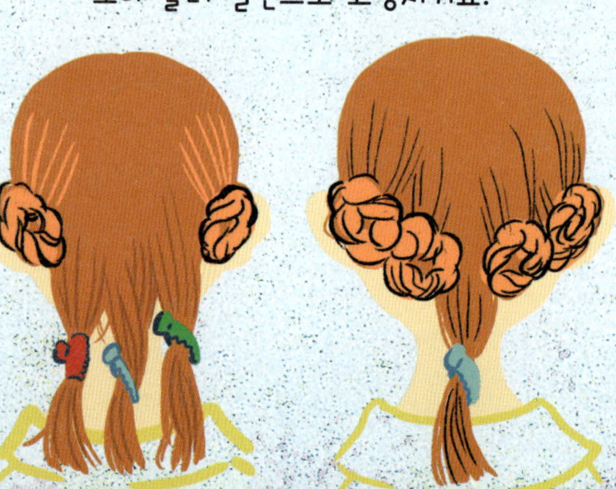

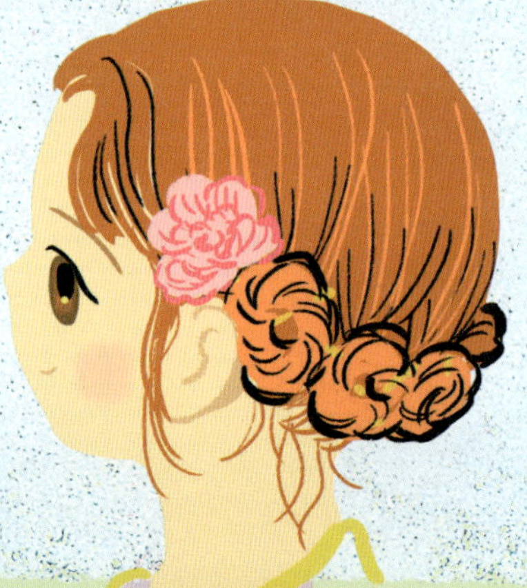

색색 끈으로 땋아 올리기

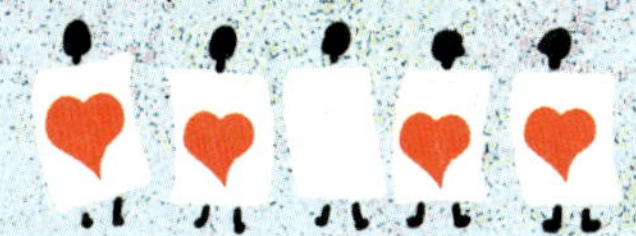

머리카락과 색색의 끈을 함께 땋아 올리는 업스타일이에요. 머리카락 사이사이로 보이는 색 끈이 돋보이는 스타일을 만들어 줘요.

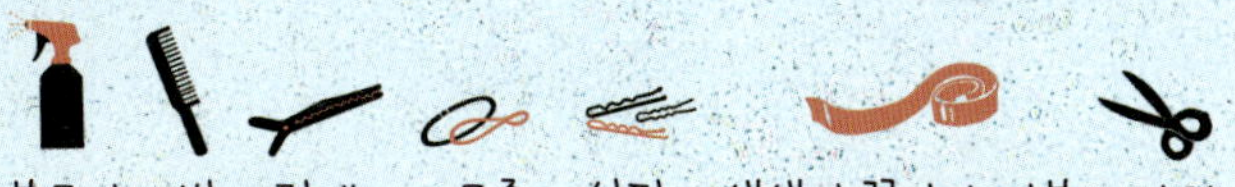

준비물 분무기 빗 집게 고무줄 실핀 색색의 끈이나 리본 가위

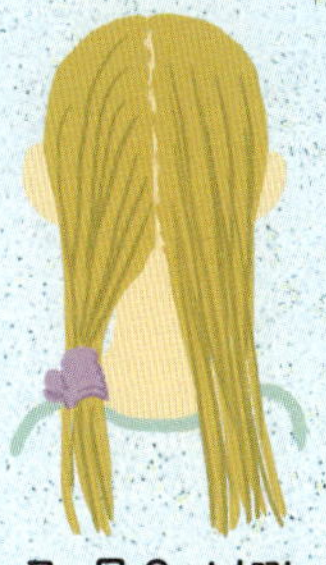
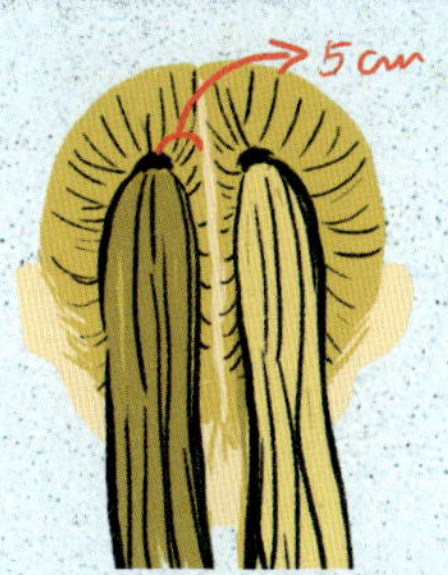
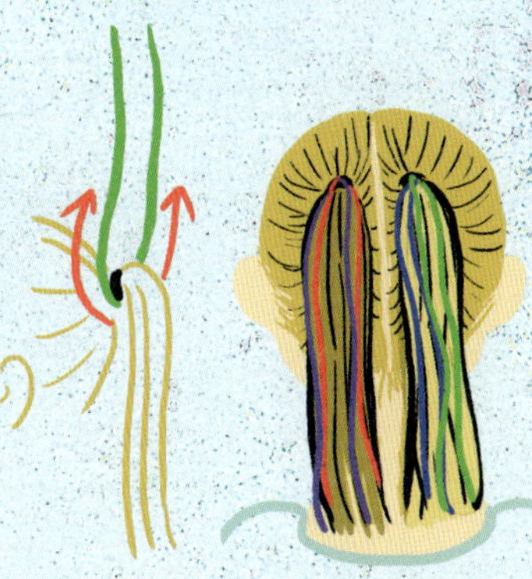

1 분무기로 물을 살짝 뿌려 가지런히 빗질해 머릿결을 정리해요. 세로 나누기(p.16 참고)로 가르마를 타요.

2 가르마를 중심으로 5cm 떨어진 곳에 각각 양쪽으로 포니테일 해요.

3 색 끈을 묶어놓은 머리카락 길이의 2배가 되도록 잘라 그림과 같이 묶어요. 양쪽에 각각 몇 가지씩 색 끈을 묶고 시작해요.

4 머리카락과 끈을 함께 잡고 세 줄 땋기 해요.

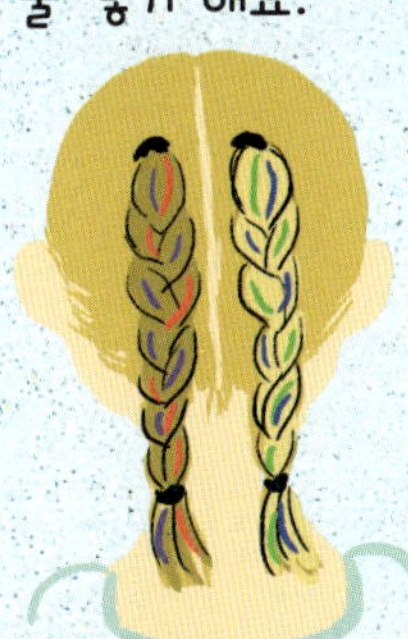
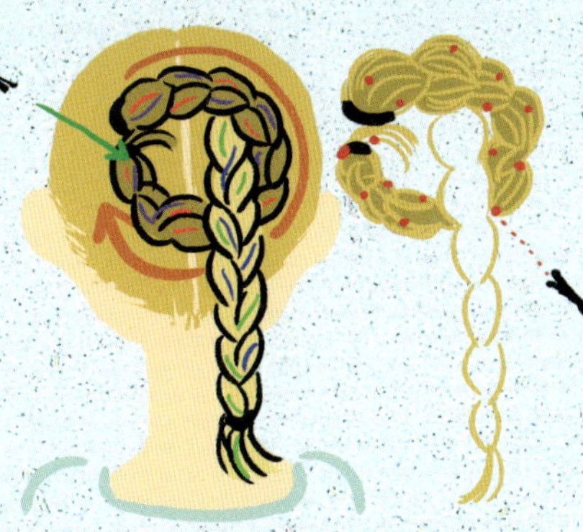

5 땋아놓은 왼쪽 가닥을 오른쪽 가닥 위로 돌려 왼쪽 가닥의 처음 묶어놓은 부분과 맞닿으면 실핀으로 고정시켜요.

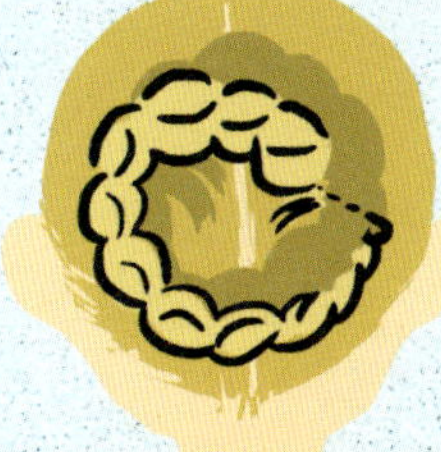

6 오른쪽 가닥도 그 위로 겹쳐 돌려 오른쪽 가닥의 처음 묶어놓은 부분에 실핀으로 고정시켜요.

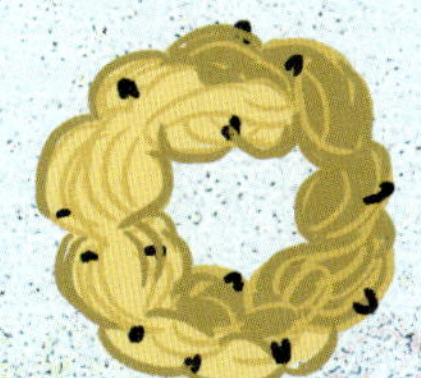

7 모양이 흐트러지지 않도록 실핀으로 잘 마무리해요.

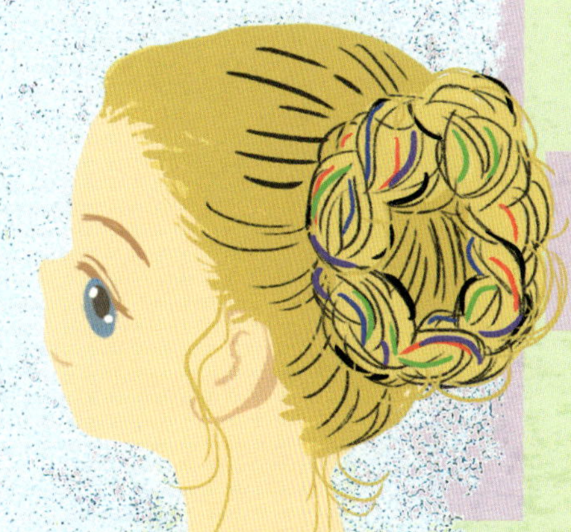

엄마~ 친구들이 부러워할 만한 멋진 스타일을 만들어 주세요!

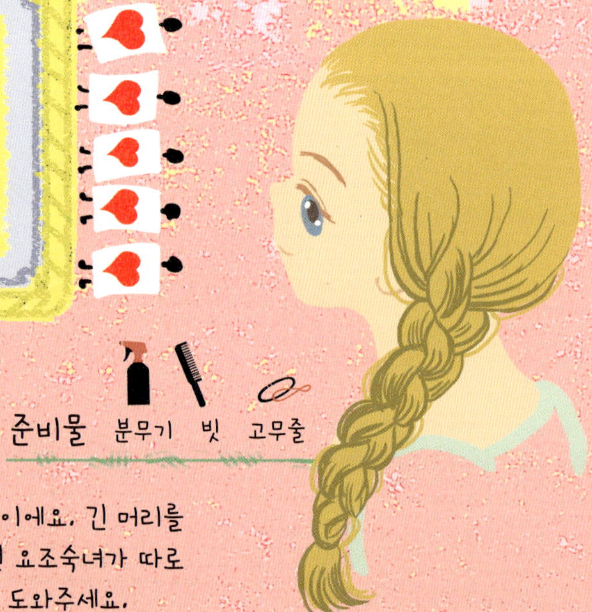

준비물 분무기 빗 고무줄

네 줄 땋기

스타일링 할 부분을 네 갈래로 나누어 땋는 방법이에요. 긴 머리를
네 줄 땋기 해 한쪽 옆으로 가지런히 내려놓으면 요조숙녀가 따로
없지요. 뒷머리를 혼자 땋기에는 어려우니 엄마가 도와주세요.

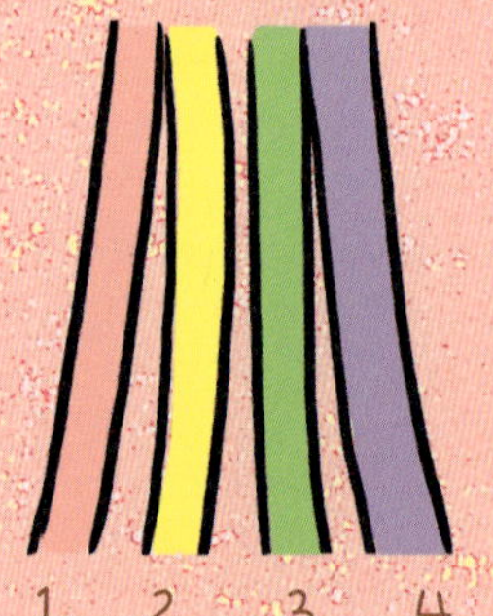

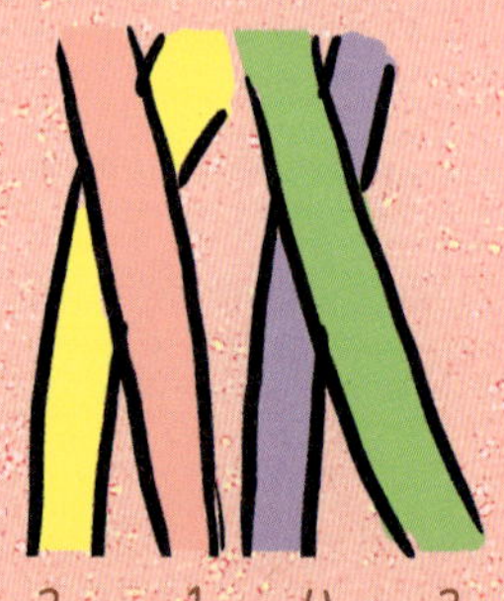

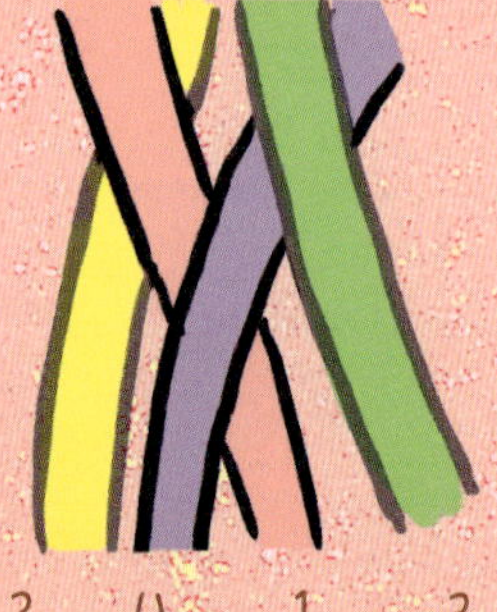

1 머리카락 전체를 네 갈래로
나누어요.

2 1번 가닥을 2번 가닥 위로,
3번 가닥을 4번 가닥 위로
교차시켜요.

3 4번 가닥을 1번 가닥
위로 교차시켜요.

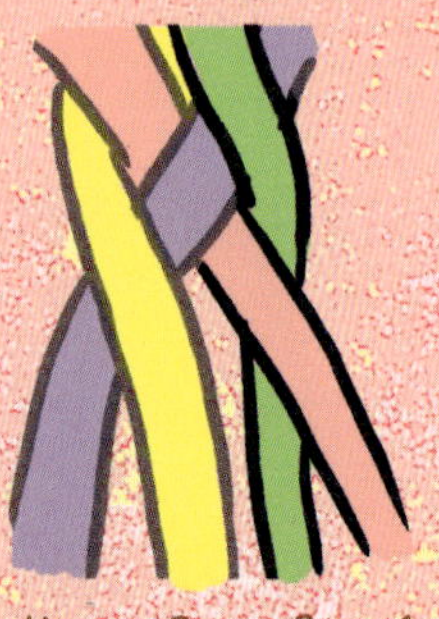

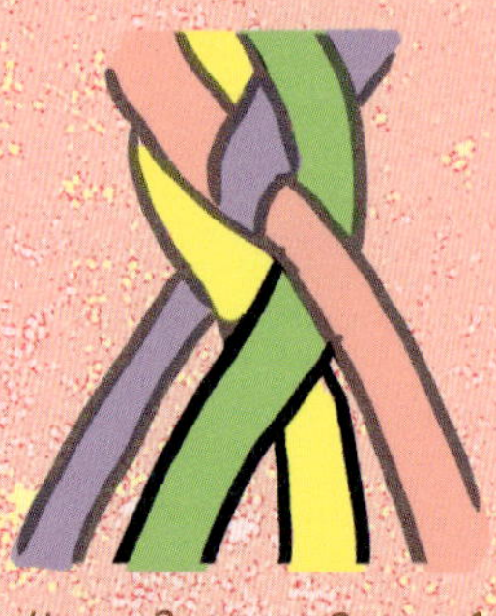

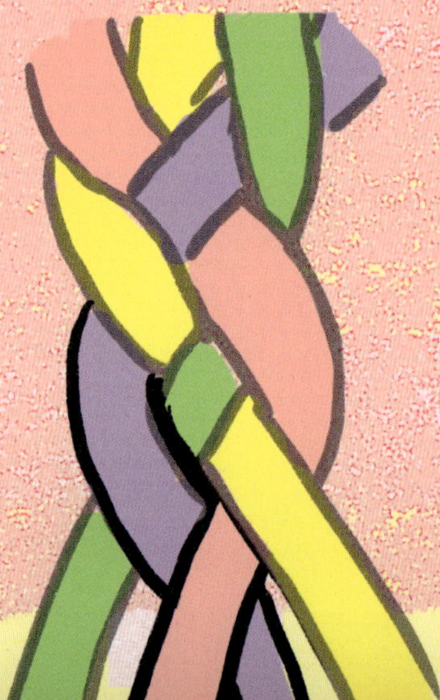

4 다시 같은 순서를 반복해서 끝까지 네 줄 땋기 해요.

폭포 땋기

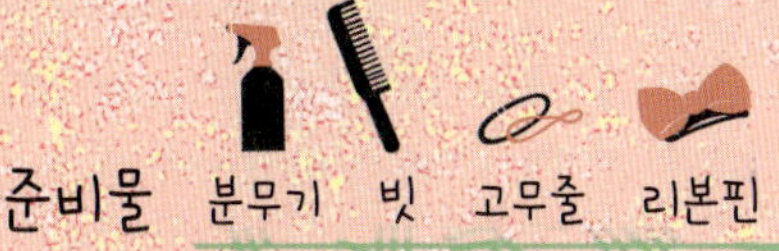

두 갈래로 나눈 머리카락을 비틀어 땋기 하면서 머리카락을 사이사이에 엮어 넣는 모양이에요.
폭포가 떨어져 내리는 듯해서 붙여진 이름이지요.

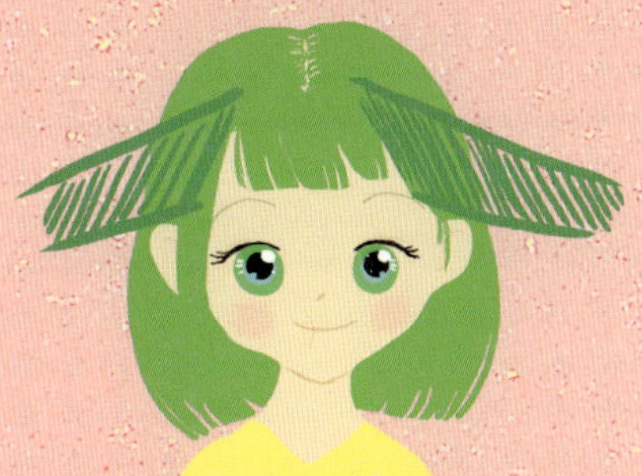

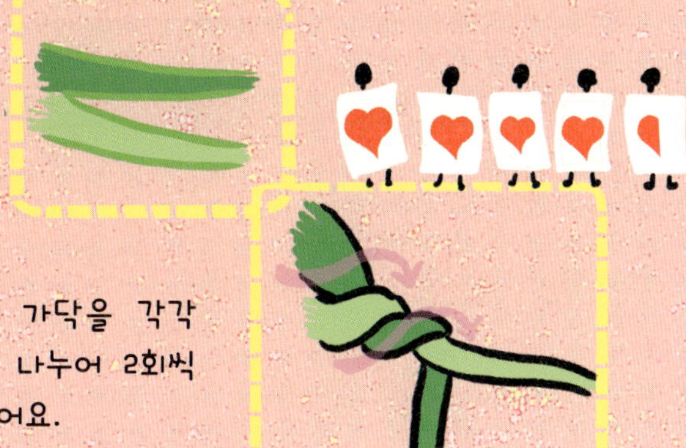

1 분무기로 물을 살짝 뿌려 가지런히 빗질해 머릿결을 정리하고 앞머리 양쪽으로 머리카락을 나누어 잡아요.

2 양쪽 가닥을 각각 둘로 나누어 2회씩 비틀어요.

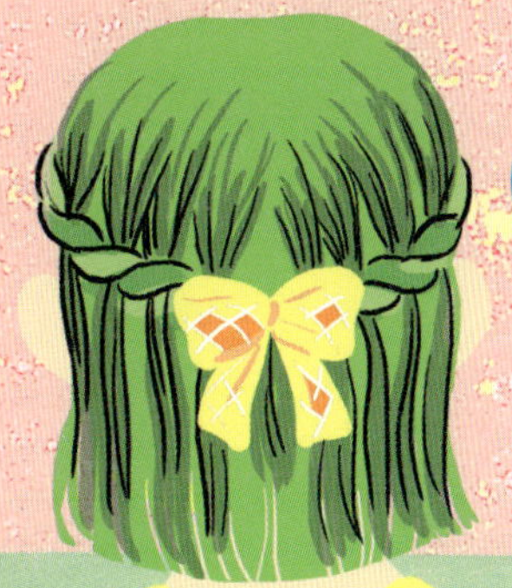

6 양쪽 가닥을 합쳐 가운데에서 리본핀을 꽂아 마무리해요.

3 1번과 2번 가닥 사이에 머리카락을 조금 잡아 얹어요.

4 1번과 2번을 교차시켜 엮어요.

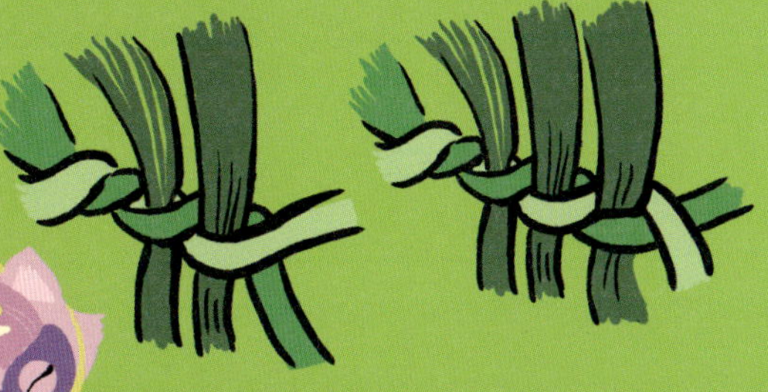

5 양쪽 모두 같은 방법을 반복해서 모양을 완성해요.

폭포 땋기의 응용

폭포 땋기 한 머리의 가닥 가닥을 다시 각각 세 줄 땋기로 땋아 묶어요. 색색의 고무줄로 묶어 화려하게 꾸며 보세요.

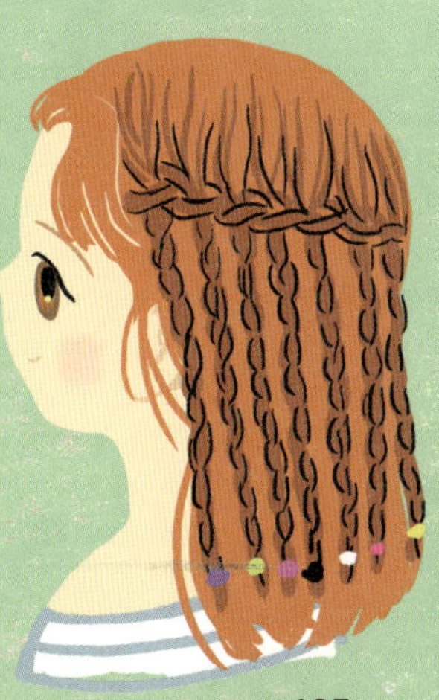

여배우 업스타일

시장식장에서 드레스를 입은 여배우들이 흔히 하는 업스타일이에요.
올린 머리를 부채처럼 펼쳐 우아하게 완성해요.

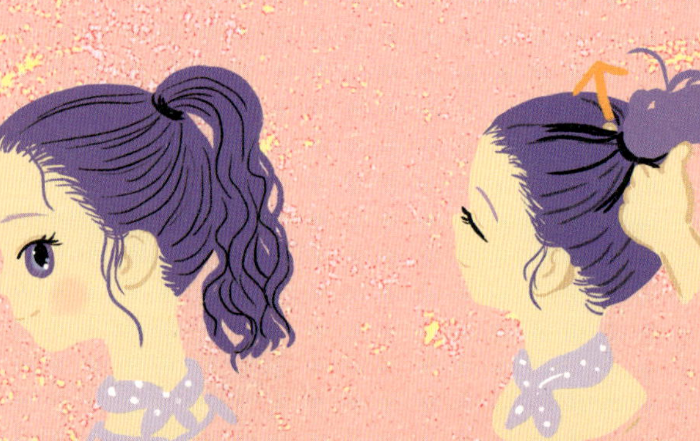

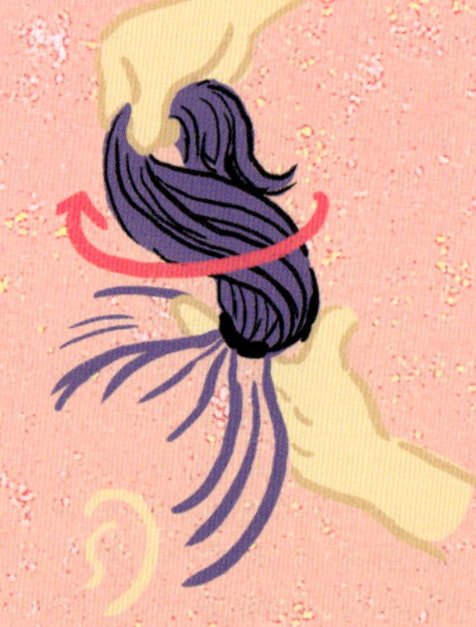

1 분무기로 물을 살짝 뿌려 가지런히 빗질해 머릿결을 정리하고, 정수리 부근에서 포니테일 해요.

2 고무줄로 묶은 곳 아래에 검지와 중지가 닿도록 넣어요.

3 엄지를 이용해 포니테일을 받친 다음 크게 한 번 꼬아 뒤집어요.

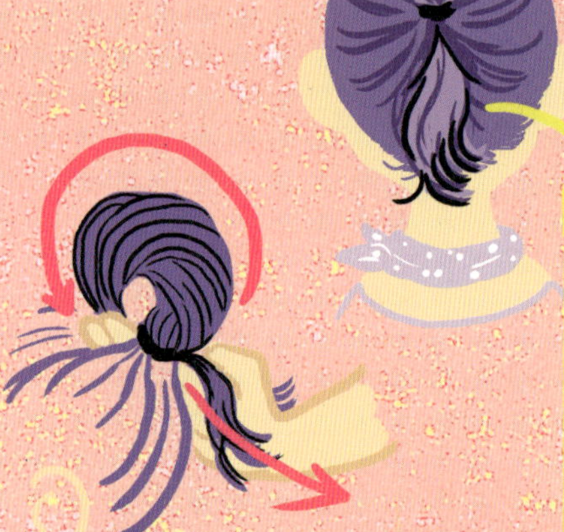

5 머리끝을 꼬아 감아 돌린 다음 실핀으로 고정시켜요.

6 둥근 번 모양으로 올린 머리를 부채처럼 펼쳐 양옆을 실핀으로 고정시켜요.

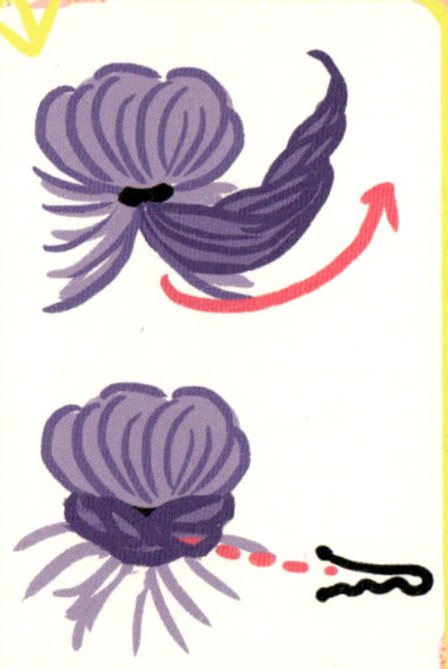

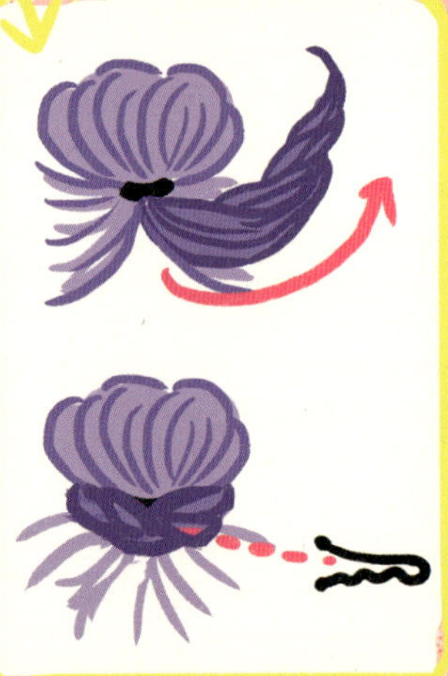

4 번 모양을 유지하면서 머리끝을 손가락으로 잡아 빼요.

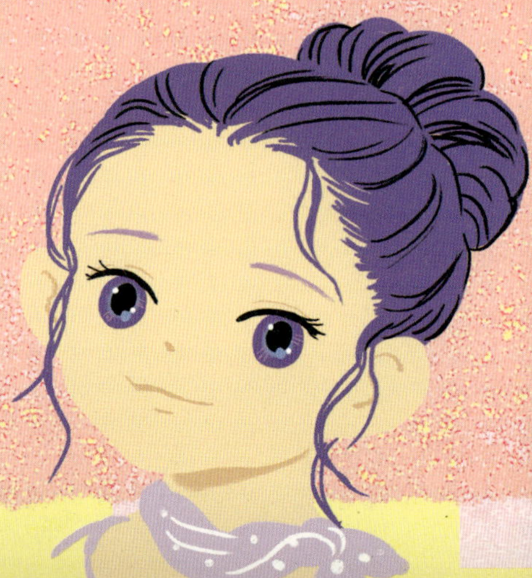

집에서 앞머리 자르기

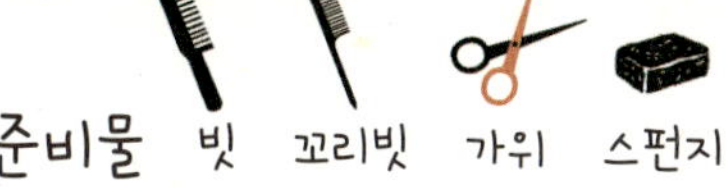

미용실에 가지 않고도 앞머리를 예쁘게 자를 수 있어요.
그 요령을 알아볼까요?

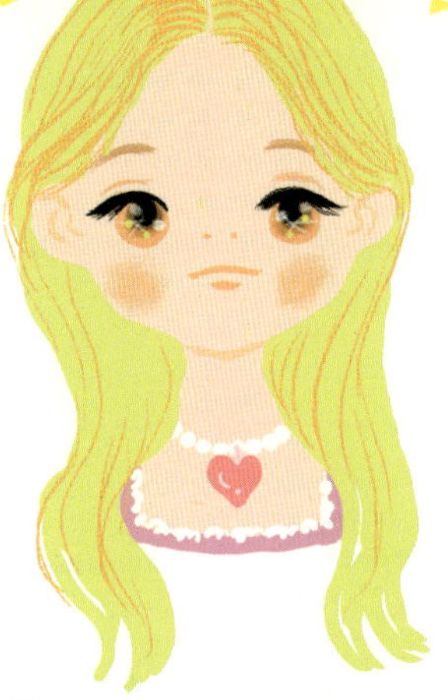

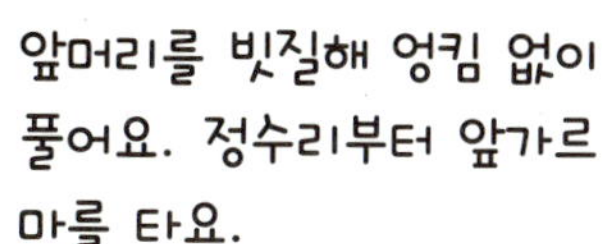

1 앞머리를 빗질해 엉킴 없이 풀어요. 정수리부터 앞가르마를 타요.

앞머리를 자를 때는 완전히 마른 상태에서 잘라야 해요. 젖은 머리카락을 자르면 마른 후에 길이가 껑충 짧아집니다.

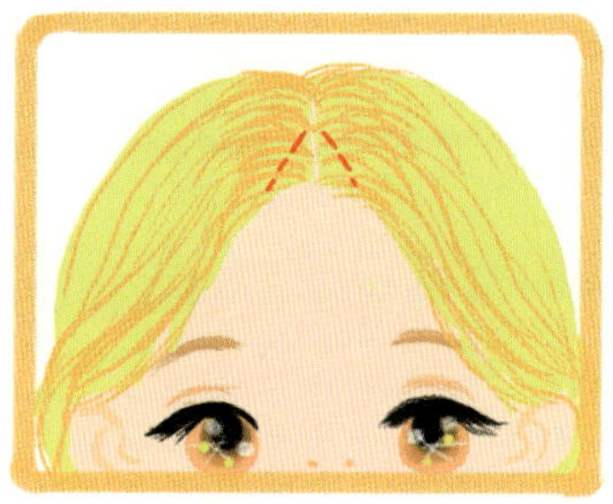

2 가르마를 중심으로 양쪽 머리카락을 사선으로 나누어요. 미간을 넘지 않는 작은 삼각형 모양이 되면 돼요.

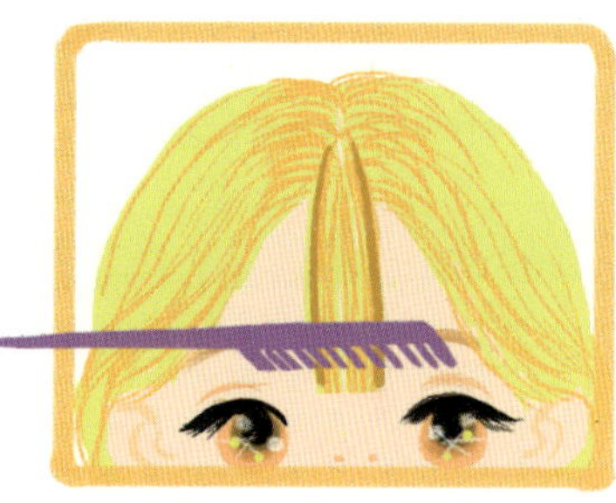

3 눈과 눈썹 사이에서 머리카락을 자르면 길이가 적당해요.

자를 때 손으로 머리카락을 잡아당기면 안 돼요. 자연스럽게 빗질한 상태에서 자르세요.

4 남은 앞머리는 꼬리빗으로 나누어 빼줘요. 머리카락을 이마에 내렸을 때 눈썹 끝을 넘지 않아야 자연스러운 스타일을 만들 수 있어요.

5 남은 앞머리는 먼저 잘라놓은 머리카락 위로 넘겨 길이를 맞춰 사선으로 잘라요.

사선으로 자르면 둥글게 앞머리와 연결돼요.

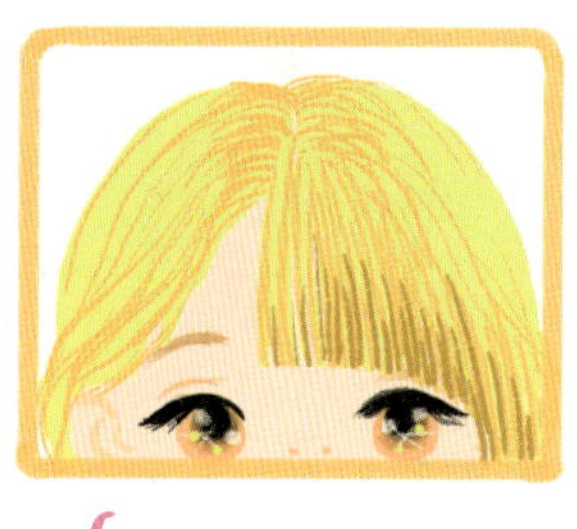

6 반대쪽도 같은 방법으로 잘라요.

가위를 세워 끝을 조금씩 자르면 가벼운 느낌의 뱅스타일이 돼요!

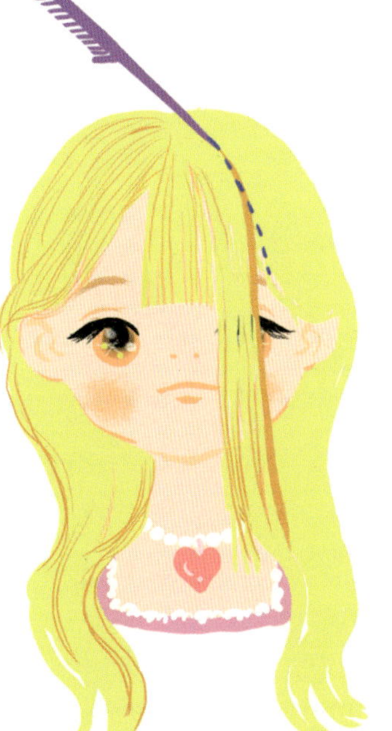

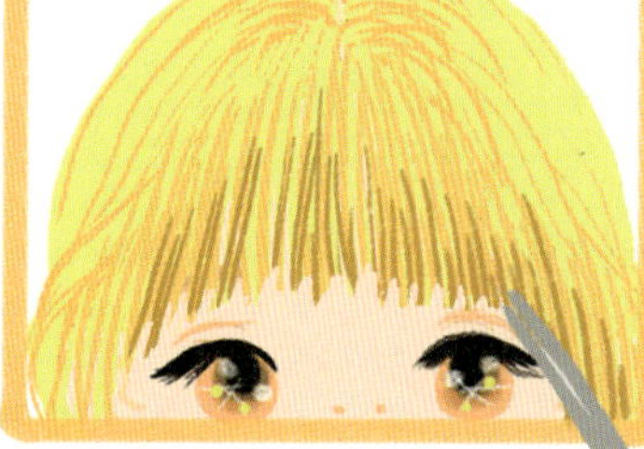

7 튀어 나온 부분을 정리해 마무리해요.

여왕을 위한 페이스페인팅

준비물 페이스페인팅 전용 물감, 붓, 스펀지,
속눈썹 풀, 네일 전용 비즈 또는 스티커

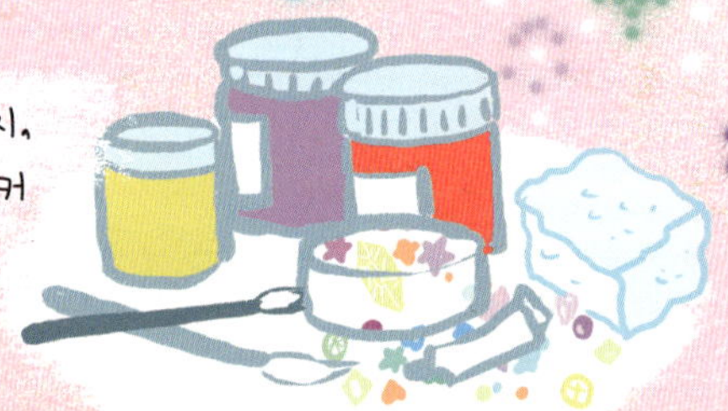

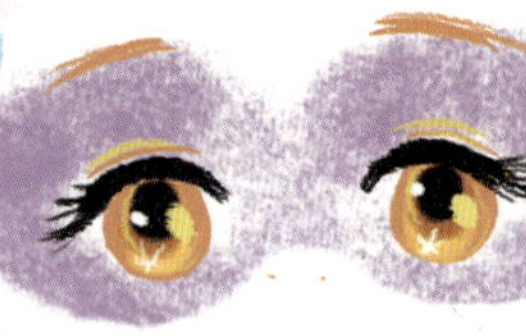

1 스펀지를 잘라 물감을 찍어 눈
주위를 색칠해요.

2 끝이 뾰족한 작은
붓으로 무늬를 그
려 넣어요.

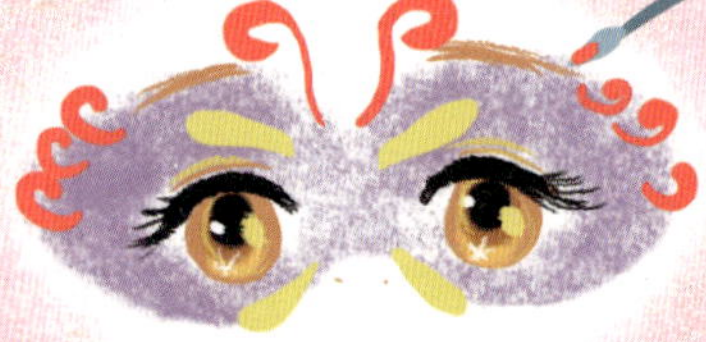

3 네일 전용 비즈 또는 스티커로
포인트를 주며 꾸며요.
비즈는 속눈썹 풀로
붙이면 돼요.

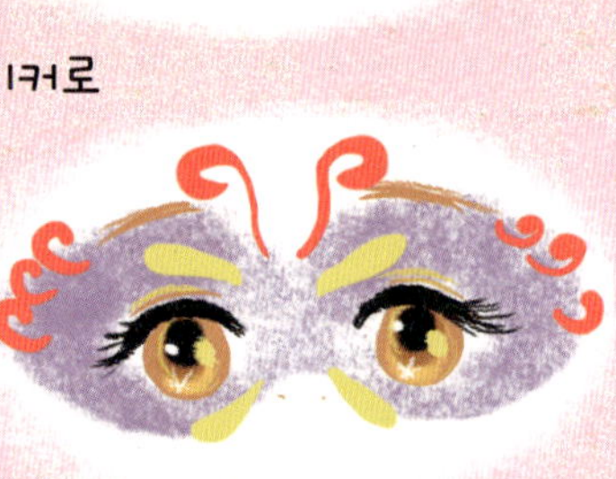

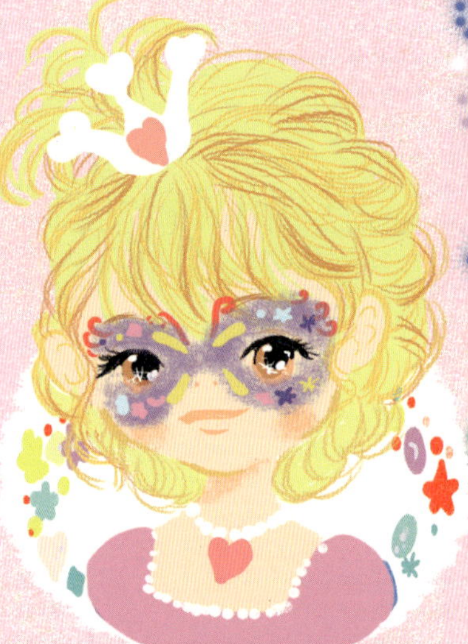

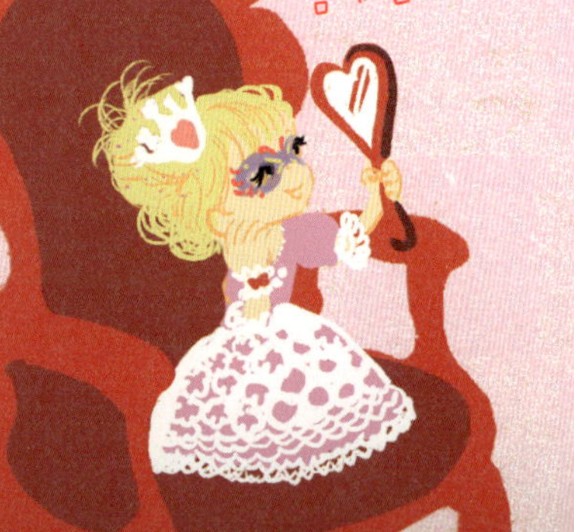

페이스페인팅을 지울 때는?

수용성 물감 비누와 물로 깨끗이 씻어 내세요.

지용성 물감 메이크업 클렌저(크림, 오일, 티슈 등)로 지우고
미지근한 물로 씻어내요. 너무 세게 지우면 피부가 상할 수 있
으니 살살 닦아내요. 마지막에 클렌징 폼으로 한 번 더 씻어내
면 말끔하게 지워집니다.

환하게 웃는 여왕을 보니 나도 기분이 좋아!
우리 모두 먹고 마시고 춤추며 즐겁게 놀았어.
무도회가 끝나고 모두들 나를 배웅해 주었지.
이번 여행에서 배운 헤어 스타일링법을 잊지 않고
매일 새로운 스타일로 변신할거야.

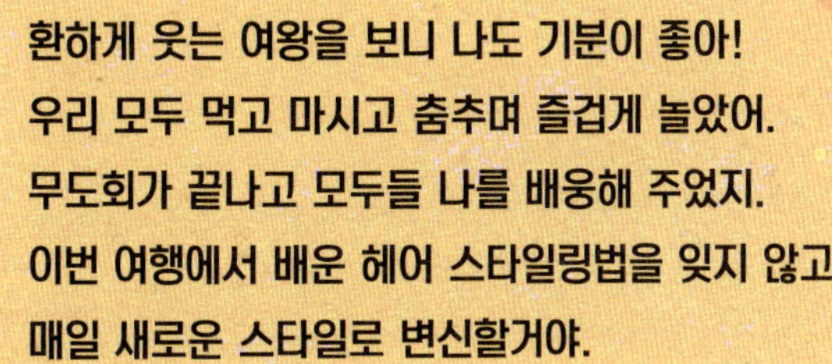

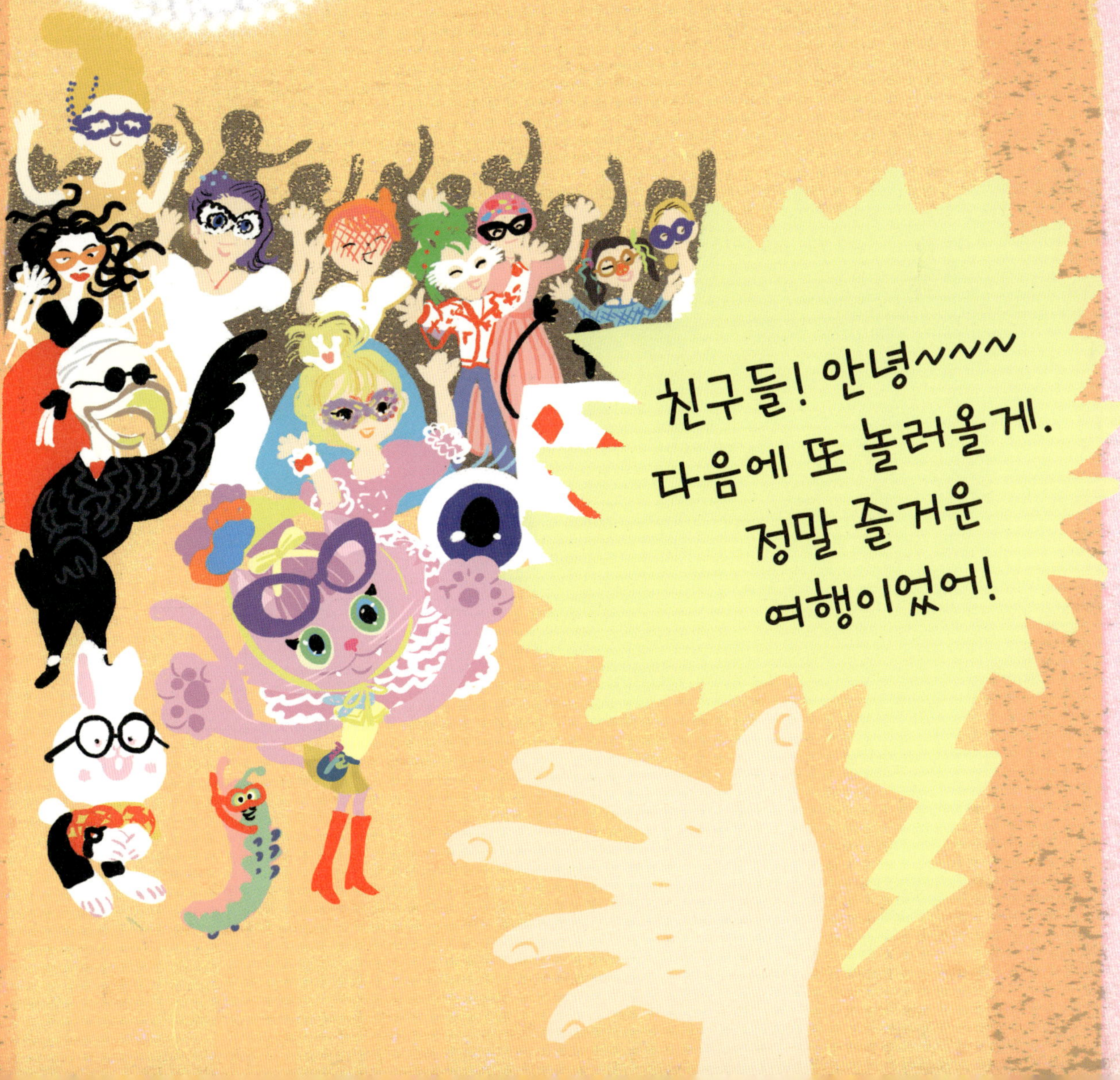

상상력과 창의력 쑥쑥
앨리스의 이상한 헤어살롱

ⓒ오승민, 2016

초판 1쇄 발행일 2016년 3월 10일

지은이 오승민
펴낸이 윤은숙
기획·편집책임 이회원
디자인 윤미정
마케팅 석철호 나다연 옥찬미
관리 구법모 엄철용

펴낸 곳 (주)느림보
등록일자 1997년 4월 17일
등록번호 제10-1432호
주소 경기도 파주시 회동길 198
전화 편집부 031-955-7383 영업부 031-955-7374
팩스 031-955-7393
홈페이지 www.nurimbo.co.kr

이 책의 글과 사진의 일부 또는 전부를 재사용하려면 반드시 저작권자와 (주)느림보 양측의 동의를 얻어야 합니다.
책값은 뒤표지에 있습니다.
ISBN 978-89-5876-203-4 13370

이 도서의 국립중앙도서관 출판시도서목록(CIP)은 e-CIP 홈페이지 (http://www.nl.go.kr/ecip)와
국가자료공동목록시스템(http://nl.go.kr/kolisnet)에서 이용하실 수 있습니다.
(CIP제어번호 : CIP2016005095)

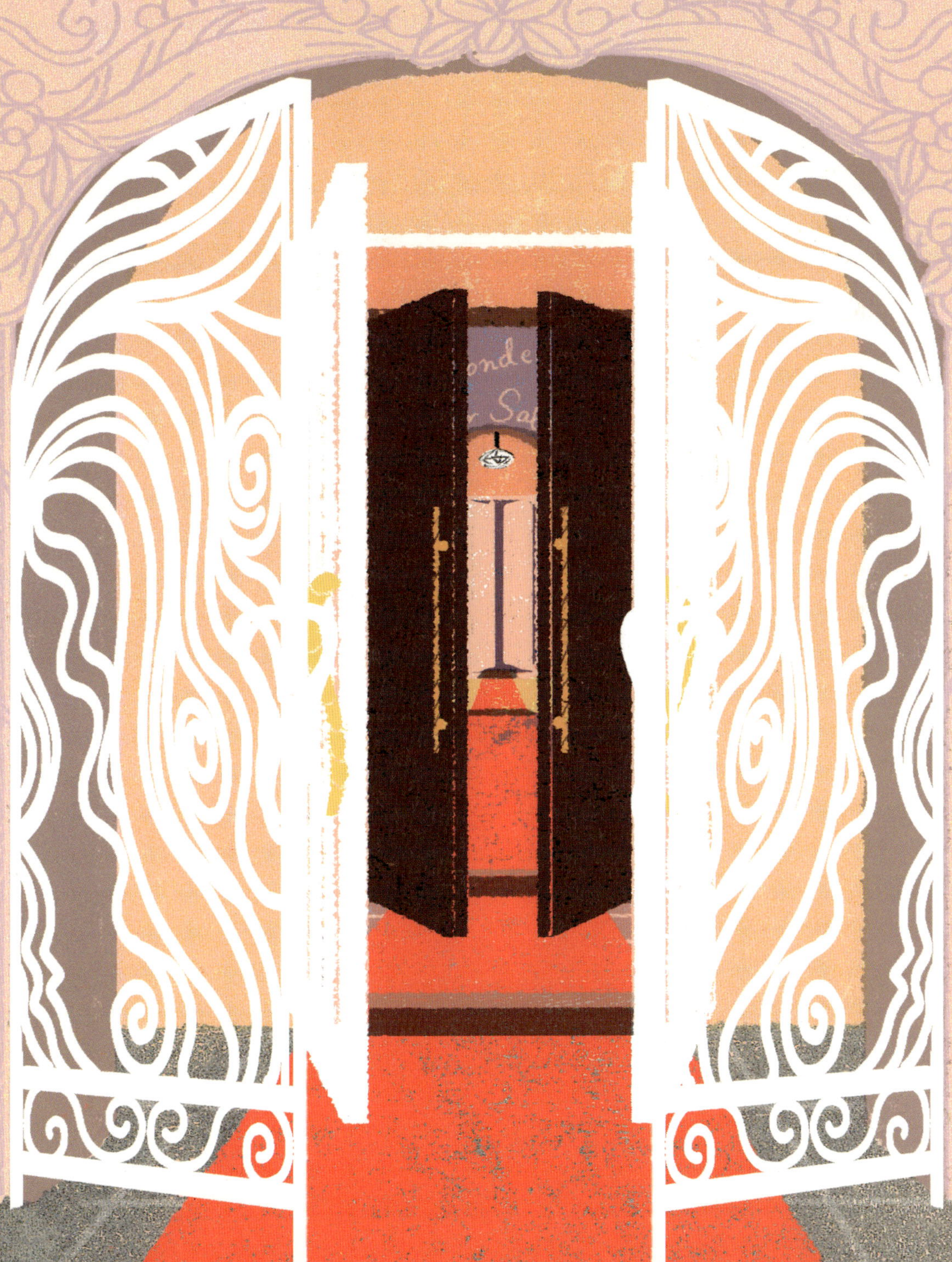

거울아, 거울아~ 이 세상에서 누가 제일 예쁜지?

예쁘게 꾸민 내 모습을
촬영해 붙여 보세요.
헤어스타일이 돋보이게요!